학원 원장이라면 읽어야 할 단 한권

학원 원장이라면 읽어야 할 단 한권

학원 이대로만 하면 된다

2025년 10월 초판

지은이   허진혁

펴낸이   허진혁

디자인   허진혁

이메일   dokki1@naver.com

Web.S   https://wpa-lab.com/

ISBN 979-11-337-2335-5

학원 이대로만 하면된다

허진혁 지음

목차

목차

바로 지금, 학원 원장님들이
이 책을 읽어야 하는 이유는 무엇인가?

세상에는 수많은 자기 계발서와 창업 서적, 마케팅 전략서들이 존재합니다.

그러나 학원 운영에 대한 책은 그 수가 그리 많지 않습니다.

그리고 더욱 중요한 사실은, 그 책들 대부분이 실전에서 바로 써먹기 어려운 뜬구름 잡는 이야기를 하거나, 지나치게 원론적인 조언만 늘어놓는다는 점입니다.

제가 학원을 운영하면서, 그리고 수많은 원장님들과 현장에서 절감한 한 가지는 바로 이것입니다.

'이론은 넘치지만, 진짜 필요한 건 실전이다.'

원장님들께서 지금 당장 써먹을 수 있는 전략, 실현 가능한 실행 방안, 그리고 반드시 실수를 피해야 할 치명적인 포인트들….

이 모든 것을, 누군가는 있는 그대로 이야기해 줘야 하지 않을까.

그 생각이 저를 이 책 앞으로 이끌었습니다.

저는 사교육 시장에서 20년 이상 몸담아 왔습니다. 처음엔 강사로 시작했고, 이후 제 학원을 차렸으며, 현재는 하나의 브랜드를 만들고 전국 각지에서 교육 컨설팅을 진행하는 교육 기업의 대표로 활동하고 있습니다.

그 과정은 결코 평탄하지 않았습니다.

한 번도 쉽게 풀린 적이 없었고, 스스로 실패라고 여긴 시간도 많았습니다.

하지만 그 실패의 순간마다 저는 무조건 '실행'으로 돌파했습니다.

저를 살렸던 이 '실행'이, 제가 원장님들께 가장 강조 드리고 싶은 핵심 키워드이기도 합니다.

실패하는 학원에는
공통점이 있다

어떤 학원이든 간판을 걸고 첫 문을 여는 순간, 기대와 불안이 공존합니다.

"학생이 몇 명이나 올까?" "우리 동네 경쟁 학원이 너무 센데 괜찮을까?"
"인테리어에 돈을 너무 많이 썼나?"

이런 고민은 모든 원장님이 겪는 보편적인 현상입니다.

하지만 그동안 제가 여러 학원의 성공과 실패를 지켜보며 내린 결론은 이렇습니다.

실패하는 학원은, 비슷한 실수를 반복합니다. 그리고 그 실수는 대부분 '준비 부족'과 '홍보 부족'에서 출발합니다.

오픈 전 준비가 허술하면, 아무리 좋은 커리큘럼과 강사진을 갖추고 있더라도 원생이 오지 않습니다.

아무도 모르는 학원은 존재하지 않는 것과 다름없습니다.

단언컨대, 아무리 좋은 수업도, 부모님이 모르면 아무 소용이 없습니다.

아이들이 알아서 오는 시대는 지났습니다.

이제는 '내가 직접 알리는 시대', 아니, '적극적으로 브랜드를 만들어야 하는 시대'입니다.

그런데 아직도 많은 원장님들이 이렇게 말씀하십니다.

"좋은 학원은 알아서 소문나겠지요."

"현수막이나 전단지 같은 건 너무 구식인데 요즘 누가 보나요?"

"온라인 마케팅은 너무 복잡해서 못 하겠어요."

이런 말을 듣고 있으면 저는 늘 이렇게 답합니다.

"좋은 학원은 알아서 알려지는 게 아니라, 알려야 좋은 학원이 되는 겁니다."

소문은 저절로 나는 것이 아니라, 만들고 유도해야 퍼지는 것입니다.

전단지, 현수막, 블로그, 맘카페, 설명회, 문자 마케팅…

이 모든 수단은, 전략이 되면 날카로운 칼이 되고, 준비 없이 던지면 그냥 사라져 예산만 낭비하게 됩니다.

이 책은 그래서 시작되었습니다.

단순히 원론적인 조언이 아니라, 실제로 제가 실행했고, 수많은 원장님들께 직접 적용해 드려 유의미한 결과를 만들었던 전략들만을 담았습니다.

"오픈 전 한 달 동안 어떤 순서로 무엇을 준비해야 하는지,

어떤 홍보 방식이 여전히 효과적인지,

어떤 상담 멘트가 등록률을 높이는지,

심지어 전단지의 문구와 카드 뉴스의 디자인 톤까지도,"
이 책은 전부 다 말씀드릴 것입니다.

나는 이렇게 연 순이익 1억을 넘겼다
— 캡틴의 학원 성공기

제가 학원 오픈을 준비할 때, 정말 많은 사람들이 이렇게 말했습니다.

"캡틴님, 전단지는 이제 사람들이 안 봐요."

"현수막은 효과 없어요."

"요즘은 그냥 인스타나 해야지."

그런데 저는, 그 모든 말을 무시했습니다.

전단지를 손에 들고 직접 거리로 나갔습니다.

아이들과 눈을 마주치고, 부모님들께 말을 걸었습니다.

학교 앞, 학원 앞, 아파트 단지, 카페 입구, 놀이터 옆까지 제가 직접 다녔습니다.

"알려야 온다." 이 철학 하나로 버틴 결과, 40명의 학생들과 함께 오픈을 할 수 있었습니다.

그 이후로도 저는 매번 빠짐없이 오프라인 홍보를 해 왔습니다.

오히려 온라인 마케팅보다도 먼저 오프라인 홍보를 설계하고, 그걸 기반으로 온라인 툴을 덧씌우는 전략을 고집했습니다.

왜냐고요?

그게 가장 빠르고, 확실하고, 효과적이기 때문입니다.

현수막, 전단지, 플랜카드, 학원 앞 배너, 행사 연계 대면 마케팅…

누군가는 "지금 시대에 그런 걸 누가 봐요?"라고 묻겠지만,

저는 이 모든 수단이 '지금도 살아 있는 무기'임을 증명해 보였습니다.

그날의 기억은 아직도 생생합니다.

여름이었고, 너무 더웠습니다.

하지만 저는 깔끔하게 슈트를 차려입고, 학원 근처 대형 마트 앞에 섰습니다.

학부모님들이 장을 보고 나오실 시간대와 아이들이 학원을 오가는 시간대를 철저히 체크해 집중함으로써 버려지는 시간이 없도록 계획했습니다.

"안녕하세요. 이번에 새롭게 오픈한 위너스영수학원입니다. 영어 수학만큼은 위너스에서 책임지겠습니다"

이 단순한 한마디를 수백 번 반복했습니다.

물론 처음의 반응은 싸늘했습니다.

전단지를 받는 분보다 안 받는 분이 더 많았고, 때로는 차갑게 거절당하기도 했습니다.

하지만 저는 흔들리지 않았습니다.

"내가 100명에게 거절당하더라도, 단 한 명이라도 우리 학원에 발을 디디게 만들면 성공이다."

이 마음 하나로, 하루하루를 버텼습니다.

그리고 그 한 명이 진짜로 오기 시작했습니다.

한 명이 오면, 상담을 통해 반드시 등록으로 연결했습니다.

등록이 되면, 그 아이에게 최선을 다했고, 부모님께는 매일 피드백을 드렸습니다.

그러자 어느 순간부터, 전단지를 받은 부모님이 다른 부모님을 데려오기 시작했습니다.

그게 입소문입니다.

입소문은 기다려서 생기는 것이 아니라, 직접 만들고 설계하는 것입니다.

학원을 처음 시작하는 원장님들께 가장 강력하게 말씀드리고 싶은 것이 바로 이것입니다.

'오픈 전 한 달', 이 한 달을 어떻게 보내느냐에 따라 연 매출이 달라집니다.

사실 학원 운영에서 가장 중요한 시기는 오픈 이후 1년이 아니라, 오픈 전 1개월입니다.

그 시기에 무엇을 어떻게 준비하고, 어떤 순서로 어떤 홍보 전략을 배치하느냐에 따라 그 학원의 첫 6개월, 아니 1년 전체 성패가 결정됩니다.

그런데도 대부분의 원장님들은 이런 사전 준비에 너무 소홀합니다.

간판 설치, 내부 인테리어, 강사 구인, 커리큘럼 짜기…

물론 중요합니다. 하지만 아무리 좋은 인테리어를 해도, 그 학원의 존재를 모르면 "없는 학원"이 됩니다.

예산을 아끼느라 전단지 수량을 줄이고, 현수막 한두 개로 끝내며, 블로그나 SNS 마케팅은 나중으로 미루는 경우가 많습니다.

저는 단호하게 말씀드립니다.

그건 예산을 아낀 게 아니라, 매출을 포기한 것입니다.

학원 홍보는 '투자'입니다.

그리고 사전 홍보는 그중에서도 가장 ROI(Return on Investment)가 높은 분야입니다.

학원을 알리는 데 가장 효율적인 시점은, 오픈 이후가 아니라 오픈 전 한 달입니다.

이 시기를 놓치면, 똑같은 홍보비를 써도 효과는 절반 이하로 떨어집니다.

그런데 대부분의 원장님들은 오픈을 하고 나서야 "왜 학생이 안 오지?" 하고 고민하기 시작합니다.

잘되는 학원은 오픈 전부터 사전 등록이 시작됩니다.

그 말은, 오픈 전에 이미 학부모들의 머릿속에 학원의 존재가 인식되었다는 뜻입니다.

그게 바로 사전 홍보입니다.

전단지 하나, 플랜카드 하나, 블로그 글 하나, 맘카페 글 하나가 모여서 하나의 인식을 만들고, 그 인식이 신뢰로 전환되고, 그 신뢰가 상담으로 연결되며, 상담이 등록으로 이어집니다.

이것이 학원 마케팅의 흐름이며, 이 흐름은 반드시 사전에 설계해야 합니다.

왜 원장님들은
이 책을 읽어야 하는가

이 책은 학원 운영에 대해 막연한 환상을 갖고 있는 분들께 경고의 메시지를 드리고자 쓰게 되었습니다.

하지만 이와 동시에, 그 막연함을 구체적인 전략으로 바꾸고 싶은 분들께 확신과 실행의 나침반이 되어 드릴 목적도 존재합니다.

저는 현장에서 보고 듣고 부딪힌 생생한 전략만을 말씀드릴 겁니다.

실행 가능한 방법만, 성과가 검증된 전략만, 실제로 저와 제 고객들이 효과를 본 노하우만 이 책에 담았습니다.

지금 이 순간에도 누군가는 학원을 열 준비를 하고 있습니다.

그리고 또 누군가는 학생이 줄어드는 현실 앞에서 위기를 느끼고 있습니다.

누군가는 지금도 블로그를 써야 할지, 유튜브를 해야 할지, 아니면 전단지를 뿌려야 할지 고민하고 있을 겁니다.

그 모든 고민의 방향을 명확히 잡아 드리는 것이 이 책의 역할입니다.

여러분께서는 그저 따라오기만 하셔도 됩니다.

저는 결과를 책임지는 사람이고, 실행으로 돌파하는 사람이며, 마케팅을 설계하고 수익을 만드는 사람입니다.

'캡틴 시스템'의 핵심은 실행입니다

저는 이 책에서 '캡틴 시스템'이라는 운영 전략을 제시할 것입니다.

이 시스템은 저 혼자 만들어 낸 것이 아니라, 수백 명의 원장님들과 상담

하며 함께 검증하고 완성해 온 시스템입니다.

단계별로 정리되어 있고, 바로 적용 가능한 실행 템플릿이 있으며,

실제 상담, 홍보, 브랜딩, 설명회, 재등록 관리까지 아우르는 완성형 전략

체계입니다.

학원은 마케팅입니다. 그리고 마케팅은 공격입니다.

수동적인 자세로는 절대 학생을 모집할 수 없습니다.

공격적으로 나서야 하고, 계획적으로 공략해야 하며, 데이터에 따라 전략

을 수정하고 보완해 나가야 합니다.

마지막으로, 단 한 명의 원장님께라도 이 책이 도움이 될 수 있다면 저는

이 책을 '돈이 되는 책'으로 만들고자 합니다.

　'읽고 나면 마음만 따뜻해지는 책'이 아니라,

　'읽고 나면 바로 실행하게 되는 책',

　'실행하면 반드시 성과가 나는 책',

'그래서 결국 내 학원이 살아나는 책'으로 만들고자 합니다.

　처음 학원을 오픈하시는 분들,

　지금 운영 중인데 성장이 멈춘 분들,

　홍보에 어려움을 느끼는 분들,

　브랜딩과 시스템에 갈피를 못 잡고 계신 분들…

이 책은 바로 여러분을 위한 책입니다.

저는 확신합니다. 지금 이 책을 끝까지 따라오기만 하셔도, 누구든 연 1억

이상의 순이익을 보장해 주는 학원으로 만들 수 있습니다.

실제로 제가 그렇게 만들었고, 수많은 원장님들께서 그렇게 만들어 오셨습니다.

다시 한번 강조드립니다.

학원은 단순히 '가르치는 곳'이 아닙니다.

학원은 '살아남아야 하는 전쟁터'입니다.

그리고 이 전쟁터에서 살아남기 위해서는

'전략'이 필요하고,

'시스템'이 필요하며,

'공격적인 마케팅'이 필요합니다.

"학원은 마케팅입니다. 마케팅은 공격입니다."

1

학원 창업,
성공은 준비에서 결정된다

학원 창업,
성공은 준비에서 결정된다

많은 분들이 학원 창업을 결심합니다. 교사 출신이든, 대기업 퇴직자든, 또는 경력 단절 이후 새로운 삶을 모색하는 분들이든 간에 '학원'이라는 공간은 여전히 매력적인 수단으로 여겨집니다. 그 이유는 분명합니다. 교육이라는 영역은 언제나 수요가 존재하며, 일정 수준의 전문성과 진정성만 갖춘다면 개인이 비교적 짧은 시간 안에 시스템을 구축하고 수익을 창출할 수 있기 때문입니다.

그러나 이러한 기대감 뒤에는 냉정한 현실이 존재합니다. 저는 현장에서 수많은 학원의 개업과 폐업을 지켜보았습니다. 간판을 내건 지 3개월 만에 텅 빈 교실 앞에서 깊은 한숨을 쉬는 원장님, 오픈 전에는 지인들이 학생을 많이 보내 주겠다고 약속했지만 정작 등록으로 이어지지 않아 당황하는 경우, 입지가 좋고 커리큘럼이 훌륭하며 강사 역량까지 뛰어난데도 원생이 늘지 않는 학원들을 수없이 보아 왔습니다.

그렇다면 왜 이런 일이 반복될까요? 이유는 단 하나, 바로 '준비 부족'입니다. 단순히 실내 인테리어를 마치고, 커리큘럼을 정리하고, 강사를 채용했다고 해서 준비가 끝난 것이 아닙니다. 가장 중요한 준비는 바로 마인드입니다. 학원 창업은 '가르치는 일'이면서 동시에 '살아남는 사업'입니다. 그 누구보다 냉정해야 하고, 동시에 그 누구보다 뜨거워야 합니다.

많은 분들이 학원 창업을 준비할 때 가장 먼저 떠올리는 질문은 "어디에 열까?", "무슨 과목으로 할까?", "어떤 교재를 쓸까?"입니다. 물론 중요한 질문입니다. 하지만 그보다 먼저 스스로에게 다음과 같이 물어야 합니다.

"나는 왜 학원을 하려는가?"

"나는 이 학원을 통해 무엇을 이루고 싶은가?"

"나는 무엇을 절대 하지 않겠다고 정할 수 있는가?"

이 질문들에 대한 답이 명확하지 않으면 학원은 외부 자극에 따라 쉽게 흔들립니다. 경쟁 학원이 가격을 낮추면 덩달아 가격을 낮추고, 어떤 학원이 광고를 시작하면 이유 없이 광고를 집행하며, 특정 과목이 인기를 얻으면 줏대 없이 추가 개설을 고민하게 됩니다. 그 결과 방향을 잃고 중심이 무너지며, 학부모의 눈에도 '평범한 학원'으로 인식됩니다.

또한 학원 창업은 단순히 공간을 임대하고 교실을 꾸미고 커리큘럼을 만드는 일로 끝나지 않습니다. 그것은 오히려 시작에 불과합니다. 진짜 승부는 오픈 이후가 아니라 오픈 전 준비 과정에서 이미 결정됩니다. 학부모는 학원이 문을 연 이후 처음 관심을 갖는 것이 아니라, 그 이전부터 이미 학원의 존재를 인식하고 기대하거나 판단합니다. 사전 인식이 없는 학원은 아무리 좋은 프로그램과 강사진을 갖추고 있어도 학부모의 눈에 들기 어렵습니다. 이는 곧 매출 부진으로 이어지고, 창업 후 가장 중요한 3개월을 헛되이 보내는 결과를 낳습니다.

무엇보다 중요한 점은, 단순히 생존을 넘어서 성장하는 학원이 되기 위해서는 창업 단계에서부터 '시장의 시선'을 내다보는 안목이 필요하다는 것입니다. 학원 창업은 결코 혼자만의 결심으로 이루어지는 일이 아닙니다. 지역 사회, 학부모, 학생, 그리고 경쟁자의 시선 속에서 평가되고 선택되는 것이며, 이 모든 외부 요소를 고려하여 준비해야만 진짜 승부를 걸 수 있는 자격이 생깁니다.

이 장에서는 학원 창업을 결심한 분들이 반드시 점검해야 할 기본기 다섯 가지를 순서대로 제시하겠습니다. 모두 제가 직접 부딪히고 경험하며, 수많은 컨설팅 현장에서 검증한 실전 지식입니다. 이 다섯 가지를 점검하지 않고 학원을 열면, 이후 어떤 노력을 하더라도 방향 없이 허둥댈 가능성이 매우 큽니다. 반대로, 이 다섯 가지를 제대로 준비하고 출발한다면 수익이 빠르게 나지 않더라도 '버틸 수 있는 힘'이 생기고, 결국 시장에서 살아남게 됩니다.

학원은 첫날부터 완벽할 필요는 없습니다. 그러나 방향만큼은 처음부터 정확해야 합니다. 방향이 틀린 학원은 아무리 열심히 달려도 원하는 지점에 도달하지 못합니다.

교육 철학과
차별화 포인트 정립하기

교육 철학은 학원의 정체성입니다. 교육 철학이 없는 학원은 존재하더라도 시장에서 인식되지 않습니다. 한 줄로 간결하게 표현할 수 있는 교육 철학이 없다면, 학부모에게 어떤 설명을 하더라도 결국 '그냥 그런 학원'으로 받아들여집니다. 철학이 명확하지 않으면 말이 길어지고 설명이 늘어지며, 그 결과 신뢰를 얻기 어려워집니다. 학부모는 짧고 일관된 메시지를 신뢰합니다. 그 메시지를 만드는 기초가 바로 교육 철학입니다.

교육 철학은 거창할 필요도, 추상적일 필요도 없습니다. 오히려 구체적이고 실천 가능한 철학이 훨씬 강력합니다. 예를 들어, "학부모님, 이제는 우리 아이가 학원에서 무엇을 배우고 어떻게 성장하는지 하나도 놓치지 마십시오."라는 문구는 위너스영수학원의 특징을 명확하게 보여 주는 철학입니다. "위너스는 실력 향상과 관리에 진심인 학원입니다."라는 문장 역시 우리 학원의 자신감과 방향성을 드러내는 교육 철학입니다.

중요한 것은, 이 철학이 실제 운영에 반영되어야 한다는 점입니다. 교육 철학은 단순한 구호로 끝나서는 안 됩니다. 블로그, 브로셔, 상담 대화, 강사 회의, 교재 구성, 수업 방식, 학습 피드백 시스템 등 학원의 모든 운영 요소 속에 철학이 녹아 있어야 합니다. 이렇게 일관되게 적용될 때, 그것이 곧 브랜드가 됩니다.

교육 철학이 명확하면 마케팅 방향도 선명해집니다. 철학이 없는 학원은 결국 콘텐츠가 빈약해지고, 콘텐츠가 없으면 홍보도 힘을 잃습니다. 블로그를 써도 글이 산만해지고 중심이 없습니다. 반대로 철학이 선명한 학원은 블로그, 카드 뉴스, 문자, 설명회, 상담 등 모든 홍보 채널에서 동일한 메시지를 일관되게 전달할 수 있습니다. 이것이 브랜드의 출발점입니다.

철학을 세우는 첫 단계는 질문에서 시작됩니다.

나는 무엇을 가장 중요하게 여기는가?

나는 어떤 방식의 수업을 가치 있다고 생각하는가?

나는 어떤 학원을 만들고 싶은가?

이 질문에 대한 답에는 정답이 없습니다. 하지만 '일관성 있는 나만의 답'은 반드시 있어야 합니다. 이 답이 있어야 학부모가 질문할 때, 직원이 혼란스러워할 때, 외부의 압력이 들어올 때 중심을 지킬 수 있습니다.

철학은 곧 이야기가 되고, 이야기는 브랜드가 됩니다. 브랜드가 되면 학부모의 기억 속에 남고, 경쟁 학원과 차별화되며, 결국 학부모가 우리 학원을 선택하는 이유가 됩니다.

저희 위너스영수학원의 교육 철학은 명확합니다.

"학부모님, 학원에서 우리 아이에게 무엇을 가르치고, 우리 아이가 학원에서 무엇을 배우는지 하나도 놓치지 마십시오. 위너스는 실력 향상과 관리에 진심인 학원입니다."

상권 분석으로
입지의 성공 가능성 확인하기

학원 창업에서 상권 분석은 선택이 아니라, 생존을 위해 반드시 거쳐야 하는 필수 전략입니다. 교육 철학이 학원의 내면적인 뼈대라면, 상권 분석은 학원이 시장에서 설 자리를 확보하는 외부 환경과의 접점을 정확히 찾아내는 과정입니다. 아무리 훌륭한 교육 철학과 우수한 프로그램을 갖추었더라도, 그 가치가 필요한 수요층이 존재하지 않는 지역에 학원을 열게 된다면 결과는 뻔합니다. 초반부터 등록이 저조하고, 홍보 효과가 거의 나타나지 않으며, 운영비만 빠져나가는 악순환에 빠질 가능성이 높습니다.

반대로, 적절한 상권을 선정하고 해당 지역의 수요와 공급 구조를 정확히 파악한다면 이야기는 달라집니다. 운영 초기의 리스크를 크게 줄일 수 있고, 짧은 기간 안에 학원이 지역에 자리 잡으며 안정적인 매출 구조를 만드는 확률이 높아집니다. 실제로 저는 학원 창업에서 성공의 80% 이상이 '상권 분석'과 '입지 선정'에서 결정된다고 생각합니다.

그런데 많은 초보 원장님들이 상권을 선택할 때 범하는 대표적인 실수가 있습니다. '집에서 가까운 곳', '자녀가 다니는 학교 근처', '임대료가 저렴한 곳' 등 개인적인 편의를 기준으로 입지를 결정하는 것입니다. 물론 생활 동선의 편리함이 장점이 될 수 있지만, 그것이 상권 분석의 핵심 기준이 되어서는 안 됩니다. 상권은 반드시 데이터와 시장을 기준으로 분석해야 하며, 감정이 아니라 수치로 보고, 가능성이 아니라 근거로 판단해야 합니다.

1단계: 학령 인구를 확인하라

상권 분석의 첫 단계는 해당 지역의 학령 인구를 파악하는 것입니다. 초등학생, 중학생, 고등학생이 각각 몇 명인지, 최근 몇 년간 학생 수가 증가 추세인지 감소 추세인지, 그 지역이 유입 인구가 많은 신도시인지 아니면 인구 유출이 심한 쇠퇴 지역인지 확인해야 합니다.

이 과정에서 사용할 수 있는 자료는 의외로 다양합니다. 국토 지리 정보원, 교육청 학급 편성 자료, 지자체 학군 통계 등을 확인하면 정확한 수치를 어렵지 않게 확보할 수 있습니다. 이를 통해 '내가 목표로 하는 수요층이 실제로 존재하는지', '시장 자체가 앞으로 성장할 가능성이 있는지'를 판단할 수 있습니다.

제가 컨설팅했던 부산의 한 신도시 사례를 말씀드리겠습니다. 이 지역은 매년 초등학생 수가 8~10%씩 증가하고 있었고, 대단지 아파트 입주가 계속 이어지고 있었습니다. 젊은 맞벌이 부부가 다수 거주하며 자녀 교육에 적극적인 분위기가 형성돼 있었죠. 경쟁 학원 수도 적었고, 기존 학원들의 콘텐츠는 다소 노후화되어 있었습니다. 이 지역에 강의 중심 수학 학원을 오픈했더니 3개월 만에 등록생 70명을 확보할 수 있었습니다. 반면, 인근의 구도심은 학생 수가 줄고 있었고, 이미 브랜드 학원이 다수 포진해 있어 신규 학원이 진입하기 어려운 구조였습니다.

2단계: 경쟁 학원의 현황을 분석하라

다음으로 중요한 것은 '경쟁 학원'입니다. 단순히 '학원이 몇 개 있다'가 아니라, 같은 과목을 운영하는 학원들이 어떤 콘셉트를 가지고 있는지, 브랜드 학원인지 개인 학원인지, 규모와 시설 수준은 어떠한지, 학부모와 학생 사이의 평판은 어떠한지를 구체적으로 분석해야 합니다.

예를 들어, 반경 500m 안에 초등 영어 브랜드 학원이 3곳 있다면, 신규 학원이 영어 과목으로만 승부하는 것은 위험할 수 있습니다. 그러나 그 학원들이 모두 문법 중심 수업을 한다면, 회화나 리딩 기반의 프로그램으로 틈새를 공략할 수 있습니다. 이처럼 경쟁 학원의 형태와 운영 방식을 면밀히 파악하면, 단순한 진입 여부뿐 아니라 차별화 전략까지 세울 수 있습니다.

3단계: 현장을 직접 걸어라

상권 분석에서 책상 위 자료 조사만으로는 절대 부족합니다. 반드시 발로 뛰어 현장을 확인해야 합니다. 현수막이 설치된 위치, 전단지가 붙어 있는 장소, 학원 앞 유동 인구의 흐름, 초등학교에서 학원까지의 도보 동선, 차량 통행량과 주차 가능 여부 등은 숫자로만 판단할 수 없는 중요한 요소입니다.

저는 학원 오픈 컨설팅을 할 때 최소 2주 이상 해당 지역을 직접 관찰합니다. 아침 등교 시간, 점심, 하교 시간, 오후 3~6시 학원 이동 시간대, 그리고 낮 시간 학부모 동선까지 꼼꼼하게 살핍니다. 이렇게 얻은 데이터로 학부모 대면 홍보 전략을 설계하고, 전단지 배포 시간과 방법을 조정하며, 플랜카드나 배너 현수막의 위치를 최적화합니다.

예를 들어, 수도권의 한 주거 밀집 지역에서는 오후 4~6시 사이에 학원가 거리가 차량으로 혼잡했고, 아이들이 인도를 가득 메운 채 학원으로 이동하고 있었습니다. 이 시간대에는 직접 전단지를 건네기보다 버스 정류장, 편의점, 카페 앞에 설치한 배너 광고가 훨씬 높은 홍보 효과를 냈습니다. 반면, 조용한 도심 외곽 지역에서는 아파트 우편함에 직접 넣는 방식이 훨씬 효과적이었습니다.

4단계: 학부모 문화를 읽어라

같은 학생 수와 학원 수를 가진 지역이라도, 학부모의 성향에 따라 학원 선택 기준이 완전히 달라집니다. 어떤 지역은 검증된 브랜드 학원을 선호하여 개인 학원이 뿌리내리기 어렵고, 어떤 지역은 오히려 개인 학원의 세심한 관리와 소통을 더 선호합니다.

이 차이를 파악하는 방법은 다양합니다. 블로그 후기, 맘카페 분위기, 상담 전화를 통한 직접 문의, 그리고 현장에서의 대화 등이 있습니다. 실제로 해당 지역 맘카페에 가입해 글을 남기고 반응을 확인하거나, 거주하는 지인을 통해 부모님들의 생생한 니즈를 파악하는 것도 매우 효과적입니다.

상권 분석은 전략의 시작점이다

결국 상권 분석은 단순히 '좋은 자리를 찾는 일'이 아닙니다. 내가 가진 교육 철학과 커리큘럼이 가장 잘 맞는 환경을 찾아내는 일입니다. 아무리 좋은 입지라고 해도 학원의 정체성과 맞지 않으면 부작용이 발생할 수 있고, 반대로 다소 외진 곳이라도 목표 수요층이 뚜렷하고 그들에게 도달할 전략이 있다면 충분히 성공할 수 있습니다.

학원을 창업한다는 것은 단순히 수업을 진행할 공간을 마련하는 것이 아닙니다. 그것은 내가 세운 교육 철학을 현실에서 구현하는 무대를 만드는 일입니다. 이 무대는 감이 아니라 데이터로, 추측이 아니라 분석으로 설계되어야 합니다. 그렇기 때문에 상권 분석은 학원 창업의 첫 번째 실행 전략이며, 실패 확률을 가장 직접적으로 낮추는 방법입니다.

인테리어보다 중요한
학원 브랜드 아이덴티티 설계

많은 원장님들이 학원 오픈 준비 과정에서 가장 많은 시간과 비용을 투자하는 항목 중 하나가 인테리어입니다. 물론 깨끗하고 세련된 학원 내부 환경은 상담에 방문한 학부모에게 긍정적인 첫인상을 남깁니다. 입구가 깔끔하게 정돈되어 있고, 교실이 쾌적하게 유지되는 것만으로도 신뢰를 형성하는 데 도움이 됩니다. 하지만 여기서 반드시 짚고 넘어가야 할 사실이 있습니다. 인테리어는 신뢰를 만드는 여러 요소 중 하나일 뿐이며, 그 자체로 학원의 브랜드를 대체할 수는 없습니다. 브랜드는 단순히 '보기 좋은 공간'이 아니라, 학부모의 마음속에 자리 잡는 학원의 정체성과 가치를 의미합니다.

현장에서 수많은 학원 오픈 사례를 지켜본 결과, 인테리어에 억대 이상을 투자하고도 학부모의 기억에 남지 못한 학원들을 많이 보았습니다. 반대로, 벽지와 가구를 최소한으로 갖추었지만 강렬한 인상을 남겨 '이 학원은 뭔가 다르다'는 생각을 학부모와 학생에게 금세 심어 준 경우도 있었습니다. 그 차이를 만든 것은 화려한 인테리어가 아니라 브랜딩의 힘이었습니다.

브랜딩은 단순히 로고나 간판을 멋지게 만드는 작업이 아닙니다. 그것은 학원의 존재 이유를 세상에 알리고, 학부모가 우리 학원을 떠올릴 때 연상할 수 있는 이미지와 키워드를 설계하는 과정입니다. 예를 들어 '스스로 공부하는 아이를 만드는 학원', '속도 훈련 중심 수학 학원', '매일 학습 결과를 보고서로 피드백하는 학원'과 같이 명확한 문장이 학부모의 머릿속에 자리 잡아야 합니다. 그래야 여러 학원 중에서도 우리 학원이 선택 후보군에 오를 수 있습니다.

브랜딩의 첫 단계는 일관된 메시지입니다. 학원 외벽에 걸린 현수막, 상담실 벽면의 문구, 교재 첫 장에 적힌 소개 글, 블로그 첫 화면, 리플릿과 카드 뉴스의 제목까지 모두 하나의 핵심 메시지를 중심으로 구성되어야 합니다. 예를 들어 '속도 훈련 전문 수학 학원'이라는 브랜드 콘셉트를 정했다면, 상담 멘트, 블로그 글, 문자 발송, 설명회 자료 등 학부모가 접하는 모든 채널에서 동일한 표현이 반복되어야 합니다. 이렇게 해야 학부모가 학원을 떠올릴 때 한 가지 명확한 이미지를 연결시킬 수 있습니다.

브랜딩은 시각적으로도 표현되어야 합니다. 무조건 고급스럽고 비싼 디자인이 필요한 것이 아니라, 학원의 교육 철학을 시각 언어로 변환하는 과정이 중요합니다. 예를 들어 초등 저학년 위주의 학원이라면 부드럽고 따뜻한 색상, 친근한 그림 아이콘, 라운드 형태의 글꼴이 효과적입니다. 반면, 중등 이상 실전 대비 중심 학원이라면 네이비·블랙 계열의 차분한 색상과 정제된 서체가 신뢰를 높입니다. 교재 디자인, 출입구 문구, 상담 자료의 표지까지도 동일한 메시지를 시각적으로 전달해야 합니다.

실제 사례를 보겠습니다. 경기도의 한 수학 학원은 '속도'를 브랜드 핵심 키워드로 삼았습니다. 교재 제목을 '문제 풀이 속도 강화 훈련집'으로 명명했고, 교실 벽면에는 "속도는 실력이다"라는 슬로건을 부착했습니다. 상담 시에는 학생의 문제 풀이 시간을 직접 측정하여 현재와 목표 시간을 비교해 수치로 제시했습니다. 브로슈어와 전단지에는 타이머 시계와 정답률 그래프를 메인 이미지로 활용하여 학원의 색깔을 명확하게 드러냈습니다. 이처럼 학원의 철학을 시각·언어·행동에 일관되게 녹이면 그것이 곧 브랜드가 됩니다.

부산의 한 초등 전문 영어 학원은 '엄마와의 연결'을 브랜드 핵심으로 설정했습니다. 수업이 끝날 때마다 학부모에게 클래스톡톡을 이용해 아이의 학습 내용을 간략히 요약해 전달했고, 교재 표지에는 학부모에게 보내는 주간 메시지를 삽입했습니다. 상담에서는 아이의 학습 상황뿐 아니라 가정 내 학습 환경까지 점검하는 체크 리스트를 제공했습니다. 이처럼 학부모와의 접점을 강화하는 방식으로, 평범한 프로그램을 운영하면서도 단기간에 입소문이 퍼졌습니다.

브랜딩은 작은 디테일에서 완성되기도 합니다. 어떤 학원은 입구 현관 바닥에 "오늘도 실력은 쌓입니다."라는 문구를 새겼습니다. 짧은 문장이지만, 아이들이 등하교 시 매일 보게 되면서 자연스럽게 학습 태도가 변했고, 학부모는 이 학원을 '철학이 있는 학원'으로 인식했습니다. 또 다른 학원은 학생 개개인의 이름을 교재에 넣어 '○○이만을 위한 4주 속도 강화 훈련 교재'로 제작했습니다. 아이와 부모 모두 자신만을 위한 특별한 프로그램이라는 인식을 갖게 되었고, 그 효과는 입소문으로 이어졌습니다.

브랜딩은 원장 본인의 캐릭터에서 시작되기도 합니다. 상담을 직접 맡는 원장이라면 복장, 말투, 상담 방식 모두가 학원의 브랜드입니다. 아이에게 따뜻하고 긍정적인 어조로 피드백을 주고, 학부모에게는 차분하고 신뢰감 있는 어조로 학습 방향을 제시하는 상담은 '책임감 있고 믿을 수 있는 학원'이라는 인식을 심어 줍니다.

반대로 설명이 장황하고 핵심이 없는 상담은 불안감을 줄 수 있습니다. 상담실의 분위기, 책상의 정리 상태, 상담 자료의 구성까지 모두 브랜드 메시지를 구성하는 요소입니다.

이제 학부모는 단순히 시설이 깨끗하다거나 수업료가 저렴하다는 이유만으로 학원을 선택하지 않습니다. 그들은 학원의 철학, 운영 시스템, 그리고 이곳에서 아이가 경험할 변화 가능성을 기준으로 학원을 선택합니다. 이 모든 기준은 브랜딩을 통해 전달됩니다.

정리하자면, 인테리어는 눈에 보이는 '형태'이고, 브랜딩은 머릿속에 각인되는 '이유'를 만드는 과정입니다.

공간에 투자하는 만큼 메시지에도 투자해야 합니다. 공간은 시간이 지나면 잊히지만, 메시지는 등록을 결정하는 순간에 다시 떠오릅니다.

강력한 학원은 단순히 예쁜 공간을 가진 학원이 아니라, 명확한 이유와 철학을 가진 학원입니다. "인테리어는 깔끔하게, 브랜딩은 선명하게" 이 것이 오늘날 학원 창업의 기본 공식입니다.

시스템이 곧 경쟁력이다
- 성공 학원의 기본 구조

학원 운영에서 가장 흔하게 발생하는 위기는 '운영 초반의 매출 부진'도 아니고, '경쟁 학원 출현'도 아닙니다. 겉으로 보이는 위기의 원인은 다양해 보이지만, 실제로 깊이 들여다보면 그 뿌리는 의외로 단순합니다. 가장 근본적인 문제는 바로 '반복 가능한 구조'가 없다는 데에서 비롯됩니다. 많은 원장님들이 개원 초기에는 강의 준비부터 상담, 학생 관리, 홍보까지 모든 일을 직접 챙깁니다. 이 시기에는 원장 개인의 열정과 에너지가 운영의 원동력이 되지만, 학생 수가 늘어나고 학부모 문의가 많아지며 강사까지 관리해야 할 시점이 되면 상황이 달라집니다. 결국 운영의 전체 균형이 무너지고, 원장의 체력과 시간은 한계에 부딪히게 됩니다.

이는 많은 원장님들이 운영 초반에는 모든 것을 직접 챙기고 해결하면서 버티다가, 일정 시점 이후 '혼자 감당할 수 없는 시스템의 한계'에 맞닥뜨리는 구조적 문제로 이어집니다. 여기서 중요한 것은, 이 시점이 오면 아무리 강의력이 뛰어난 원장이라도 매출이 정체되거나 심지어 하락하는 악순환에 빠질 수 있다는 점입니다.

이러한 상황을 막는 유일한 방법은, 바로 학원 운영 전반에 걸쳐 '시스템'을 미리 설계해 놓는 것입니다. 시스템이란 단순히 프로그램이나 기계적인 절차를 의미하지 않습니다. '누가 하든 결과가 일정하게 유지되는 구조'를 말합니다. 예를 들어 강사가 바뀌더라도 수업 퀄리티가 유지되고, 원장이 없어도 학습 피드백이 매일 나가며, 학생이 늘어날수록 오히려 더 체계적으로 굴러가는 구조, 이것이 바로 진정한 의미의 학원 시스템입니다. 다시 말해, '사람이 아닌 구조가 책임지는 학원'이 바로 시스템이 작동하는 학원입니다.

시스템은 크고 복잡할 필요가 없습니다. 오히려 단순하고 명확하며, 지속 가능해야 합니다. 시스템의 본질은 기술이 아니라 '패턴화된 루틴의 집합'입니다. 즉, 누구든 같은 절차를 따르면 동일한 결과를 얻을 수 있어야 합니다. 아래는 제가 실제로 위너스영수학원에서 운영하며 검증한, '시스템화'의 대표적인 사례들입니다.

출결 관리 시스템
: 학원의 신뢰를 좌우하는 기본

출결 관리야말로 학부모 신뢰의 시작점입니다. 저희 위너스영수학원은 기존의 수기 출결 방식에서 벗어나, 학생이 입실하는 즉시 자동으로 학부모님께 문자가 발송되는 실시간 출결 연동 시스템을 도입하고 있습니다. 이를 통해 학부모님께서는 자녀가 안전하게 학원에 도착했는지 즉시 확인할 수 있으며, 학원은 누락 없는 출결 현황을 체계적으로 관리할 수 있습니다.

더 나아가, 출석 데이터를 기반으로 주간 출석 리포트를 자동 정리하는 시스템도 함께 운영하고 있습니다. 누적 결석 및 지각 여부를 자동으로 산출하여, 학습 태도와 수업 참여도에 대한 종합적인 판단이 가능하도록 설계되어 있습니다. 이렇게 데이터 기반으로 관리하면, 원장의 주관적 판단이 아니라 객관적인 기록을 근거로 학생 지도를 할 수 있습니다. 그 결과 학부모 상담 시에도 훨씬 더 설득력 있는 피드백을 제공할 수 있습니다.

피드백 시스템
: 수업 이후의 관리가 학원 성장을 좌우한다

저희 위너스영수학원에서는 매 수업 종료 후 학부모님께 '수업 보고서'를 발송할 수 있도록 표준화된 포맷을 사전에 구성해 두고 있습니다. 예를 들어,

"오늘 ○○이는 소수점 계산에서 정확도가 눈에 띄게 향상되었습니다. 숙제는 3단계 난이도의 문제 5개이며, 다음 수업 전까지 제출 바랍니다."

와 같은 식으로, 학생 개개인의 학습 상황을 구체적으로 전달드리는 방식입니다.

특히 저희는 자체 개발한 학부모 커뮤니케이션 시스템인 '클래스톡톡'을 통해 모든 학부모님께 매일 수업 보고서를 실시간으로 전달해 드리고 있습니다. 단순한 출결 확인이나 숙제 안내를 넘어서, 학생의 변화와 성장 과정을 매일 투명하게 공유함으로써 학부모님의 신뢰를 얻고, 학생 관리의 일관성을 유지하고 있습니다. 이렇게 매일 축적된 데이터는 학생의 장기적인 학습 성장 기록이 되어, 상담이나 진로 지도 시 강력한 자료가 됩니다.

이러한 정교한 피드백 시스템은 학부모와의 소통을 강화하는 동시에 학생 관리의 완성도를 높입니다. 실제로 저희 위너스의 '퇴원율 0%' 기록을 만들어 낸 핵심적인 운영 전략 중 하나가 바로 이 피드백 시스템입니다.

상담 매뉴얼
: 첫인상에서 승부가 결정된다

신규 학부모 상담은 학원의 이미지를 결정짓는 첫 관문입니다. 저희 위너스영수학원은 신규 학부모 상담 시 활용되는 브로슈어, 홍보용 리플릿, 상담 체크 리스트, 메모지 등(저는 이것들을 묶어서 '상담 준비 키트'라고 합니다)을 사전에 체계적으로 준비합니다. 이를 통해 처음 방문하신 학부모님께 '준비된 학원', '신뢰할 수 있는 시스템을 갖춘 학원'이라는 강력한 인상을 심어 드릴 수 있습니다.

또한 '학습 능력 진단검사'를 함께 실시하여 학생의 현재 학습 수준과 성향을 객관적으로 파악하고, 그 결과를 바탕으로 한 맞춤형 제안을 드립니다. 이러한 상담 체계는 학부모님께는 신뢰와 만족을, 상담자에게는 명확한 대응 기준과 설득력 있는 설명 자료를 제공합니다. 결국 이 방식이 "상담 등록 전환율 95%"라는 결과를 만들어 내는 비밀입니다.

시험 대비 운영 시스템
: 성적 향상의 결정적 순간을 잡아라

중간·기말고사 4주 전부터 시험 대비 특강 운영 방식을 시스템으로 설계합니다. 주간 단위 운영 일정표, 단어 테스트, 실전 모의고사 일정 등을 표준화해 강사별 편차 없이 동일한 퀄리티로 수업을 제공합니다. 특히 위너스영수학원에서는 시험 직전 주말에 '10 TO 10 집중 보강 프로그램'을 운영합니다. 오전 10시부터 저녁 10시까지 하루 12시간 동안 진행되는 이 프로그램은 학생들에게 철저한 마무리 학습 기회를 제공하고, 학부모님께는 학원의 진정성과 열정을 직접적으로 보여 주는 기회가 됩니다.

참여 학생 전원에게 점심과 저녁 식사를 무료 제공하며, 학부모님께는 "저희는 자녀의 성장을 위해 끝까지 책임지겠습니다"라는 메시지를 전달합니다. 이처럼 위너스의 시험 대비 시스템은 단순한 보강 수업이 아니라

'성적 향상 + 신뢰 확보'라는 두 가지 목표를 동시에 실현합니다.

저희 위너스영수학원은 '클래스톡톡'을 기반으로 한 수업 보고서 자동화 시스템을 구축하여 학부모와의 소통을 정교하고 신속하게 운영하고 있습니다. 강사는 매일 학생별 진도 현황, 숙제 이행률, 수업 태도와 지도 코멘트를 시스템에 입력하고, 이 내용은 자동 정리되어 학부모님의 카카오톡으로 실시간 전송됩니다.

이 시스템 도입 이후 학부모님의 만족도는 눈에 띄게 상승했고, 재등록률도 95% 이상을 안정적으로 유지하고 있습니다. 특히 동일한 수업을 듣는 학생 보호자들 간 자발적으로 학원에 대한 긍정적인 평가가 공유되며 '리텐션 중심의 바이럴 구조'가 형성되었습니다.

시스템은 단순히 '편리함'을 제공하는 도구가 아닙니다. 그것은 곧 '신뢰'의 기반입니다. 매일의 반복 업무가 명확하게 구조화되면 직원은 안정감을 느끼고, 학부모는 일관된 품질을 체감하며, 학생은 혼란 없이 학습 루틴을 따릅니다. 진정한 의미에서 학원의 지속 가능성을 원한다면, 반드시 시스템 구축에 투자해야 합니다.

결국 성공하는 학원의 공통점은 '운영자가 바빠지지 않아도 돌아가는 구조'를 갖고 있다는 것입니다. 혼자 힘으로 매출을 올리는 학원은 한계가 옵니다. 그러나 시스템이 뒷받침되는 학원은 시간이 지날수록 더 탄탄해지고, 원장은 '더 중요한 일'에 집중할 수 있습니다. 그것이 바로 진정한 '성장하는 학원'입니다.

학원, 이대로만 하면 된다

첫 단추를 제대로 꿰는
오픈 초기 초반 설계 전략

학원 창업의 성패는 절대 오픈 이후에 결정되지 않습니다.

시작 이전부터, 심지어 학원 문을 열기 몇 주 전부터 이미 결정되고 있다는 사실을 반드시 인지하셔야 합니다.

많은 원장님들이 '일단 열고 보자'는 심정으로 오픈을 감행하지만, 저는 단호하게 말씀드릴 수 있습니다.

그 방식으로는 절대 성공할 수 없습니다.

학원을 연다는 것은 단순히 공간을 열고 책상을 놓는 일이 아니라, 하나의 '경험 구조'를 설계하고, '시스템'을 구축하는 것입니다.

그 첫 단추를 어떻게 꿰느냐에 따라 3개월 뒤의 잔고, 6개월 뒤의 수강생 수, 1년 뒤의 브랜드 가치가 달라집니다.

실제로 저는 10개 이상의 학원을 직·간접적으로 오픈하며 한 가지 중요한 사실을 체득했습니다.

"첫 4주가 모든 걸 결정한다." 학생의 반응, 학부모의 평가, 지역 내 입소문, 내부 스태프의 사기와 루틴까지. 이 모든 것이 학원 오픈 첫 4주 안에 결정된다는 것입니다.

특히 학원 브랜드의 첫인상은 되돌릴 수 없습니다.

마치 사람이 처음 만난 인상으로 상대방의 80%를 판단하듯, 학부모도 첫 방문에서 이미 이 학원이 어떤 곳인지 결론을 내립니다.

그래서 저는 학원 오픈을 '전쟁'이라고 부릅니다.

무기 없는 전쟁에서 이길 수 없듯, 전략 없는 오픈도 필패입니다. 이번 절에서는 학원 초반 설계를 어떻게 해야 '실전에서 이길 수 있는 학원'이 되는지, 아주 디테일하고 실제적인 방식으로 안내드리겠습니다.

학원의 첫인상,
오픈 첫 주에 결정된다

학생이 처음 문을 열고 들어오는 순간, 학부모가 상담실에 앉는 그 찰나에 이미 평가는 시작됩니다. 바닥에 굴러다니는 먼지, 직원의 말투, 강사의 눈빛, 벽면의 포스터 하나하나까지도 브랜드의 일부가 됩니다. 우리가 흔히 간과하는 이 '공간의 느낌'과 '운영의 디테일'이 결국 학부모의 입소문에 결정적 역할을 합니다.

예를 들어, 오픈 첫 주에 수업이 계획대로 진행되지 않아 아이가 교재를 받지 못하거나 과제가 누락된다면? 학부모는 이렇게 느낍니다. "아직 준비가 덜 된 학원이구나." 그 말 한 마디가 온라인 맘카페를 타고 10배로 증폭된 결과로 돌아옵니다.

반면, 교실 앞에 학생 이름이 적힌 자리가 준비되어 있고, 첫 수업이 끝나자마자 담임 선생님의 피드백이 문자로 도착하며, 다음 수업 일정과 과제가 정리된 종이가 가방 속에 정리되어 있다면 어떨까요? 학부모는 '믿고 맡길 수 있다'는 확신을 갖게 됩니다. 첫 주는 '감동의 디테일'을 보여 주는 무대입니다.

첫 방문 상담은 구조적 설계와 진단 기반 자료로 이루어져야 합니다

학원 상담의 성패는 단순한 친절이나 설명의 자세에 달려 있지 않습니다. 오히려 명확한 구조 없이 진행되는 상담은 학부모에게 막연함을 남기고, 이는 불신으로 이어지는 경우가 적지 않습니다. 상담이 신뢰를 얻기 위해서는 감각적인 설명이나 즉흥적인 대화가 아니라, 분석된 데이터, 설계된 방향성, 그리고 구체적인 제안이 반드시 함께 제시되어야 합니다.

특히 첫 방문 상담의 경우, 상담 자체가 학원의 전문성과 차별성을 보여 주는 '첫인상'이 되므로, 진단 도구를 활용한 구조적 접근이 요구됩니다. 저희 학원에서는 학습 태도 및 성향 진단 검사를 상담의 핵심 도구로 활용하고 있습니다. 이 검사는 약 15~20분 이내로 진행되며, 학생의 주의 집중 유형, 과제에 대한 지속성, 학습 동기 성향, 자기 주도성 등 다양한 항목을 정량적으로 분석할 수 있는 시스템입니다.

검사 결과는 학부모에게 12페이지 정도 분량의 시각화된 리포트로 제공되며, 해당 리포트를 기반으로 아래와 같은 상담이 이루어집니다.

이와 같은 과정은 학부모에게 단순한 정보 전달을 넘어서, 학생의 문제를 진단하고 해결을 설계하는 전문가로서의 신뢰감을 형성하게 됩니다. 실제로 본 시스템을 도입한 이후, 첫 상담 후 등록 전환율이 95%를 상회하는 유의미한 성과를 기록하고 있습니다. 이는 단순한 상담 기술이 아니라, 과학적이고 차별화된 진단 시스템이 신뢰와 전환을 동시에 이끌어낸 결과라고 평가할 수 있습니다.

초반 상담은 친절함이 아닌 구조화된 정보와 분석, 그리고 시각화된 설계 제안을 통해 완성되어야 하며, 학습 태도 및 성향 진단 검사는 그 중심에 있는 핵심 도구입니다. 원생 모집의 질을 높이고, 상담의 효율을 극대화하고자 한다면, 더 이상 추상적 설명에 의존할 것이 아니라, 정량적 진단과 명확한 설계에 기반한 체계적 상담으로 나아가야 할 시점입니다. 상담 종료 후 바로 등록으로 이어지는 전환율을 높이는 핵심은 바로 '상담의 설계'에 있습니다.

수업 시스템은 반드시 반복 가능성과
결과의 예측 가능성을 중심으로 설계되어야 합니다.

학부모가 학원 수업에 대해 느끼는 가장 큰 불안 요소 중 하나는, 동일한 교재를 사용하더라도 강사마다 수업 방식이 제각기 다르다는 점입니다. 이는 결과적으로 "우리 아이가 제대로 배우고 있는가?"에 대한 신뢰를 형성하는 데 큰 장애가 됩니다.

따라서 수업 초반에는 모든 강사가 동일한 수업 흐름과 절차를 따르도록 표준화된 수업 운영 시스템을 도입해야 하며, 이는 일관된 교육 품질을 유지하는 핵심 전략이 됩니다.

이러한 반복적이고 구조화된 수업 프로세스는 학생에게는 안정감과 예측 가능성을 제공하며, 학부모에게는 자녀의 학습 상태를 객관적으로 판단할 수 있는 기준을 제시하게 됩니다. 특히 초등학생의 경우, 수업 이후에 반드시 학부모와의 정기적 피드백을 통해 수업 내용, 과제 수행도, 집중도, 오답 상황 등을 상세히 공유함으로써, 학부모와의 신뢰를 쌓고 학원의 전문성과 관리력을 효과적으로 전달할 수 있습니다.

이처럼 표준화된 수업 시스템과 적극적인 피드백 체계는 단순한 '수업 운영 방식'이 아니라, 학원의 브랜드 신뢰도를 결정짓는 핵심 운영 전략이라 할 수 있습니다.

강사도, 직원도
'동기화된 한 팀'이 되어야 한다

초기 운영에서 가장 큰 실수 중 하나는, 원장만 '전투 모드'로 돌입하고 직원들은 여전히 '알바 마인드'에 머물러 있는 상태입니다. 강사들은 수업만 하고, 행정 담당은 접수만 받으려고 한다면, 오픈 첫 주에 반드시 빈틈이 생기기 마련입니다.

초반 4주는 학원 내부가 '전시 체제'에 들어가는 시기입니다. 강사 한 명, 직원 한 명 모두가 '내가 이 학원의 첫인상을 책임진다'는 책임감을 가져야 합니다. 이를 위해 원장은 반드시 오픈 전 공동 운영 워크숍을 진행해야 합니다.

특히 강사들에게는 수업 외에도 '아이의 정서 파악', '첫 수업 후 원장과 학부모님에게 피드백 전달', '지각, 결석자 응대 방식 등 확인할 모든 것을 포함한 행동 체크 리스트를 전달해야 합니다.

이처럼 운영팀 전원이 '동기화'되고 '한 방향을 바라보는 집단'이 되었을 때, 오픈 첫 주에 흔들림 없이 체제를 만들어 갈 수 있습니다.
학원은 원장 혼자 움직이는 게 아닙니다.
첫 주의 품질은 팀 전체의 에너지에서 나옵니다.

학부모 피드백 루틴이 곧 브랜드의 인격이다

많은 학원이 '피드백'을 단순히 문자 한 줄, 혹은 상담 때만 하는 것으로 생각합니다. 그러나 피드백은 단지 정보를 전달하는 행위가 아닙니다. 그것은 학원 브랜드의 인격이 학부모에게 드러나는 방식입니다.

학부모는 아이를 보내는 순간부터 수업 내용보다도 '이 학원이 우리 아이를 얼마나 진심으로 바라보는가'를 느끼고 싶어 합니다. 따라서 첫 주부터 '루틴화된 피드백 구조'를 설계하고 실행하는 것이 학부모 신뢰를 만드는 핵심입니다.

예를 들어 다음과 같은 방식이 좋습니다.

첫 수업 직후: "○○학생, 오늘 ○○파트 집중력이 좋았습니다. 다음 수업은 ○○를 더 훈련하겠습니다." (1:1 문자 or 클래스톡톡)

주간 정리 피드백: 매주 금요일 또는 토요일 오전, 주간 활동 요약 + 다음 주 계획 + 과제 상태 요약

전화 상담 피드백: 한 달 단위로 아이의 학습과 학원에서의 생활에 단 전화 상담을 실시, 전화 상담 + 학습 리포트 첨부

여기서 중요한 건, 이 모든 피드백이 '정성'으로 느껴지는 자동화라는 것입니다. 반복 가능한 양식을 만들어 두고, 담당자는 각 아이의 특성만 조금씩 다르게 입력하는 식으로 구성하면 됩니다.

학부모는 "이 학원은 내 아이를 유심히 지켜보고 있구나", "내 아이가

이 시스템 속에서 성장하겠구나"라는 심리적 신뢰를 갖게 되고, 그것이 바로 재등록과 소개로 연결됩니다.

실전 사례
: 캡틴 시스템을 적용한 신규 학원

실제 사례 하나를 소개하겠습니다. 부산의 한 신규 학원, 원장님은 기존에 학원 운영 경험이 전혀 없던 상태에서 '캡틴 시스템'을 도입해 학원을 오픈했습니다. 오픈 6주 전부터 전단지 10회(8만 부)배포, 매주 주5회 6시간 이상 길거리 대면 홍보, 현수막 40개(게릴라 현수막 포함)노출, 블로그 매일 업로드, 맘카페 타깃 댓글 전략 광고, 당근마켓 광고를 병행했고, 그 결과 오픈 전주 기준으로 예약 상담 78건, 오픈 첫 주에 수강생 41명을 확보했습니다.

이 학원의 성공의 핵심은 바로 '구조화된 운영'과 '꼭! 이렇게까지 해야 합니까? 마인드 깨기'였습니다.
상담자는 상담 대본과 상담 준비 키트로 학부모 응대를 매뉴얼화했고, 교재는 주차별 진도표와 연동되었으며, 과제 및 학부모 피드백은 클래스톡톡을 통해 자동화했습니다.

수업은 '5단계 루틴'을 통해 매시간 동일한 구성으로 반복되었고, 학부모님들에게 매일매일 클래스톡톡을 이용해서 피드백을 실시했습니다.
그 결과 3개월 만에 수강생 70명, 평균 유지율 95% 이상을 달성했습니다.

초기 설계가 얼마나 중요한지, 그리고 오픈 전 사전 홍보가 얼마나 중요한지가 이 사례만으로도 충분히 증명됩니다.

시스템이 있어야 사람이 실수하지 않습니다.

매뉴얼이 있어야 강사가 바뀌어도 학원과 학부모가 흔들리지 않습니다.

실패 사례
: 초반 설계 없이 출발한 B학원의 예

반대로 실패한 사례도 짚어 보겠습니다. 수도권에 위치한 B학원은 입지 조건은 뛰어났지만, 준비 없이 오픈을 감행했습니다. 상담 대본은커녕, 리플릿이나 브로슈어 등 그 어떠한 홍보물도 없이 상담을 진행했고, 수업은 강사별로 전혀 다른 형식으로 이루어졌으며, 피드백은 학부모가 연락해야 겨우 받을 수 있는 구조였습니다.

결과는 오픈 첫 달 수강생 8명 확보 후, 한 달 만에 3명 이탈, 두 달 뒤 2명을 유지하는 데 그쳤습니다. 운영의 불안정성이 학부모에게 그대로 전해졌고, 원장은 수업, 상담, 행정 모두를 혼자 처리하느라 금세 번아웃에 빠졌습니다.

결국 6개월 후 폐업, 그리고 지금은 제가 운영하는 단톡방에서 함께 교육을 들으며 1인 원장으로 재도약을 준비하고 있습니다.

이 사례가 명확히 말해 줍니다.

준비 없는 오픈은 '학원 자살행위'입니다.

운영 경험이 없는 원장일수록, 더 정교한 시스템으로 첫 단추를 꿰야 합니다.

학원 오픈은 '운영을 시작하는 것'이 아니라, '구조를 설계하는 일'입니다. 한 달 동안 열심히 수업하고, 상담하고, 피드백하는 건 누구나 할 수 있습니다.

하지만 그것이 매주, 매월 동일한 결과를 내도록, 반복 가능한 시스템을 '설계'해 두는 것은 오직 준비된 원장만이 해낼 수 있는 일입니다.

　단언컨대, 성공한 학원은 처음부터 다릅니다.

상담실에 들어가는 첫걸음부터, 교실에 앉는 첫 순간까지, 학부모와 학생이 '이 학원은 다르다'는 인상을 받도록 의도적으로 설계되어 있습니다.

이것이 브랜드의 시작입니다.

첫 단추를 어떻게 꿰느냐에 따라, 그 학원의 미래는 달라집니다. 초반 설계를 대충 하면, 나중에 수습하느라 아끼고자 했던 시간과 돈이 3배 이상으로 듭니다.

하지만 처음부터 구조화하고, 피드백 루틴과 상담 시스템, 수업 포맷, 과제 관리 방식, 홍보 전술까지 정교하게 준비하면, 학원은 단단해집니다.

　그 첫 단추, 지금 제대로 꿰십시오.

　그래야 3개월 뒤, 1년 뒤 편히 웃을 수 있습니다.

2

오픈 전부터 시작되는
시장 장악 전략

오픈 전부터 시작되는
시장 장악 전략

많은 분들이 이렇게 말씀하십니다.

"요즘 시대에 전단지가 정말 효과가 있나요?"

또 어떤 분들은 이렇게도 말씀하시죠.

"블로그는 귀찮고, 인스타그램은 잘 모르겠어요. 그냥 수업만 잘하면
학생이 알아서 오지 않나요?"

저는 이 모든 질문에 단호하게 말씀드립니다.

"그렇지 않습니다. 수업은 기본이고, 홍보는 생존을 위한 필수 무기입
니다."

학원 운영은 단순한 교육 활동이 아니라 '전쟁'과 같습니다. 특히 오픈
시기는 그야말로 전시(戰時)입니다. 전쟁에서 승리하는 자는 운이 좋은
사람이 아니라, 준비된 자입니다. 무기를 충분히 갖추고, 상대를 분석하

며, 가장 적절한 시점에 공격을 개시하는 사람이 승리합니다.

학원 오픈을 앞둔 45일 전은 이러한 전쟁에서 가장 중요한 '사전 전투 기간'입니다. 이 시기를 놓치면, 아무리 뛰어난 강사와 완벽한 커리큘럼을 갖추었더라도 학생은 쉽게 모이지 않습니다. 실제로 많은 원장님들이 학원 문을 연 후에야 "왜 학생이 없지?"라는 당황스러운 상황을 맞이합니다. 그러나 그때는 이미 늦습니다.

사전 홍보를 하지 않으면, 지역 주민들은 그 학원의 존재조차 알지 못합니다. 브랜드 인식이 전혀 없는 상태에서 등록을 기대하는 것은 불가능합니다. 고객의 입장에서 생각해 보십시오. 새로 생긴 가게가 있다는 사실조차 모른다면, 그곳에 찾아가 돈을 쓰겠습니까?

따라서 사전 홍보는 학원을 '존재하게 만드는' 첫 번째 작업입니다. 이 장에서는 제가 수년간 수많은 학원 오픈 현장에서 검증해 온 실전형 사전 홍보 전략을 공개하겠습니다. 전단지, 현수막, 블로그, 맘카페, 당근마켓, 그리고 입소문 바이럴까지 — 언뜻 평범해 보이지만 실제로는 강력한 도구들을 어떻게 사용해야 학생이 직접 찾아오는지, 구체적인 사례와 함께 설명드리겠습니다.

그러나 이 장의 목적은 단순히 홍보 방법을 나열하는 것이 아닙니다. 원장님들의 관점 자체를 바꾸는 것입니다. 홍보를 수치와 전략, 그리고 실행 단위로 바라보지 못하는 순간, 학원은 '원장 혼자만 열심히 하는 공간'이 됩니다. 반면 사전 홍보에 공격적으로 투자하고, 계획적으로 설계하는 원장은 오픈 첫날부터 "도대체 이 학원 뭐야?"라는 호기심과 관심을 불러일으킵니다. 그리고 바로 이 반응이 등록으로 직결됩니다.

결론적으로, 오픈 전부터 이미 전쟁은 시작된 것입니다.

이제 중요한 질문은 이것입니다.

원장님, 싸울 준비가 되어 있으십니까?

이제부터 저는 그 전쟁에서 승리할 수 있는 무기들을 하나씩 전달하겠습니다.

오픈 6주전,
반드시 실행해야 할 사전 홍보 전투

많은 분들이 학원 개원이라는 사건을 오픈 당일부터 시작된다고 생각하십니다. 그러나 실상은 전혀 다릅니다. 학원 오픈이라는 이름의 전쟁은 이미 개원 6주 전, 즉 오픈 1.5개월 전부터 그 서막이 울리기 시작합니다.

만약 "오픈 일주일 전쯤 전단지를 돌리면 되지 않을까?"라는 생각을 하고 계시다면, 안타깝게도 그 시점에서 이미 해당 지역 시장은 다른 학원에게 점령당했을 가능성이 높습니다.

이른바 '사전 전투'는 선택 사항이 아닙니다. 반드시 실행되어야 할 필수 전략이며, 절대적으로 전력을 다해야만 하는 절박한 시기입니다. 이 시기를 허투루 보내면, 오픈 당일은 활기찬 첫 수업이 아니라, 썰렁한 정적 속에서 시작될 수 있습니다.

저는 항상 강조합니다. 이 시기의 핵심은 단순히 전단지를 돌리거나 현수막을 다는 '홍보'가 아닙니다. "내가 이 지역에 존재하고 있다"는 인식을 학부모와 학생에게 각인시키는 시간, 그것이 바로 오픈 6주 전부터 시작되는 '각인의 시간'입니다.

매일이 전투입니다
― 수동적인 홍보는 이제 잊어야 합니다

이 시점에서 원장님이 하셔야 할 일은 단순한 홍보가 아닙니다. 매일매일이 시장 점유를 위한 전투의 연속이며, 단 하루도 무의미하게 보내선 안 됩니다. 이제부터는 '홍보'라는 단어가 주는 수동적이고 소극적인 이미지를 지우셔야 합니다. 이 시기는 철저한 '공격의 시간'입니다. 시장을 선점하는 자만이 살아남을 수 있습니다.

전단지는 종이가 아닙니다, 그것은 학부모와의 '첫 만남'입니다
많은 분들이 전단지를 단순한 종이로 생각하시지만, 전단지는 곧 학원의 얼굴이며, 원장님의 마음을 전달하는 도구입니다. 전단지를 건넬 때는 단순한 배포가 아닌, 학부모님과의 첫 만남이라는 인식이 반드시 필요합니다.

그렇기에 가장 먼저 달라져야 하는 것은 원장님의 옷차림과 태도입니다. 저는 늘 말씀드립니다. 운동복 차림, 아무렇게나 걸친 후줄근한 복장

으로는 절대로 현장에 나가지 마십시오. 반드시 단정한 셔츠, 깔끔한 바지, 믿음을 주는 인상과 말투로 무장하십시오.

 그리고 꼭, 학원 이름이 선명하게 새겨진 조끼 또는 홍보 가방을 착용하십시오. 그것은 단순한 가방이 아니라, 움직이는 광고판이자, 원장님의 진정성을 나타내는 깃발입니다.

그리고 나 자신에게 매일 물으십시오! "나는 지금 내 가족을 지키는 대표로서 움직이는가?"

저는 개원 전 한 달 동안 매일 아침 그 조끼 배너를 착용한 채, 아파트 단지 앞에 섰습니다. 그리고 스스로에게 매일 똑같은 질문을 던졌습니다.

"나는 지금 이 순간, 내 가족의 생계를 책임지는 대표가 맞는가?"

이 질문으로 마음을 다잡고, 그 마음으로 학부모 한 분 한 분에게 정중히 인사를 드렸습니다. 눈을 마주치고, 고개를 숙이며 간절한 목소리로 전했습니다.

"안녕하세요. ○○학원 원장입니다. 다음 달 오픈 예정인데요, 아이들에게 좋은 수업을 해 드리고 싶어 이렇게 준비하고 있습니다. 잘 부탁드립니다."

이 말 한마디에 담긴 진심이, 수십만 원을 들여 제작한 화려한 전단지보다 훨씬 더 강력한 설득력을 발휘합니다. 결국 사람의 마음은 디자인이 아니라 사람에게서 움직입니다.

전단지를 돌리는 순간은 신뢰의 출발점입니다

이제부터 원장님께서 전단지를 돌리실 때, 그것은 단순한 홍보가 아니라, 신뢰의 시작이자, 학원의 정체성을 전달하는 첫걸음입니다. 이 마음가짐

없이 뿌리는 전단지는 그저 공중에 종이를 뿌리는 것에 지나지 않습니다. 그러니 반드시 그렇게 하십시오. 제발 그렇게까지 하십시오.

주변에서 누군가 "꼭 그렇게까지 해야 하느냐"고 묻거든, 고개를 들어 단호히 말씀하십시오.

"캡틴은 그렇게 해서 성공했다.

나도 그렇게 하겠다."

그 말 한마디가 원장님의 하루를 바꾸고, 오픈 첫날을 바꾸고, 그 학원의 운명을 바꿉니다.

개원 6주 전 – 최초 인식의 기반을 구축하는 시기

오픈 6주 전은 학원에 대한 최초의 인식을 지역 내 학부모들에게 심어 주는 단계입니다. 이 시기의 핵심 전략은 아파트 단지를 중심으로 한 자연스러운 노출입니다.

이때는 전단지를 무작위로 돌리는 방식보다는, 학원을 중심으로 반경 1km 이내 각 세대 문 앞에 직접 부착(업체를 이용한 직투)하는 형태가 바람직합니다. 적절한 시간은 평일 오후 4시 이후, 주민들이 귀가를 시작하는 시점이며, 경비원이나 청소 담당자와의 마찰도 피할 수 있습니다.

주말 오전에는 놀이터나 커뮤니티 센터 앞에서 유모차를 끌고 나온 학부모를 자연스럽게 대상으로 하여 불쾌감을 주지 않으면서도 반복 노출을 유도하는 것이 효과적입니다.

이 시점에서는 "여기 학원이 생기나 보다"라는 자연스럽고 긍정적인 첫인상을 남기는 것이 가장 중요합니다. 학원에 대한 노출은 부담 없이 스쳐 지나갈 수 있을 정도의 가벼움이어야 하며, 이러한 노출이 누적될 때 신뢰는 서서히 쌓입니다.

물론, 일부 입주민의 불쾌한 반응도 있을 수 있습니다. 그러나 원장님은 이 시기를 '실전'이라 여기고, 멘탈을 다잡은 채 실행 중심으로 밀고 나가셔야 합니다.

개원 4주 전
— 학부모 관심을 유도하는 '대면 접점 전략'의 시작

이제 오픈이 4주 앞으로 다가왔습니다. 아파트 단지를 중심으로 학원 이름과 브랜드가 서서히 눈에 띄기 시작한 시점입니다. 이제부터의 전략은 단순한 노출을 넘어, 직접적인 대면 접점을 확보하고 학부모의 관심을 유도하는 방향으로 전환되어야 합니다.

이 시기의 핵심은 초등학교 및 중학교의 하교 시간대를 활용하는 것입니다. 하교 시간이 다가오는 시점, 학교 앞 횡단보도 인근이나 등굣길 주요 동선에 원장님께서 직접 나서시는 것이 가장 효과적입니다. 전단지 배포 아르바이트생을 써서 맡기는 것이 아닌, 원장님 본인이 전면에 나서셔야 합니다.

저는 이때 오픈 전 미리 채용한 실장님과 함께 나갔습니다.

이때 착용하는 조끼 배너는 단순한 홍보물이 아닙니다. 그것은 학부모와 학생에게 주는 강력한 시각적 신호입니다. 예컨대 "위너스영수학원 8월 25일 OPEN!. 영어 수학 성적 향상 맛집"이라는 간결하면서도 명확한 메시지를 담아야 하며, 당당하고 자신감 있는 태도로 학원 전단지를 건네는 것이 중요합니다.

무엇보다도, 이 시기에는 단순히 전단지를 나눠 주는 '행위'보다, 아이 콘택트 한 번, 미소 한 번, 인사 한마디가 훨씬 더 큰 인상을 남깁니다. "아, 여기 학원 원장님이 직접 나오셨네"라는 인식은 학원에 대한 신뢰를 단숨에 끌어올립니다.

이 시기의 전략적 목표는 바로, 지역 학부모들과의 첫 '대화'를 시작하는 시점을 만드는 데에 있습니다. 이 짧고 가벼운 첫 대화, 그리고 그 안에 담긴 인상은 학원의 이미지 전반을 결정짓는 중요한 계기가 됩니다.

개원 2주 전
― 반복 노출이 '브랜드'가 되는 시기

이제 오픈이 불과 2주 앞으로 다가왔습니다. 이 시점부터는 모든 전략이 '반복 노출'에 집중되어야 합니다. 다시 말해, 이제는 '처음 보이는 학원'이 아니라, '자주 보이던 학원'으로 자리매김해야 할 시기입니다.

전략적으로는 학원 반경 500미터 이내 상가 및 생활 편의 시설을 집중 공략하는 것이 좋습니다. 음식점, 편의점, 커피숍, 문구점, 미용실, 약국 등 지역 주민들의 생활 동선에 있는 모든 공간이 주요 거점입니다. 여기서 전단지를 반복적으로 배포하며, 이미 노출된 대상에게 세 번째, 네 번째 노출을 유도해야 합니다.

이때 핵심은 전단지 디자인과 메시지를 동일하게 유지하는 것입니다. 매번 새롭고 다양한 디자인보다는, 같은 이미지와 문구를 반복 노출시키는 것이 훨씬 더 강력한 효과를 발휘합니다. 브랜드란 낯설지 않음에서 출발하며, 반복 노출은 결국 학원 이름을 '익숙한 존재'로 인식하게 만듭니다.

기억의 임계점을 넘어야
등록이 이루어집니다

전단지를 받은 학부모가 아파트 입구에서 한 번, 초등학교 앞에서 한 번, 주말 놀이터에서 한 번, 김밥집 앞에서 한 번 더 접했다면, 이미 그 학원은 인지 단계를 넘어 관심 단계에 진입한 상태입니다. 관심은 상담으로 이어지고, 상담은 등록으로 연결됩니다.

많은 초보 원장님들이 간과하는 부분 중 하나가 바로 이 '오픈발'의 중요성입니다. 개원 직후에 확보되는 수강생 수와 학부모들의 관심도는 향후 학원의 성장 흐름을 결정짓는 주요 변수가 됩니다. 초기 성과는 곧 신뢰가 되고, 신뢰는 학원의 정착 속도와 직결됩니다.

그렇기에 이 시기의 전략은 단순한 전단지 뿌리기가 아닌, 심리적 전환을 유도하는 노출 전략의 정점이어야 합니다.

노출 법칙(Rule of Exposure)
─ 반복은 관심을, 관심은 신뢰를 만든다

저는 이 전략을 '노출 법칙(Rule of Exposure)'이라 명명합니다. 동일한 메시지를 네 번 이상 접하게 되면 학부모는 학원에 대해 '호기심'을 갖게 되고, 일곱 번 이상 접하면 '신뢰'를 형성하기 시작합니다.

이 법칙은 마케팅 이론이 아닌, 제가 직접 몸으로 실천하며 얻어 낸 체험적 지식입니다.

실제로 어느 여름날, 저는 "기대하셔도 됩니다! 위너스영수학원 8월 25일 개강!"이라는 문구가 적힌 조끼 배너를 입고 아파트 상가 앞에 섰습니다. 손에는 전단지를 들고, 오가는 학부모들에게 직접 인사를 건네며 전단지를 전했습니다. 처음에는 대부분의 반응이 미미했지만, 시간이 지나자 "아, 또 뵙네요. 수고 많으세요."라는 반응이 돌아왔고, 결국 이러한 인지 전환의 순간들이 상담과 등록으로 연결되는 출발점이 되었습니다.

이러한 반복적 노출은 심리학적으로도 '단순 노출 효과(Exposure Effect)'로 설명됩니다. 사람은 같은 대상을 반복적으로 접할수록 그것을 더 긍정적으로 인식하는 경향이 있으며, 이는 학원 마케팅에서도 강력한 무기로 작용합니다.

오프라인만으로는 부족합니다
— 온라인 콘텐츠 마케팅의 병행

단지 거리 홍보와 전단지로만 학원을 알리는 시대는 지났습니다. 오프라인 활동과 병행하여 온라인 콘텐츠 마케팅 전략이 반드시 함께 작동해야 합니다.

오픈 전 1.5개월 동안은 블로그 운영을 핵심 채널로 삼아야 하며, 매주 최소 4회 이상 콘텐츠를 발행해야 합니다. 여기서 중요한 점은 단순 홍보성 글이 아니라 실용 정보 중심의 콘텐츠로 방향을 잡아야 한다는 것입니다.

예를 들면,

"중학생 수학!, 이것만 기억하세요"

"초등 고학년이 영어 단어를 가장 빨리 외우는 3단계 공식"

"공부를 잘하게 만드는 아주 특별한 3가지 방법을 알려 드리겠습니다"

이러한 주제는 학부모의 공감과 관심을 유도하며, 해당 학원이 단순한 광고 주체가 아닌 '신뢰할 수 있는 교육 기관'이라는 인식을 형성시킵니다.

블로그 콘텐츠의 말미에는 반드시 "네이버 톡톡" 또는 "카카오 채널" 등 상담 유도 문구를 삽입해야 합니다.

주말은 더 가볍게,
더 공격적으로

주말은 타깃 학부모들이 외출을 자주 하는 시기이므로, 보다 적극적이면서도 부담 없는 홍보 전략이 필요합니다.

지역 아파트 장터, 프리마켓, 주말 축제, 지역 행사 등은 학원 노출의 최적 기회입니다. 이때는 학용품, 스티커, 풍선 등 아이들이 좋아할 만한 소소한 사은품과 함께 학원 소개를 곁들이는 방식이 효과적입니다.

홍보물은 전단지보다는 3단 리플릿 등을 이용한 조금은 더 고급스러운 학원 안내물을 이용하는 게 더 효과적입니다.

중요한 것은 무리한 세일즈가 아닌, "익숙한 존재"로 스며드는 접근입니다. "아, 저번에도 봤던 그 학원이네"라는 익숙함이 호기심으로 전환될 수 있도록, 가볍게 접근하되 반복적으로 등장해야 합니다.

마케팅은 감이 아니라
데이터입니다

단순히 열심히 한다고 해서 성공하는 것이 아닙니다. 기록하고 분석하고 수정하는 작업이 반드시 병행되어야 합니다.

언제, 어디서, 누구에게, 어떤 메시지를 전달했는가?

어떤 시간대에 반응이 있었고, 어느 지역에서 무관심했는가?

이러한 데이터는 반드시 캘린더 또는 마케팅 일지에 기록되어야 하며, 이를 토대로 반응이 없던 전략은 과감히 수정하고, 효과가 있었던 전략은 반복 확대 적용해야 합니다.

지금은 감에 의존하는 시대가 아닙니다. 정확성과 정밀함이 핵심이 되는 데이터 기반 마케팅의 시대입니다.

"꼭 그렇게까지 해야 하나요?"라는 질문에 드리는 대답

많은 원장님들께서 저에게 이렇게 질문하십니다.

"꼭 그렇게까지 해야 하나요?"

저의 대답은 분명합니다.

"네, 그렇게까지 해야 살아남습니다."

학원은 오픈 당일에 승부가 나는 것이 아닙니다.

오늘 원장님이 어떤 실행을 하느냐에 따라, 오픈 당일 교실의 풍경은 전혀 다른 모습이 됩니다.

텅 빈 교실로 시작할 것인지, 수업이 활기차게 펼쳐지는 현장으로 시작할 것인지는 오늘 하루의 선택에 달려 있습니다.

끝으로, 제가 원장님들께 늘 드리는 말이 있습니다.

"배고픈 것보다, 쪽팔리는 게 훨씬 낫습니다."

진심을 담아 전할 때, 그 쪽팔림은 반드시 결과로 돌아옵니다.

그 결과가 학원의 첫날을 바꾸고, 원장님의 미래를 바꿉니다.

　학원, 이대로만 하면 된다

전단지와 플랜카드,
여전히 유효한 오프라인 무기

디지털 시대에도 여전히 유효한 현장 마케팅의 무기

디지털 시대, 모두가 유튜브 광고를 하고, SNS로 마케팅을 이야기합니다. 블로그, 인스타그램, 검색 광고… 물론 중요합니다. 하지만 저는 단언합니다. 현장에는 현장만의 무기가 있고, 그 무기의 왕은 지금도 '전단지'와 '플래카드'입니다.

"요즘 누가 전단지를 보나요?"라는 질문을 자주 듣습니다. 하지만 저는 이렇게 반문합니다. "당신은 정말 전단지를 제대로 돌려 보셨습니까?"

플래카드와 전단지는 단순한 종이와 천 조각이 아닙니다. 그것은 당신 학원이 존재한다는 신호이자, 학부모의 동선을 사로잡는 최초의 자극입니다. 요즘 학부모들이 무언가를 선택할 때 가장 중요하게 보는 것이 무엇일까요? 신뢰입니다. 그런데 이 신뢰는 단지 말로, 블로그 글 하나로 생기지 않습니다. '반복 노출'과 '현장 접점'이 결합될 때, 진짜 신뢰가 만들어집니다.

플래카드는 지역 사회에 당신의 존재를 '각인'시키는 도구입니다. 특히 등하교 시간대, 초등학교와 중학교 주변에 설치된 플래카드는 하루 수백 명의 학생과 학부모의 시야에 반복적으로 노출됩니다. 지나가면서 보는 게 다가 아닙니다. 무의식 속에 남는 것입니다.

전단지는 진심이 담긴 첫 번째 손 편지입니다

전단지는 단순히 건네는 홍보물이 아닙니다. 앞서 말했듯, 그것은 진심의 첫 손 편지입니다. 하지만 조건이 있습니다. 그 전단지는 단순히 내용만 잘 만들었다고 되는 것이 아닙니다.

디자인은 시선을 끌 수 있는 레이아웃으로 구성되어야 합니다. 글귀는 짧고 강력해야 하며, "위너스는 성적 향상과 관리에 진심인 학원입니다" 같은 이미지를 담을 한 줄이 필요합니다. QR코드로 학원 블로그나 입시 설명회 영상 등을 연결해 줘야 합니다.

업체를 통해서 아파트 현관에 전단지를 배포(직투)할 때는 반드시 요일과 시간대를 고려해야 합니다. 가장 좋은 요일은 공휴일 전날 또는 금요일 또는 토요일, 시간대는 오후 4시부터 6시까지가 가장 적기입니다. 이 시간대는 아파트를 청소하시는 미화원들도 퇴근을 하는 시간대이고, 학생들 하원 시간, 그리고 학부모님들이 퇴근 후에 집에 돌아오는 시간대라 눈에 띌 확률이 높습니다.

또한, 전단지를 돌릴 때는 단정한 복장이 기본입니다. 복장은 곧 태도입니다. 흐트러진 인상은 학원의 신뢰도와 직결됩니다. 저는 항상 깔끔한 정장 스타일의 셔츠에 조끼 배너를 메고 전단지를 돌렸습니다. "성적 향상 맛집! 위너스 학원 오픈합니다!"를 외치며 직접 대면 홍보를 매일 6시간 이상씩 진행을 했습니다. 그 현장에는 지나가는 학부모님과 아이들이 있었고, 그들과 눈을 맞추며 진심을 담아 인사를 건넸습니다. 단순한 광고가 아니라, "우리 아이를 믿고 맡겨도 되겠구나"라는 인상을 남기는 시간이었습니다.

반복과 분할 전략이 성패를 가릅니다

그리고 중요한 점. 한 번만 하고 멈추면 절대 안 됩니다. 오픈 준비 기간 내내 하루도 빠지지 않고 할 수 있는 여력이 된다면 그렇게 하셔야 합니다.

"우와! 진짜 저 학원 원장님은 대단한 것 같다!"

이런 소문이 퍼질 때까지 지치지 말고 하셔야 합니다.

지역별로 구간을 나누어 A구역, B구역, C구역을 설정하고 주 2회씩 총 6회 이상 배포하는 것이 기본입니다. 동일한 사람과 세 번 이상 마주칠 때 전단지는 '광고'가 아니라 '정보'로 인식됩니다. 그 차이는 큽니다. 전단지를 뿌릴 때는 반드시 지도에 표시하며 기록 관리를 해야 하며, 몇 세대 아파트 단지인지, 어린이집은 어디 있는지까지도 조사해야 합니다.

제가 경험한 실제 사례를 말씀드리겠습니다. 부산 ○○아파트 단지. 학원 홍보 전단지를 처음 돌렸을 때, 단 2명만이 문의를 주셨습니다. 솔직히 말해 처음에는 실망했습니다. 하지만 포기하지 않고 3일 후 같은 전단지를 조금 더 개선하여 다시 돌렸습니다. 그리고 세 번째 돌리는 날, 아파트 게시판과 엘리베이터 안에서 "이 학원 어디야?"라는 말이 돌기 시작했습니다.

일주일 뒤, 그 단지에서만 9명의 원생이 등록했습니다. 그 이후 해당 단지는 '전략적 반복 전단지 타깃' 지역으로 설정했고, 매년 신학기마다 고정 전단지 루틴이 돌아가고 있습니다.

플래카드는 거리 전체를 움직이는 깃발입니다

플래카드에 대해서도 말씀드리겠습니다. 플래카드는 반드시 도로에서 눈에 띄는 높이와 위치 선정, 그리고 문구의 직관성이 핵심입니다.

예를 들어,

"우리 아이, 영어 수학 위너스에서 시작했어요!"

"위너스와 함께하는 성적 역전 프로젝트"

"영어, 수학! 위너스가 가르치면 결과도 달라집니다"

이런 문구는 멀리서도 읽히고, 마음을 움직일 수 있습니다.

간판이나 건물 내 부착물은 제한적입니다. 그에 반해 플래카드는 거리 전체를 아우르는 깃발입니다. 플래카드를 설치할 때는 지역 주민과의 협의도 중요합니다. 무단으로 설치해 민원이 발생하면 이미지에 오히려 타격을 줄 수 있습니다. 따라서 주변 상가나 부동산 중개업소, 통장님 등과의 소통도 사전 전략으로 준비해야 합니다. 아울러, 강풍에 흔들려 글씨가 읽히지 않는 상황까지 고려한 고정 방식도 중요합니다. 안전한 설치가 결국은 신뢰의 연장입니다.

그리고 마지막으로 중요한 마무리. 전단지와 플래카드는 단발적 활동이 아니라, 장기전에서의 '기본 무기'입니다. 블로그나 SNS는 변화를 줘야 하고 콘텐츠도 계속 바꿔야 합니다. 하지만 플래카드는 꾸준히, 전단지는 주기적으로, 그렇게 하면 결국은 그 지역 학부모들의 머릿속에 '○○학원'이라는 이름이 자리 잡게 됩니다.

지금 이 글을 읽고 계신 원장님, 혹시 전단지 한 번 돌려 보고 효과 없었다며 접으신 적 없으십니까? 플래카드 한 장 붙였다가 반응 없었다고 떼 버린 경험 없으십니까? 그렇다면 다시 도전하십시오. 전략적으로, 반복적으로, 진심을 담아서.

저는 그렇게 해 왔고, 지금도 그렇게 합니다. 그 결과는 매출과 신뢰로 돌아옵니다.

학부모를 끌어들이는
오픈 이벤트 기획법

많은 학원 원장님들께서 학원 오픈 후 조용히 시간을 보내며, 이른바 '입소문'을 기다리십니다.

물론 입소문은 중요합니다. 학원의 장점이 자연스럽게 퍼지고, 학부모들 사이에서 신뢰가 형성되는 과정은 분명 강력한 마케팅 수단이 됩니다. 하지만 명심하셔야 할 것이 있습니다. 입소문은 '처음'이 강해야 생깁니다.

처음부터 약한 인상은 소문조차 만들지 못하고, 아무도 주목하지 않습니다. 학부모의 기억에 남지 않는 학원은 방문 의사조차 불러일으키지 못합니다.

그렇기 때문에 저는 단언합니다. 학원 오픈 시 이벤트는 반드시 공격적으로 가야 합니다.

단, 무작정 눈에 띄는 것에만 집중하는 것이 아니라, 철저히 전략적으로 진행해야 합니다. 공격과 전략이 균형을 이룰 때 비로소 '오픈발'이 최대한의 힘을 발휘합니다.

학원 오픈의 '첫 탄력'이
결과를 결정짓습니다

먼저 이 사실부터 분명히 짚고 넘어가야 합니다. 학원은 '오픈발'이 존재하는 업종입니다.

여기서 말하는 오픈발이란, 개원 초기에만 가질 수 있는 강력한 관심과 주목도를 의미합니다. 이 시기는 학부모들이 새로 생긴 학원을 궁금해하고, 아이들에게 새로운 선택지를 제시할 시기입니다.

이는 부정할 수 없는 현실입니다. 그리고 이 오픈발을 제대로 활용하지 못하면, 이후 몇 개월, 심지어 1년 내내 고전하게 될 수도 있습니다. 실제로 현장에서 수많은 원장님들이 오픈 초기 기회를 놓친 후, 이후 마케팅에서 몇 배의 비용과 시간을 들이고도 초기 효과를 회복하지 못하는 경우를 저는 많이 보았습니다.

그렇기 때문에 오픈 이벤트는 단순한 '행사'가 아니라, 성패를 좌우하는 초반 전투입니다.

저는 항상 강조합니다. 오픈 홍보 예산은, 평생 학원 운영을 하며 쓸 마케팅 비용의 90% 이상을 한 번에 쓰겠다는 각오로 투자하셔야 합니다.

이 시점은 그만큼 중요하며, 잠시라도 망설여선 안 됩니다.

대다수 원장님들은 "이 정도면 충분하지 않을까"라고 생각하시며 전단지 2천 장 뿌리고, 현수막 하나 걸고 끝냅니다. 그리고 며칠 후, 등록이 없는 것에 실망하시죠.

하지만 그것은 싸우지도 않고 진 것입니다. 전투를 시작하기도 전에 스스로 물러난 것이나 다름없습니다.

저는 학원을 오픈할 때마다 '올인'합니다. 단지 예산만 쏟는 것이 아닙니다. 체력도, 감정도, 시간도, 심지어 '자존심'까지 함께 걸고 나섭니다.

이런 태도로 임해야 시장에서 학원의 존재감을 각인시킬 수 있습니다.

이벤트는 보여주는 것이 아닌, 각인시키는 것입니다

저는 오픈 한 달간 '인간 배너'가 되겠다는 각오로 움직입니다.

길거리에서 조끼 배너를 매고 하루 5~6시간 전단지를 돌립니다. 유동 인구가 많은 시간대에는 플래카드 옆에 직접 서서 학원 이름을 알립니다.

학부모가 지나가면 인사드리고, 아이가 지나가면 눈을 맞추며 웃어 줍니다. 그리고 위너스를 소개합니다.

이러한 일련의 과정은 단순한 노출이 아니라, 학원에 대한 신뢰의 출발선을 형성하는 행위입니다.

사람들은 '누가, 어떤 표정으로, 어떤 태도로' 나를 맞이했는지를 기억합니다. 그렇기 때문에 이벤트는 단순히 현수막과 전단지로 끝나는 것이 아니라, 그 순간의 감정과 인상을 남기는 것이어야 합니다.

오픈 이벤트의 목적은 프로모션이 아닙니다. 그 목적은, "우리 동네에도 뭔가 제대로 하는 학원이 하나 생겼다"는 존재감을 강하게 각인시키는 것입니다.

구체적인 이벤트 구성은
어떻게 해야 할까요?

이 시점에서 가장 중요한 것은 단순히 '눈에 띄는' 프로모션을 나열하는 것이 아니라, 학부모의 마음에 닿는 기획입니다.
그리고 아이가 두려움 없이 첫걸음을 내디딜 수 있는 분위기를 만들어 주는 것입니다.

이벤트는 결국 학부모의 마음을 사는 일입니다. 겉으로는 할인과 경품처럼 보이지만, 그 이면에는 불안함을 달래 주고, 신뢰를 전달하며, 기대감을 자극하는 감정 설계가 있어야 합니다.
학부모는 자녀를 보내는 학원을 선택할 때, 단순한 경제적 혜택보다는 '이 학원은 내 아이에게 어떤 경험을 줄 것인가'에 훨씬 민감하게 반응합니다.

특히 초등학생 자녀를 둔 부모의 경우, 아이가 학원에 처음 들어서서 선생님을 만나고, 교실을 살피는 그 짧은 몇 분 동안의 인상에 의해 그 학원에 대한 신뢰 여부가 결정되는 경우가 많습니다.

따라서 이벤트는 단순히 "등록하면 00% 할인해 드립니다", "선착순 00명 2주 체험 수업 제공" 이런 것들이 아니라,

"이 학원은 우리 아이가 처음으로 즐겁게 공부를 시작할 수 있는 따뜻한 공간입니다",

"무엇보다 귀한 내 아이를 진심으로 맡길 수 있는 학원입니다"
라는 메시지를 지속적으로 전달하는 장치가 되어야 합니다.

이벤트는 '보여주는 것'이 아니라 '기억에 남기는 것'입니다

저는 항상 강조합니다. 이벤트는 보여 주는 것이 아니라 기억에 남아야 합니다.

즉, 학원이라는 장소가 우리 동네에 어떤 메시지로 각인되느냐가 핵심입니다.

그저 홍보물을 돌리고 할인만 하는 곳이 아니라, "어? 저 학원 뭔지는 모르지만 진짜 열심히 한다"

"아이들이 너무 좋아하더라", "정말 공들인 것 같더라"
이러한 인식이 짧은 시간 안에 동네 입소문으로 번져야 합니다.

기획·타이밍·지속성·현장 감성까지 그래서 이벤트는 기획도 중요하지만,

타이밍과 지속성, 그리고 현장 감성까지 고려되어야 합니다.

무엇보다 학원의 가치관과 어긋나지 않아야 합니다. 실속 없는 경품 나눔이나 무분별한 할인은 오히려 브랜드 가치를 깎아 먹을 수 있습니다.

따라서 구성은 단순하되, 설계는 치밀해야 하고, 전달은 인간적으로 따뜻해야 합니다.

또한, 이벤트에는 스토리텔링이 필요합니다.

단순히 "수업료 00% 할인합니다"가 아니라,

"우리 아이, 처음 학원 가는 날은 즐거워야 한다는 믿음으로 준비한 특별한 이벤트입니다."

이러한 문장이 부모님의 마음을 움직입니다.

여기에 더해 현장 분위기까지 완성되어야 진짜 효과가 납니다

이벤트의 진짜 성공은 현장에서 완성됩니다.

아무리 홍보를 잘해도, 학원에 방문한 순간 '별로다'라는 느낌을 주면 모든 것이 무너집니다.

따라서 학원 내·외부에는 웰컴 배너와 볼거리가 풍성해야 하고, 입구에는 샘플 교재와 정돈된 상담 테이블이 준비되어 있어야 합니다. 상담 시 제공하는 차 한 잔, 상담 준비 키트도 학부모의 기억에 남도록 준비하십시오.

이 모든 것들이 학원의 신뢰감과 분위기를 입체적으로 전달합니다.

그 결과, 이벤트는 단순한 '홍보'가 아닌, 학원의 철학과 비전을 체험하는 자리가 됩니다.

오픈 홍보비는
지출이 아니라 '투자'입니다

저는 항상 말합니다. 오픈 홍보비는 지출이 아닙니다. 투자입니다.
그리고 이 투자는 단 한 번만 제대로 실행하면 됩니다. 그 이후 운영 과정
에서 그 이상의 수익으로 반드시 회수됩니다.

　오픈은 시작이지만, 동시에 전부일 수도 있습니다. 처음을 제대로 시
작하면, 그다음은 훨씬 쉬워집니다.
오픈 이벤트는 절대로 가볍게 지나가선 안 됩니다. 저는 그렇게 해 왔고,
오픈할 때마다 결과로 증명해 왔습니다.
지금 이 글을 읽고 계신 원장님도, 반드시 그렇게 하셔야 합니다.

입소문은 저절로 퍼지지 않는다
― 바이럴 초반 설계

"좋은 학원은 언젠가는 소문이 난다"는 말, 많은 원장님들께서 한 번쯤 들어 보셨을 것입니다. 그러나 저는 이렇게 단언합니다. "아무리 좋은 학원이라도, 소문은 '만들어야' 납니다."

아무리 학원을 잘 운영한다 하더라도, 입소문이 자연스럽게 퍼지길 기대하는 것은 매우 위험한 발상입니다. 실제로 현장에서 빠르게 자리를 잡은 학원들을 자세히 살펴보면, 거의 예외 없이 초기 단계에서부터 철저히 "입소문 전략을 '설계'"하고 있었음을 알 수 있습니다. 입소문은 자연 발생적 결과가 아니라, 전략적 연출의 산물입니다.

입소문의 핵심은
'경험의 공유'입니다

입소문 마케팅의 본질은 결국 '경험의 공유'에 있습니다. 사람들이 어떤 서비스를 다른 사람에게 추천하는 가장 큰 이유는, 단지 정보 때문이 아니라 "자신이 직접 겪은 인상 깊은 경험" 때문입니다. 따라서 학원은 처음부터 학부모와 학생에게 감정적으로 기억에 남을 경험을 제공해야 하며, 그 경험이 자연스럽게 외부로 퍼져 나갈 수 있도록 '공유 장치'를 마련해 두어야 합니다.

요즘 학부모님들은 자녀의 교육 정보를 온라인에서 찾고, 온라인으로 공유합니다. 그렇다면 학원이 해야 할 일은 분명합니다. "온라인에 올릴 만한 장면"을 만들어 주는 것입니다. 다음은 실제로 효과적인 연출 사례들입니다.

예쁜 포토존 벽

학원 입구나 로비 한편에 스튜디오 느낌의 포토존을 연출합니다. 학원의 슬로건, 캐릭터, 재미있는 말풍선 등이 포함되면 아이들은 즐거운 마음으로 사진을 찍고, 부모는 자연스럽게 SNS에 업로드하게 됩니다.

수료증·명예 배지·상장 수여식

단기 프로그램이나 주간 과제 완료 후, 아이에게 상장이나 명예 배지를 수여합니다. 이때 디자인은 컬러풀하고 인스타 감성을 담아 제작하는 것이 핵심입니다. 부모는 자랑스럽게 아이의 손에 들린 상장을 촬영하고, 자발적인 SNS 후기를 남기게 됩니다.

인스타용 간식 꾸러미 제공

오픈 이벤트나 상담 시, 아이에게 귀엽게 포장된 간식 키트를 제공합니다. 특히 아이들이 직접 만들 수 있는 '나만의 간식 키트' 체험이 포함되면, 참여형 콘텐츠로 SNS 확산 확률이 높아집니다.

개인별 맞춤 전용 굿즈

아이 이름이 새겨진 맞춤형 파일, 펜, 미니 노트 등을 졸업을 맞은 학생이나 학업이 우수한 학생들에게 선물로 제공합니다. 작지만 세심한 배려는 감동을 유발하며, "이 학원은 디테일이 다르다"는 평판으로 이어집니다.

이러한 '사진 유도 장치'는 자발적인 입소문을 유도하는 촉매제로 작용합니다. 보여 주기 위한 연출이 아니라, 기억에 남고 공유하고 싶은 경험을 설계하는 것이 중요합니다.

학부모 커뮤니티는
전략적으로 활용하라

입소문의 또 다른 핵심 채널은 맘카페, 지역 밴드, 아파트 단톡방입니다. 특히 학부모가 자녀의 학원에 대해 직접 올리는 후기는 무조건적인 신뢰를 이끌어 냅니다. 이를 활성화하기 위해 다음과 같은 전략이 효과적입니다.

체험 수업, 상담 후기, 등록 후 학습 변화 등을 SNS나 카페에 올리면 소정의 선물을 증정합니다. 이때 예쁜 전용 포토 프레임을 함께 제공하면 후기가 자연스럽고 고급스럽게 완성됩니다.

내부 공간에서의 입소문도
연출하라

입소문은 외부에만 의존해서는 안 됩니다. 오히려 학원 내부 공간에서의 대화 구조를 유도하면, 보다 안정적인 신뢰 확산이 가능합니다.

학부모 대기실이나 상담실에는 교육 정보 브로슈어, 교재 견본, 학습 꿀팁 게시판 등을 배치합니다. 저희 학원은 입구에 들어오자마자 학부모님들이 꼭 알아 두면 좋은 설명회 자료, 최상위권 대학 로고, 전국 대학 지도, 인서울 대학 지도, 전국 특목·자사고 지도를 한눈에 볼 수 있도록 전면 배치해 "아, 여기는 진짜 교육 전문 집단이구나"라는 즉각적 인상이

들도록 구성해 두었습니다. 이로 인해 자연스럽게 부모 간의 대화가 시작되며, '이 학원 뭔가 신경 많이 쓰네'라는 인식이 형성됩니다. 향기 마케팅 또한 공간의 품격을 높이는 좋은 요소입니다.

소규모 교육 설명회 운영

월 1회 정도, 소규모 설명회를 개최합니다. 수업 시스템, 학습 방향성, 교재 구성 등을 설명하고, 설명회 후에는 티타임과 네트워킹 시간을 마련합니다. 부모들이 자유롭게 학원 이야기를 주고받을 수 있는 자리를 구성하면, 자연스럽게 '입소문 발생 구조'가 만들어집니다.

입소문은 단순히 '좋은 서비스'만으로는 일어나지 않습니다. 감정의 흐름을 예측하고, 반응을 유도하는 시나리오가 필요합니다. 저는 이를 '입소문 시나리오 설계'라 부릅니다.

이 모든 과정은 감정 곡선을 유도하는 구조이며, 결과적으로는 SNS, 블로그, 단톡방에서 자연스러운 바이럴이 터지는 시점을 만들어 냅니다. 바이럴은 우연이 아니라, 구조적 연출의 결과입니다.

진심이 입소문의
본질입니다

그러나 어떤 전략도 결국은 '진심'이 담겨 있지 않으면 소용이 없습니다. 입소문을 만드는 가장 강력한 요소는, 바로 원장님의 한 마디, 따뜻한 미소, 눈을 맞추는 상담 자세입니다. 원장님이 직접 아이의 이름을 기억하고, "오늘 수업에서 집중을 정말 잘하더라고요"라고 이야기한다면, 그 한 문장은 어떤 마케팅 예산으로도 살 수 없는 바이럴 에너지를 가집니다. 손으로 직접 적은 감사 카드, 상담 후 전달하는 작은 선물, 아이의 성장을 함께 기뻐해 주는 그 진심. 이 모든 것이 결국, 부모의 마음을 움직이고, 입소문으로 이어지는 결정적 장면이 됩니다. 입소문은 기술이 아니라 태도의 문제입니다. 그리고 그 태도 역시 충분히 설계될 수 있습니다.

저는 단언합니다. 입소문은 '만들 수 있는' 것입니다. 그저 기다릴 이유는 없습니다. 지금 이 글을 읽고 계신 원장님께서도, 오늘부터 이 시나리오를 그리십시오. 그리고 하나씩 실천해 보십시오. 한 달 후, 분명히 변화는 찾아옵니다. 그리고 그 변화는 단지 등록생 수의 증감이 아니라, 원장님의 학원이 지역 사회에서 가지게 되는 '신뢰의 무게'로 증명될 것입니다.

3

초반 3개월,
안정적인 운영을 위한 핵심 전략

학원, 이대로만 하면 된다

초반 3개월,
안정적인 운영을 위한 핵심 전략

학원 오픈 이후 처음 맞이하는 3개월은 그야말로 '운명의 3개월'이라 불릴 만한 시기입니다. 이 기간이 어떻게 흘러가느냐에 따라, 향후 학원의 성장 곡선은 완전히 달라집니다. 단순히 수업만 잘하는 걸로는 충분하지 않습니다. 이 시기는 말 그대로 학원의 뿌리를 깊이 내리는 시간입니다. 뿌리가 튼튼하지 않으면 어떤 나무도 오래 버틸 수 없듯, 이 시기의 설계와 실행은 학원의 장기적인 생존력을 좌우합니다.

많은 원장님들이 학원만 열면 학생이 자연스럽게 늘어나고, 학부모들 사이에서 입소문이 퍼져 저절로 성공할 것이라 기대합니다. 그러나 현실은 다릅니다. 학생은 한 명 한 명 직접 발로 뛰며 확보해야 하며, 입소문은 계획과 설계 없이 결코 자연적으로 퍼지지 않습니다. 학부모의 신뢰 또한 단순히 몇 번의 상담이나 문자 발송만으로 얻어지지 않습니다. 이 신뢰는 반복되는 대면과 진심 어린 관리, 그리고 세심한 피드백을 통해서만 형성됩니다.

따라서 이 초기 3개월은 원장님의 운영력과 집중력이 극도로 요구되는 시기입니다. 저의 실제 경험에 비추어 보더라도, 오픈 직후 3개월은 학원 운영의 토대를 다지는 '건축의 기초 공사'와 같은 시기입니다. 기초가 단단해야 그 위에 어떤 건물을 올려도 흔들리지 않듯, 이 시기에는 상담, 수업, 학부모 응대, 내부 커뮤니케이션, 학원 분위기 조성 등 운영 전 영역에서 완성도 높은 디테일이 반드시 뒷받침되어야 합니다.

이 시기의 운영 전략은 단순히 '영업을 시작하는 것'이 아닙니다. 훨씬 더 본질적인 의미에서, 학원의 정체성과 기반을 구축하는 일입니다. 이 시기에 학부모가 어떤 인상을 받는가, 첫 상담에서 어떤 감정을 느끼는 가, 첫 수업 후 어떤 반응을 보이는가가 향후 학원의 성장을 좌우하는 결정적인 변수로 작용합니다.

이 시기만큼은 원장님이 반드시 '직접' 현장을 지휘해야 합니다. 운영 전반에 걸친 밀착 관리와 시간 투자는 선택이 아니라 필수입니다. 저는 이 시기를 '대면의 시간'이라 부릅니다. 원장이 직접 아이들의 눈을 바라 보고, 학부모와 마주 앉아 학원의 철학과 에너지를 그대로 전달해야 하는 시기입니다. 책상 앞에서 서류를 정리하는 시간보다, 현장에서 건네는 미소와 따뜻한 한마디의 인사가 훨씬 더 큰 영향력을 발휘합니다.

오픈 초기 가장 흔히 하는 착각 중 하나는, "수업 퀄리티만 좋으면 학부모가 알아서 등록할 것"이라는 기대입니다. 물론 수업의 품질은 학원의 핵심 자산입니다. 그러나 초기에는 그 '좋은 수업'이 아직 외부에 증명되지 않은 상태입니다. 이 시기 학부모의 판단 기준은 콘텐츠가 아니라 '사람'입니다. 즉, 원장의 말투, 표정, 태도, 반응 속도, 세심한 관심과 진심이 학원의 첫인상 전부를 결정합니다.

초기 3개월은 시장 한복판에 학원의 깃발을 꽂는 시간입니다. 동네의 수많은 경쟁 학원들 속에서 나의 학원이 어떤 위치를 차지하고, 어떤 이미지로 각인될 것인지가 이 시기에 결정됩니다. 이는 단순한 브랜딩 차원을 넘어, 학원의 생존과 직결되는 문제입니다. 이때 중요한 것은 홍보와 운영의 균형입니다. 상담이 체계 없이 이루어지거나, 홍보에만 치중하느라 수업의 완성도가 떨어지거나 학부모와의 소통이 단절되는 일이 발생하면 신뢰는 빠르게 무너집니다. 초기 3개월 동안 신뢰를 얻지 못하면 등록률은 급격히 하락하고, 심지어 문의 전화조차 끊기는 상황이 발생합니다.

저는 그래서 항상 강조합니다. "초기 3개월은 완성형으로 준비되어야 한다."

이 시기에는 시행착오를 최소화해야 합니다. 초기 운영에서 발생한 실수는 쉽게 회복되지 않습니다. 한번 실망한 학부모는 다시 돌아오지 않으며, 오히려 주변에 부정적인 이야기를 전달할 가능성이 높습니다. 따라서 초기 3개월은 마치 생방송 무대에 선 가수처럼, 매 순간을 치밀하게 준비하고 진심으로 임해야 합니다. 작은 부분까지 점검하고, 미비한 점은 즉시 보완하며, 학부모 피드백 루프는 촘촘하고 신속하게 운영해야 합니다.

학원은 단발성 서비스가 아닙니다. 한 번 방문하고 끝나는 공간이 아니라, 지속적으로 관계를 유지하고 신뢰를 쌓아 가는 교육의 장입니다. 초기 3개월 동안 형성된 학부모의 인상과 감정은 재등록률, 유지율, 추천률과 직결됩니다.

결국, 초반 3개월은 단순한 '마케팅 기간'이 아니라 '관계의 시작'이라는 관점으로 접근해야 합니다. 이 장에서는 위너스영수학원의 실제 운영 사례와 경험을 토대로, 초반 3개월을 연착륙으로 이끌기 위한 핵심 전략과 실행 방법을 구체적으로 제시하고자 합니다. 이 전략들을 통해 원장님들이 학원의 기초를 단단히 다지고, 장기적으로 안정적인 성장 궤도에 진입하실 수 있도록 돕겠습니다.

상담 중심 운영이
수업보다 중요한 이유

많은 학원 원장님들께서는 "좋은 수업"만 준비해 놓으면 학원이 자연스럽게 성장할 것이라 믿고 계십니다. 물론 수업 콘텐츠는 학원의 근간이며 반드시 탄탄하게 갖추어야 할 요소입니다. 그러나 학원 운영의 초반 3개월, 특히 신생 학원일수록 진짜 중요한 것은 수업이 아니라 상담입니다. 그 이유는 매우 명확합니다. 학부모님께서는 자녀를 학원에 보내기 전까지 수업의 질을 직접 경험하거나 확인할 방법이 없습니다. 등록을 결정하는 시점에서 학부모님이 확인할 수 있는 것은 수업 내용이 아니라 상담 과정에서 느끼는 신뢰와 확신입니다. 그렇기에 상담은 단순한 등록 유도의 절차가 아니라, 학원의 얼굴이자 브랜드의 출발점이며, 학부모의 마음을 여는 첫 번째 열쇠가 됩니다.

저는 상담을 언제나 '신뢰 설계의 시작점'이라고 정의합니다. 상담에서 신뢰가 충분히 쌓이면 등록은 자연스럽게 따라오지만, 상담 과정에서 신뢰를 잃는다면 아무리 뛰어난 커리큘럼과 훌륭한 수업 시스템을 갖추고 있더라도 등록으로 이어지기 어렵습니다. 상담은 단순히 첫인상을 결정하는 수준을 넘어, 학원의 전체 이미지를 좌우하는 결정적인 관문입니다. 특히 개원 초기 3개월은 '첫 이미지'가 학부모의 기억 속에 고스란히 남는 시기입니다. 학부모님께서 첫 상담을 통해 느낀 감정, 체험한 분위기, 그리고 원장의 태도와 말투가 이후 학원에 대한 인식 전반을 결정짓게 됩니다. 이때의 경험이 긍정적이었다면 강력한 입소문으로 이어지고, 부정적이었다면 등록 포기뿐 아니라 부정적인 평판으로 확산됩니다.

저는 상담의 중요성을 더욱 절감한 경험이 있습니다. 한 어머님이 상담실에 들어오자마자 경계심이 가득한 표정으로 자리를 잡으셨습니다. 이미 여러 학원을 다녀 봤지만 대부분 실망하셨다는 이야기를 처음부터 꺼내셨습니다. 이런 상황에서는 커리큘럼 설명이나 성적표 제시가 우선이 아닙니다. 먼저 그 학부모님이 겪은 실망감을 인정하고 받아들이는 것이 중요합니다. 그래서 저는 "맞습니다. 요즘 정말 많은 학원들이 보여 주기식 상담을 합니다. 그래서 저도 상담만큼은 반드시 직접 진행합니다. 저희 학원은 상담 그 자체가 곧 철학입니다."라고 말씀드렸고, 그 한마디로 상담 분위기는 완전히 반전되었습니다. 결국 그 학부모님은 상담을 마치신 직후 등록을 결정하셨고, 이후 주변 지인 세 분을 추천해 주시기도 했습니다. 이 경험은 상담이 단순한 안내 절차가 아니라 학원의 성패를 좌우하는 결정적인 무기임을 다시 한번 확인시켜 주었습니다.

상담의 핵심은 제가 특히 중요하게 여기는 '공감'과 '설계력'입니다. 제가 실제로 진행하는 상담은 단순히 커리큘럼을 나열하는 자리가 아닙니다. 먼저 학부모님의 이야기를 듣고, 아이의 성향과 학습 태도를 면밀히 파악한 후, 그 학생에게 가장 적합한 학습 로드 맵을 맞춤형으로 제시합니다. 공감이란 학부모님의 고민과 상황을 있는 그대로 이해하고 받아들이는 것입니다. 예를 들어 "우리 아이는 숙제에 예민한 편이에요."라는 말씀을 들었을 때 "그렇다면 숙제량이나 방식도 아이의 성향에 맞게 조절해 드릴 수 있습니다."라고 반응하시라는 것입니다. 이는 일방적으로 학원의 방식을 강요하는 것이 아니라, 학부모의 고민을 먼저 끌어안고 학부모의 입장에서 해결책을 제시함으로써 얻을 수 있는 신뢰의 첫걸음입니다.

설계력은 상담자가 "1년 후, 이 아이는 어떤 학습 수준에 도달해야 하는가?"라는 명확한 목표를 기준으로 결과 중심의 학습 계획을 제시할 수 있는 능력입니다. 이는 단순히 수업 내용을 설명하는 수준을 넘어, 학생의 현재 위치와 목표 지점, 그리고 그 사이의 구체적인 학습 경로를 시각적으로 설계하는 과정입니다. 저는 이 과정을 강화하기 위해 '학습 태도 및 진로 진단 검사'를 적극적으로 활용합니다. 예를 들어 "수학을 어려워하는 이유가 계산 실수 때문인지, 문제 이해력 부족 때문인지" 또는 "아이 스스로 계획을 잘 세우는 편인지, 외부 자극이 필요한지"와 같은 질문을 통해 학습 습관과 기질을 분석합니다. 이 과정은 단순한 정보 수집이 아니라, 학부모가 자녀를 새롭게 이해하게 만드는 계기를 제공합니다.

초반 상담은 긴장감이 높고 변수가 많기 때문에 사전 준비가 철저해야 합니다. 말이 길어져 흐름이 끊기거나, 예상치 못한 질문에 방어적으로 대답하게 되는 경우가 많습니다. 그래서 저는 상담을 준비된 무기로 만들어야 한다고 강조합니다. 첫인사부터 질문 흐름, 학원 소개 포인트, 마무리 멘트까지 하나의 시나리오로 설계하는 것이 중요하며, "학원 소개 → 아이 진단 → 맞춤 설계 제시 → 등록 제안"의 순서가 가장 이상적입니다. 또한 상담의 효과를 높이기 위해 시각 자료를 반드시 준비해야 합니다. 말로만 설명하는 것보다 학습 설계표, 월간 진행표, 성취 피드백 사례 등을 A4용지 한 장에 간결하고 명확하게 정리해 제공하면 학부모의 이해와 신뢰를 동시에 얻을 수 있습니다. 브로슈어나 리플릿 형태로 학원의 철학과 시스템을 시각적으로 제시하는 것도 좋습니다. 상담 후에는 학부모님의 고민과 반응을 간단히 기록해 두었다가 후속 상담이나 연락 시 이를 반영하면, 학부모님이 느끼는 정성과 세심함은 배가됩니다. 이러한 기록은 재등록 설득이나 유지율 관리, 나아가 추천 마케팅에도 큰 힘이 됩니다.

상담 공간의 디테일 또한 신뢰 형성에 중요한 요소입니다. 상담이 이루어지는 공간은 학원의 품격을 보여 줍니다. 정돈되지 않은 책상이나 흐트러진 교재는 무의식적으로 불안과 불신을 유발할 수 있습니다. 상담은 조용하고 따뜻한 조명 아래에서 진행하고, 책상 위에는 깔끔하게 정리된 교재와 학습 도구를 준비하며, 상담 전에는 물 한 잔을 미리 제공하는 세심함이 필요합니다. 좌석 배치는 학부모와 마주 보되 약간의 사선 각도를 두어 긴장을 완화하는 것이 좋습니다. 이러한 작은 배려들이 모여 학부모의 마음을 여는 힘이 됩니다.

결국 상담은 기술보다 태도에서 시작됩니다. 수업은 시간이 지나면 결과로 증명되지만, 상담은 첫 만남에서 모든 것을 결정합니다. 첫 만남에서 신뢰를 얻지 못하면 두 번째 기회는 거의 없습니다. 특히 초반 3개월 동안의 상담은 단순한 등록률의 문제가 아니라, 학원의 존립 기반을 다지는 생존의 문제입니다. 저는 지금도 상담만큼은 반드시 직접 진행하고 있습니다. 상담 한 번으로 학부모님의 마음을 얻는다면, 그것이야말로 가장 강력한 마케팅이며, 가장 진정성 있는 홍보입니다. 상담이 강한 학원은 쉽게 무너지지 않고, 상담이 탄탄한 학원은 시간이 지날수록 안정적인 성장세를 유지합니다. 상담은 학원의 심장이고, 이 심장이 진심으로 뛰기 시작할 때 학원은 비로소 살아납니다. 원장님의 첫 상담이 학원의 전환점이 될 수 있습니다.

첫 30명을 확보하는 과정이
학원의 미래를 결정한다

학원 창업 초기의 목표는 반드시 높게 설정하셔야 합니다. 처음부터 원생 수 목표를 10명 정도로 잡는다면, 현실에서는 그 절반인 5명도 채우기 어려울 가능성이 높습니다. 이는 시장의 냉정한 특성이자, 계획과 실행 사이의 간극에서 비롯되는 결과입니다. 실제 운영에서는 목표를 달성하기 전, 예상치 못한 변수와 시행착오가 반드시 발생합니다. 그렇기 때문에 저는 단호히 말씀드립니다. 개원 목표는 반드시 30명 이상이어야 하며, 이 숫자를 달성하기 위해서는 공격적이고도 전략적인 접근이 필요합니다. 이 30명은 단순한 숫자가 아니라, 학원의 기반을 세우는 '초석'이자 지역사회에 학원의 존재를 정식으로 알리는 선언과 같습니다. 학부모들에게 "이 학원은 뭔가 다르다"는 인식을 각인시키는 첫 번째 성취이자, 이후 입소문과 평판, 시스템 안정화, 재등록률 향상 등 모든 성장 곡선의 출발점이 되는 결정적 성과입니다.

저는 이 30명을 '브랜드의 씨앗(Seed)'이라고 부릅니다. 이 첫 30명이 학원의 뿌리가 되어 탄탄하게 자리를 잡으면, 이후 학원의 모든 운영 구조가 훨씬 안정적으로 흘러갑니다. 반대로 이 30명을 채우지 못하고 출발하면, 운영은 시작부터 매달 불안정해지고, 다음 단계로 도약할 기회가 늦춰집니다. 그렇다면 이 30명을 어떻게 채울 수 있을까요? 여기서는 제가 실제로 경험하고, 직접 땀과 시간을 쏟아 부어 성과를 낸 현장 중심의 전략들을 구체적으로 소개하겠습니다.

우선 첫 번째 전략은 원장이 직접 '광고판'이 되는 것입니다. 저는 학원 오픈을 준비하면서 가장 먼저 학원 외벽용 현수막이 아닌, 제가 직접 착용할 수 있는 '등 배너'를 제작했습니다. 앞면에는 A3 사이즈의 조끼형 배너를, 뒷면에는 가방 형태의 배너를 부착하고 하루 종일 지역 거리를 걸어 다녔습니다.

학부모와 마주치면 웃으며 전단지를 건네고, **"안녕하세요. 위너스영수학원입니다. 이번에 새롭게 개원하게 되어 직접 인사드리러 나왔습니다. 저희는 단순한 수업이 아니라, 아이의 습관을 바꾸는 교육을 지향합니다."**라는 멘트를 하루에도 수백 번씩 반복했습니다.

이 과정을 통해 하루 수십 건의 상담 예약이 이어졌고, 그중 70% 이상이 실제 등록으로 연결되었습니다. 중요한 것은 이 활동이 단순히 열정의 문제가 아니라, 지역 학부모들에게 **"이 원장은 진심이구나, 아이들을 대하는 태도가 남다르구나"**라는 신뢰를 심어 주는 첫 단추가 되었다는 점입니다.

두 번째 전략은 전단지를 '홍보'가 아니라 '영업'으로 인식하는 것입니다. 많은 원장님들이 전단지 배포를 단순한 홍보 활동으로만 여깁니다.

그러나 전단지는 학부모와의 첫 대면이자, 영업의 첫 문장입니다. 저는 전단지를 반드시 직접 돌렸습니다. 아파트 우편함에 넣는 방식은 거의 효과가 없습니다. 반드시 학부모의 손에 직접 전해져야 하고, 그 순간이 짧지만 강한 첫인상이 되어야 합니다. 그래서 저는 항상 단정한 복장, 가능하면 정장을 착용하고 전단지를 돌렸습니다. 학부모가 전단지를 받는 순간, '이 사람이 대표다'라는 인식을 심어 주기 위함입니다. 웃으며 "안녕하세요. 이번에 새로 문을 여는 위너스영수학원입니다. 혹시 자녀가 공부에 어려움을 겪고 있지는 않으신가요?"라고 인사하는 짧은 순간으로 수많은 대화를 시작할 수 있었습니다.

저는 주말 아파트 장터, 지역 행사, 벼룩시장, 학교 앞, 문구점 앞 등 사람들이 모이는 장소라면 어디든 나갔고, 비 오는 날에도 우산을 쓰고 거리를 지켰습니다. 이런 모습을 본 학부모들이 주변에 이야기합니다. "이번에 생긴 학원 원장이 정말 열심히 하더라." 바로 이 말 한마디가 입소문의 불씨가 됩니다.

세 번째 전략은 '지인 등록'을 전략적으로 활용하는 것입니다. 많은 원장님들이 개원 초기 지인 아이들을 모아 등록 수를 채우려고 합니다. 물론 지인은 중요한 자원이지만, 단순히 숫자를 채우는 데만 사용하면 지속적인 효과를 내기 어렵습니다. 저는 친척이나 지인에게 이렇게 말했습니다. "학원을 막 시작했는데, 내가 수업하는 방식이나 운영 철학을 네가 직접 지켜봐 줬으면 해. 아이에게 2주만 수업을 들어 보게 하고, 솔직하게 피드백을 줘." 이렇게 접근하면 지인도 부담 없이 자녀를 보낼 수 있고, 학원은 진정성 있는 첫 번째 고객 리뷰를 얻게 됩니다. 이 리뷰가 실명으로 지역 맘카페에 올라오면 파급력은 상당합니다. 실제로 저는 이렇게 올라온 한 건의 후기 덕분에 추가로 6명의 등록을 유도할 수 있었습니다.

네 번째 전략은 상담을 단순한 정보 전달이 아닌 '감동의 시간'으로 만드는 것입니다. 초기 상담은 절대로 가볍게 진행해서는 안 됩니다. 저는 상담 예약이 잡히면 전날부터 상담 준비에 들어갑니다. 상담 대상 학생의 학년, 성별, 고민 과목 등을 미리 파악하고, 상담 기본 문진서를 작성합니다. 상담 시에는 "○○군은 요즘 어떤 부분에서 가장 어려움을 느끼고 있나요?", "학교에서 가장 싫어하는 과목은 무엇인가요?"와 같은 개인화된 질문을 던집니다. 상담 후에는 직접 작성한 상담 메모를 학부모에게 전달하는데, 이 메모는 집에서도 다시 읽히며, 학부모에게 깊은 인상을 남깁니다. 이후에는 반드시 피드백 메시지를 보냅니다. 단순한 감사 인사 대신, "오늘 ○○ 학생의 가능성을 확인했습니다. 꼭 함께 성장해 보겠습니다."와 같이 구체적이고 신뢰를 주는 멘트를 사용합니다. 이 후속 커뮤니케이션이 등록 여부를 결정짓는 중요한 계기가 됩니다.

다섯 번째 전략은 프로모션보다 '가치 제안(Value Proposition)'에 집중하는 것입니다. 많은 학원들이 무료 수업, 교재비 면제 등 단기적인 혜택으로 부모의 선택을 유도하지만, 이런 방식은 장기적인 신뢰를 형성하기 어렵습니다. 저는 "왜 우리 학원이어야 하는가"를 분명하게 설명했습니다. "저희는 단기 성적 향상만을 목표로 하지 않습니다. 아이가 스스로 공부를 시작하는 구조를 만드는 데 집중합니다. 이것은 단순한 교과 지도가 아니라, 인생 전체를 바꾸는 교육입니다. 지금부터 위너스와 함께하는 시간이 앞으로의 차이를 만들 것입니다." 이 철학에 감동한 학부모는 주변에 이렇게 말합니다. "이번에 생긴 학원, 뭔가 철학이 있더라." 바로 이 한마디가 또 다른 10명을 불러오고, 그다음 10명을 만들어 냅니다.

첫 30명은 학원의 생존이자 운명을 결정짓는 절대적 기준입니다. 이 숫자는 목표치가 아니라, 사활을 건 전략과 실행의 결과물입니다. 다른 누구에게 맡겨서는 절대 채워지지 않으며, 원장이 직접 거리로 나가고, 직접 설득하며, 직접 감동을 만들어 내야 합니다. 저는 실제로 워킹 배너를 메고, 하루 수천 걸음을 걸으며 첫 30명을 채웠고, 그것이 이후 학원 성장의 토대가 되었습니다.

지금 학원 오픈을 준비하고 계신다면, 더 이상 책상 앞에서만 고민하지 마시고, 현장으로 나가십시오. 원장의 절박함과 진심은 거리에서, 대면에서, 그리고 첫 30명의 마음속에서 완성됩니다. 이것이 진짜 시작입니다.

학부모 신뢰를 확보하는
마케팅 실행법

학원 홍보나 모집 전략에서 가장 과소평가되는 대상은 의외로 '엄마'입니다. 그러나 저는 단언컨대, 학원 성공의 70%는 엄마들의 신뢰에서 비롯된다고 확신합니다. 단순히 학원에 아이를 맡기는 고객이 아니라, 우리 학원의 가장 강력한 마케터이자 진정한 파트너로 대하는 순간부터 학원의 판도는 분명히 달라지기 시작합니다. 원장님들께서는 학부모님을 '등록을 결정하는 사람' 정도로 한정해서 보시는 경우가 많습니다. 하지만 제 경험상, 엄마 한 명의 마음을 얻으면 그분이 속해 있는 모든 관계망이 학원의 확장 경로가 됩니다. 맘카페, 단톡방, 아파트 커뮤니티, 사적인 모임 등에서 자연스럽게 학원 이야기가 오가고, 그것이 곧 홍보의 가장 강력한 동력이 됩니다.

　반드시 기억하셔야 할 중요한 사실이 있습니다. 대부분의 어머님들은 단순히 수업 시간표나 교재명, 학원비만 보고 학원을 선택하지 않으십니다. 아이에 대한 세심한 관심, 원장의 응대 태도, 말투와 표정, 심지어 상담 시 원장의 눈빛까지도 세밀하게 관찰합니다. 다시 말해, 학부모님과의 관계는 단순한 정보 교환이 아니라 정서적 신뢰를 바탕으로 맺어지는 '관계 계약'입니다. 그렇기에 이 신뢰를 얻기 위해서는 철저한 사전 준비와 진심 어린 설계가 반드시 필요합니다. 학원 운영에서 이 '엄마 신뢰'는 한번 형성되면 장기간 유지되는 강력한 자산이 됩니다.

상담은 마케팅이 아닌, 신뢰를 구축하는 인터뷰입니다

많은 원장님들이 상담을 단순히 '학원 상품 설명'의 자리로 생각하십니다. 그러나 학부모님 입장에서는 상담은 '내 아이를 안심하고 맡길 수 있는 사람인지 아닌지'를 판별하는 심사 과정과도 같습니다. 그렇기에 저는 상담을 학원의 고정된 상담실에서만 진행하지 않습니다. 가능하다면 학원 공간 중 가장 밝고 따뜻한 공간에서 진행합니다. 햇살이 잘 드는 창가 자리, 깔끔하게 정돈된 테이블, 그리고 너무 차갑지 않으면서도 정중한 분위기가 만들어져야 합니다.

상담 테이블 위에는 학원 브로슈어와 시간표뿐 아니라, 제가 직접 작성한 상담 노트, 필기된 커리큘럼 메모, 그리고 상담 당일 아이의 이름이 적힌 환영 메시지를 놓아둡니다. 이는 "이 학원은 우리 아이를 특별하게 대우해 주는 곳"이라는 인상을 강하게 심어 줍니다.

상담 전에는 반드시 아이에 대한 기본 정보를 수집합니다. 저는 상담 예약 시 간단한 질문지를 미리 보내 드립니다. 예를 들어, 아이가 다녔던 이전 학원, 가장 어려워하는 과목, 현재 공부 습관, 좋아하는 활동 등을 미리 파악해 둡니다. 이렇게 사전에 준비된 정보는 상담에서 매우 큰 차이를 만듭니다. 학부모님은 "이 학원은 우리 아이를 정말 알고 싶어 하는 구나"라는 인상을 받으며, 이는 곧 신뢰로 이어집니다.

상담 시간에는 '내가 얼마나 좋은 프로그램을 가지고 있는지' 설명하는 것보다 '학부모님과 아이 이야기를 듣는 시간'을 우선합니다. 저는 대화의 70% 이상을 학부모님이 말씀하실 수 있도록 유도합니다. 그 과정에서 고개를 끄덕이며 메모를 하고, 중간중간 "이 말씀 맞으시죠?"라고 확인합니다. 이렇게 경청과 확인을 반복하면, 학부모님은 자신이 존중받고 있다는 감정을 갖게 되고, 그 감정이 바로 신뢰의 시작점이 됩니다.

실제로, 한 어머님이 상담 중 "우리 아이가 수학에 대한 자신감을 완전히 잃었어요. 세 군데 학원을 다녔는데도 효과가 없었어요."라고 말씀하신 적이 있습니다. 저는 즉시 아이의 생활 루틴, 학습 이력, 성향 등을 구체적으로 질문하며 상세하게 기록했습니다. 그리고 이렇게 말씀드렸습니다. "그동안은 학원이 아이에게 맞추기보다, 아이를 학원 틀에 끼워 넣으려고 했던 것 같습니다. 이번에는 다르게 해 보겠습니다." 이 한마디에 어머님은 눈빛이 달라졌습니다. 그 학생은 실제로 3개월 만에 수학 점수가 30점 이상 향상되었고, 이 사례는 맘카페에 올라가면서 새로운 학부모들의 관심을 끌었습니다.

엄마의 눈을 사로잡는
디테일한 실전 전략

학부모님과의 신뢰 형성은 첫 대면에서 이미 절반 이상 결정됩니다. 저는 다음과 같은 디테일한 방법을 통해 엄마의 마음을 움직입니다.

상담 대기석에는 "○○ 어머님, 위너스영수학원을 방문해 주셔서 감사합니다."라는 환영 인사가 적힌 메모지와 볼펜, 브로슈어, 명함, 대봉투(이걸 통틀어서 "상담 준비 키트"라고 합니다)를 놓아두어 여기는 진짜 준비된 학원이라는 첫인상을 남깁니다.

대화에서는 "○○이는 수학에서 어떤 부분이 특히 어렵다고 하나요?"처럼 아이를 대화의 중심에 두어 '우리 아이를 기억해 주는 곳'이라는 감동을 줍니다. 바쁜 시간을 쪼개 방문하신 어머님께는 "바쁘셨죠, 이거 드시면서 잠시 쉬세요."라는 정중한 한마디와 함께 음료를 대접해 분위기를 부드럽게 만들고, 상담 중에는 유사한 상황에 있었던 학생의 개선 사례를 실명 없이 공유해 학원의 성과를 보여 줍니다.

상담이 끝난 당일 저녁에는 "오늘 상담 감사합니다. ○○이의 가능성을 함께 키워 나갈 수 있길 바랍니다."라는 진심 어린 감사 메시지를 보내고, 1~2일 이내에는 상담 내용을 정리한 요약 자료와 향후 수업 계획표를 전달해 학원의 준비성과 진정성을 다시 한번 각인시킵니다.

실제로 한 어머님께는 향후 3개월 커리큘럼 계획과 가정에서의 역할 제안, 아이 성향에 맞춘 코칭 포인트를 담은 '아이 성장 플랜'을 A4 한 장으로 정리해 드린 적이 있는데, 그분의 자녀만 등록한 것이 아니라 친구

네 명을 함께 소개했고, 그중 두 명은 중등부까지 이어지는 장기 원생이 되었습니다.

진짜 신뢰는
상담 이후부터 시작됩니다

상담 직후부터 본격적인 '신뢰 마케팅'이 시작됩니다. 저는 상담이 끝난 날 저녁, 반드시 감사 인사를 카카오톡이나 문자로 보냅니다. "○○ 어머님, 오늘 상담 감사드립니다. ○○이는 가능성이 매우 큰 친구더군요. 앞으로 함께 만들어갈 결과가 기대됩니다." 단 몇 줄의 메시지가 학부모의 마음을 뜨겁게 만듭니다.

또한 '7일 리마인드 전략'을 운영합니다. 상담 당일은 감사 메시지, 3일째는 아이의 학습 관련 코멘트, 7일째는 등록 권유가 아닌 정서적 응원 메시지를 전합니다. 예를 들어, "○○이는 몇 번만 잘 끌어 주면 곧 자신감을 찾을 것 같습니다. 저희 위너스에서 책임지고 성장시켜 보겠습니다." 라는 문장은 학부모의 마음을 움직이며 결국 등록으로 이어집니다. 실제로 이 한 문장 때문에 두 자녀를 동시에 등록한 가정도 있었습니다.

또 다른 전략은 '1:1 등록 유도 전화'입니다. 상담 후 1~2일이 지나도 연락이 없는 경우, "어머님, 혹시 제가 더 설명드릴 부분이나 걱정되는 점이 있으신가요?"라고 묻습니다. 이 질문은 학부모의 불안을 해소하고, 등록 결정을 마무리하는 역할을 합니다.

엄마는 설득의 대상이 아니라
함께 가는 동행자입니다

학부모는 과도하게 강조하면 오히려 의심을 품습니다. 그래서 저는 "요즘 사교육 시장이 워낙 다양하니, 신중히 접근하시는 게 맞습니다."라고 공감부터 합니다. 또한 워킹맘이 자녀에게 느끼는 미안함에 공감하며 "이렇게 직접 상담 오신 것만으로도 아이는 큰 축복을 받은 겁니다."라고 전합니다. 대부분의 어머님이 이런 말을 처음 듣고 감동합니다.

엄격하게 아이를 평가하던 한 어머님께 "어머님도 많이 힘드셨죠. 저도 저 시절에 비슷했습니다. 이 시기를 잘 넘기면 큰 성장의 계기가 됩니다."라고 말씀드렸더니, 그 자리에서 등록 결정을 하셨던 기억이 있습니다.

어떤 어머님은 상담을 마치고 돌아가며 "원장님은 우리 아이 담임 같아요. 제 이야기를 다 털어놓고 가는 느낌이에요."라고 하셨습니다. 이런 말을 들을 때, 저는 상담이 성공했다고 판단합니다. 상담은 단순 영업이 아니라 '신뢰를 기반으로 한 감정적 계약'이며, 등록이 아닌 '동행'을 목표로 해야 합니다.

신뢰 마케팅은 기술이 아니라 태도에서 비롯됩니다. 그리고 엄마는 설득의 대상이 아니라 학원의 동반자입니다. 엄마의 신뢰를 얻는 순간, 그분은 맘카페·모임·단톡방에서 자발적으로 학원을 홍보하는 최고의 영업 사원이 됩니다.

원장님, 꼭 기억하십시오. 지금 상담하는 한 분의 어머님이 학원의 미래를 바꿀 수 있습니다. 진심이 담긴 준비는 결코 배신하지 않습니다. 학원의 마케팅은 바로 그 순간부터, 조용하지만 강력하게 시작됩니다.

중도 탈락을 막고
유지율을 높이는 관리 비결

많은 원장님들께서는 학원 오픈 초기, '등록자 수'에만 온 신경을 집중하는 경우가 많습니다. 물론 초기 모집은 학원 경영의 출발점이자 중요한 단계입니다. 하지만 진정한 경영의 전장은 등록 이후부터 본격적으로 펼쳐집니다. 등록이 끝이 아니라 시작이라는 사실을 반드시 인지하셔야 합니다. 학원 운영의 본질은 '유지'에 있으며, 이 유지율이야말로 학원의 신뢰도를 반영하고 장기적인 수익 구조를 결정짓는 핵심 요소입니다.

　오픈 초기에 30명의 원생을 모집했다고 가정해 보겠습니다. 겉으로 보기엔 성공적인 출발일 수 있지만, 두 달 후 절반 이상이 이탈한다면 그것은 결코 성공이라고 부를 수 없습니다. 모집보다 더 무서운 것이 바로 '이탈'입니다. 모집은 단기 성과를 가져다줄 수 있지만, 이탈은 그간의 노력과 비용을 한순간에 무너뜨립니다. 따라서 본 장에서는 학원 운영 과정에서 반드시 맞닥뜨리게 되는 '중도 포기'라는 문제를 사전에 방지할 수 있는 방법과 안정적인 유지 시스템을 통해 원생과 학부모의 신뢰를 확보할 수 있는지에 대해, 제가 실제 현장에서 겪은 경험과 성공 사례를 토대로 구체적으로 말씀드리고자 합니다.

중도 이탈은
반드시 '신호'를 보낸다

아이들이 학원을 중도에 포기하기 전에 반드시 이상 신호를 보냅니다. 이탈은 결코 하루아침에 갑자기 발생하는 사건이 아닙니다. 작은 변화들이 쌓이고, 그 변화가 관리되지 않은 채 방치될 때 결국 이탈이라는 결론에 도달합니다. 예를 들어, 숙제를 자주 빼먹는다든가, 결석이 잦아지고 등원이 늦어지는 경우, 수업 중 집중력이 떨어지고 멍하니 있거나 딴청을 피우는 행동, 학부모와의 연락 빈도가 줄고 응답이 짧아지는 현상 등은 모두 명백한 '사전 경고등'입니다.

이러한 사인을 포착하면 즉시 개입하는 것이 중요합니다. 그러나 개입 방식이 핵심입니다. 아이에게 다그치듯 직접 지적하는 것이 아니라, 먼저 컨디션과 상황을 묻는 접근이 효과적입니다. "요즘 많이 피곤해 보이네?", "혹시 요즘 학원 끝나고 다른 일정도 있니?"와 같이 부드럽고 열린 질문은 아이의 마음을 닫게 하지 않으면서 현재 상태를 파악할 수 있는 좋은 방법입니다.

실제로 저희 학원에서도 한 중학생이 자주 지각하는 상황이 반복된 적이 있습니다. 대화를 나눠 보니, 수업 전후로 동생들을 돌봐야 해 제시간에 등원하기 어려운 상황이었습니다. 이를 파악한 후, 해당 학생의 수업 시작 시간을 10분 늦추어 여유를 주었고, 그 결과 아이는 다시 안정감을 되찾아 지금까지도 꾸준히 수강 중입니다. 이 사례를 통해 저는 다시 한 번 깨달았습니다. 유지율 관리의 핵심은 문제 상황을 대화로 풀어내고, 감정의 흐름을 기록과 피드백으로 관리하는 것입니다.

클래스톡톡 보고서 시스템으로
신뢰를 쌓다

저희 학원은 '클래스톡톡'이라는 수업 보고서 시스템을 도입하여 매일 학부모님께 자녀의 수업 상황을 구체적으로 보고드립니다. 이 보고서는 형식적인 칭찬 몇 마디로 마무리되는 것이 아니라, 다음과 같이 체계적인 항목을 포함합니다.

'오늘 배운 주요 개념/숙제 이행 여부/테스트 결과/수업 내용 및 과제 전달/칭찬할 점과 개선할 점, 학부모 전달 사항'

예를 들어, 김○○ 학생의 7월 14일 수업 보고서는 다음과 같이 작성됩니다.

지난 과제 : ○   **테스트** : 100점

수업 내용

Benchmark Reading 3.1 unit 2 단어 학습, 본문 읽기 및 해석, 초등 단어 테스트, 불규칙 동사 과거형 테스트, My First Grammar 2 unit 12 학습

오늘 과제

Benchmark Reading 3.1 unit 2 단어 1번·뜻 1번 쓰기, unit 2 본문 2번 듣기, unit 2 본문 1번 쓰기 및 해석, 초등 5년 단어(jeans ~ city) 5번·뜻 3번 쓰기

학부모 전달

"어머님, ○○이가 초등 단어 테스트와 불규칙 동사 과거형 테스트에서 모두 100점을 받았습니다. 요즘 수업에 집중도가 더욱 높아져서 참여도가 크게 향상되고 있습니다. 오늘 ○○이 칭찬 많이 해주세요."

또한 보고서 서두에는 항상 다음 문장을 기재합니다.

'학원에서 무엇을 배우고, 어떻게 성장하고 있는지, 하나도 놓치지 마십시오.'

이 짧은 문장은 학부모님의 마음을 움직이는 강력한 메시지가 됩니다. 실제로 이 시스템을 도입한 이후 저희 학원의 중도 이탈률은 절반 이하로 줄었습니다. 특히 초등부에서는 수업 내용을 직접 확인하지 못하는 학부모의 불안이 퇴원의 주요 원인이었는데, 이 보고서가 그 불안을 원천 차단해 주었습니다.

한 학부모님께서는 이렇게 말씀하셨습니다. "선생님, 예전에는 아이가 학원에서 뭘 배우는지 몰라서 불안했는데, 이제는 매일 선생님의 보고서를 보면서 아이가 어떻게 성장하는지 눈으로 확인할 수 있어요." 이 피드백이야말로 신뢰가 어떻게 형성되는지 보여 주는 대표적인 예입니다.

반 편성과 수업 구성의 전략화

아이들의 반 편성과 수업 구성은 단순히 성적이나 실력만으로 결정해서는 안 됩니다. 학습 능력과 성향, 정서적 안정감과 그룹 내 조화까지 함께 고려해야 합니다. 저희는 다음 세 가지 기준을 중심으로 반을 편성합니다.

'학년과 실력의 균형/학습 스타일(조용한지, 적극적인지)/정서적 안정감과 수업 태도'

예를 들어, 실력이 중간이지만 성격이 매우 소극적인 학생을 상위반에 넣으면 위축될 가능성이 큽니다. 반대로 하위반에 배치하면 흥미를 잃고 무기력해질 수 있습니다. 따라서 성향이 비슷한 학생끼리 조를 구성하고, 서로가 안정감을 느끼는 환경에서 학습하도록 하는 것이 매우 중요합니다.

실제로, 수업 중 한 마디도 하지 않던 초등학생이 있었습니다. 알고 보니, 말이 많은 친구들 틈에서 주눅이 들어 있었던 것입니다. 그 학생을 조용하고 차분한 친구들이 있는 반으로 이동시킨 후, 점차 자신감을 되찾았고 수업 참여도 역시 눈에 띄게 증가했습니다. 이 경험은 정서적 조화를 고려한 반 편성이 유지율에 얼마나 중요한 역할을 하는지를 보여 줍니다.

감정 케어를 통한
유지력 확보

수업은 철저한 시스템과 커리큘럼으로 운영되지만, 유지율은 결국 '감정'이 결정합니다. 아이가 정서적으로 지쳐 있거나 학원에서 소속감을 느끼지 못하면, 아무리 훌륭한 커리큘럼도 무용지물이 됩니다. 그래서 저는 매일 아이들과 짧게라도 대화를 나누며 그들의 감정을 체크합니다.

"요즘 학교는 어때?", "엄마랑은 어떤 얘기 나눠?", "학원 오는 게 힘들지는 않아?"와 같이 가볍지만 진심 어린 질문은 아이가 학원을 단순한 공부하는 공간이 아니라, 심리적으로도 안전하고 편안한 곳으로 인식하게 만듭니다.

또한 저는 상담 일지를 매일 작성하여 아이의 표정, 태도, 집중력 변화를 기록하고, 필요시 학부모께도 부드럽게 피드백을 드립니다. 예를 들어, "요즘 ○○이가 수업 중 말수가 줄고 피곤해하는 모습이 보입니다. 혹시 집에서 잠은 잘 자고 있는지요?"라는 질문은 학부모님께 '우리 아이를 세심하게 돌보고 있다'는 인상을 줍니다. 이는 단순히 교육을 하는 학원이 아니라, 아이의 마음까지 챙기는 학원이라는 신뢰를 심어 줍니다.

중도 이탈을 막는
다섯 가지 실천 전략

즉각적인 대응-한 번의 결석, 한 번의 숙제 미제출도 결코 가볍게 넘기지 마십시오. 이런 작은 변화는 단순한 일탈이 아니라, 중도 이탈의 시작 신호일 수 있습니다. 아이가 결석했을 경우, 그날 바로 전화 한 통, 문자 한 줄이라도 보내어 관심을 표현하십시오. 여기서 중요한 것은 추궁이 아니라 배려입니다. "○○이가 오늘 수업에 오지 못했는데, 혹시 건강이 괜찮은가요?" 또는 "오늘 ○○이를 못 봐서 아쉬웠습니다. 다음 시간에 건강하게 만나길 기대합니다."와 같이 부드럽게 접근하는 것이 핵심입니다. 숙제를 하지 않았을 때도 단순히 지적하지 말고, "혹시 시간이 부족했나요?", "어려운 부분이 있었나요?"라고 물어 상황을 파악하고, 학부모에게도 간단히 공유하여 학원과 가정이 함께 대응하는 구조를 만드는 것이 좋

습니다. 이런 즉각 대응은 학부모에게 '우리 아이를 세심히 챙기는 학원'
이라는 인식을 심어 줍니다.

원장의 입장이 아닌, 우리 학원에 아이를 보낸 학부모 입장에서 항상 생
각을 하셔야 합니다.

감정 기록-아이의 표정, 말투, 참여 태도, 집중도와 같은 정서적 변화
를 매일 기록하십시오. 저는 매 수업 후 '감정 기록표'를 작성하여, 수업
참여도, 웃는 빈도, 질문 횟수, 친구와의 상호 작용 등을 간단히 메모합
니다. 이 데이터는 학부모 상담 시 매우 강력한 근거 자료가 됩니다. 예를
들어, "지난 2주 동안 ○○이가 수업 시간에 웃는 횟수가 줄었고, 발표 빈
도도 감소했습니다."라는 보고를 들은 부모는 즉시 아이의 상태에 주목
하게 됩니다. 이때 단순히 문제만 전달하는 것이 아니라, "이번 주에는 발
표 활동을 늘려 참여를 유도해 보겠습니다."와 같이 해결 방안까지 제시
하면, 학부모는 학원을 단순한 교육 기관이 아니라 '파트너'로 인식하게
됩니다.

정기 피드백 루틴-유지율은 하루아침에 올라가지 않습니다. 매일의
짧은 피드백과 주기적인 심층 상담이 함께 이루어져야 합니다. 저는 세
가지 루틴을 철저히 운영합니다. 첫째, '클래스톡톡'을 통한 매일의 수업
보고서 발송으로 당일 수업 내용을 학부모에게 실시간 전달합니다. 둘째,
월 1회 전화 상담을 통해 중간 점검과 수업 방향 수정을 진행합니다. 셋
째, 분기별 대면 상담을 통해 장기 학습 계획과 성취 목표를 함께 설계합

니다. 하루 단위 보고서가 학부모에게 '아이의 하루'를 확인시키고, 월 상담이 학습의 흐름을 점검하며, 분기 상담이 장기적 신뢰를 구축하는 구조입니다.

클래스톡톡 수업 보고서-매일 학부모와 신뢰를 쌓는 보고 시스템을 운영하십시오. 단순한 칭찬 문구 몇 줄이 아니라, '오늘 배운 주요 개념', '숙제 이행 여부', '테스트 결과', '수업 중 태도와 참여도', '칭찬할 점과 개선할 점'까지 구체적으로 기록합니다. 예를 들어, "○○이는 오늘 영어 단어 테스트에서 100점을 받았습니다. 수업 중 발표도 적극적으로 참여했고, 문장 만들기 활동에서 뛰어난 결과물을 제출했습니다. 숙제도 완벽하게 해 왔습니다. 특히 자신감 있는 목소리로 발표하는 모습이 인상적이었습니다."처럼 세부적인 내용을 전달해야 합니다. 보고서 첫 문장은 항상 "학원에서 무엇을 배우고, 어떻게 성장하고 있는지, 하나도 놓치지 마십시오."로 시작해 학부모의 관심과 신뢰를 동시에 확보합니다.

칭찬 시스템-칭찬은 학생이 학원에 오래 머물게 만드는 가장 강력한 심리적 장치입니다. 즉각적인 칭찬과 더불어, 칭찬 포인트, 우수 스티커, 주간 우수생 발표 등 다양한 방법을 활용하십시오. 아이가 학원에서 자신의 이름이 불리며 인정받는 순간, 그곳에 대한 애착이 형성됩니다. 예를 들어, "오늘 발표를 제일 멋지게 해 준 ○○이, 정말 고맙다."라는 한마디는 그 학생의 학원 생활을 긍정적인 경험으로 바꾸어 줍니다.

이 다섯 가지 전략을 충실히 실행한다면, 학원의 유지율은 자연스럽게 상승하게 됩니다. 저희 학원의 경우, 평균 95% 이상의 유지율을 꾸준히 기록하고 있으며, 이는 전적으로 이 다섯 가지 시스템 덕분이라고 확신합니다. 학원은 단순히 수업만 잘해서 성공하는 구조가 아닙니다. 부모가 믿고 아이를 맡길 수 있도록 매일의 피드백과 관심, 정기적인 상담, 감정 관리, 실시간 보고가 반드시 뒷받침되어야 합니다. 유지란 곧 신뢰이며, 중도 이탈 없는 학원이야말로 진정한 성공 학원의 출발점입니다.

시간표 구성, 반편성 노하우 공개

많은 원장님들이 학원을 오픈하면 '언제부터 수업을 시작해야 하나?', '시간표는 몇 시로 짜야 하나?', '반은 어떻게 편성하지?'와 같은 고민에 부딪힙니다. 이 질문들은 단순한 운영 절차가 아니라 학원의 성패를 좌우하는 전략적 의사 결정입니다. 시간표는 단순한 시간 나열이 아니라, 아이와 부모의 생활 패턴, 강사의 집중도, 학원의 이미지, 원생 유입률과 유지율, 상담 시 설득력까지 직결되는 '매출 직결 전략표'입니다.

시간표 구성은 '설득 도구'이자 '브랜딩 무기'입니다

처음 학원을 찾는 학부모는 학원의 시스템을 파악할 수 있는 기준이 부족합니다. 이때 가장 강력한 설득 자료가 되는 것이 바로 시간표입니다. 명확하고 타깃에 맞는 시간표를 보여 주는 것만으로도 상담의 30%는 이미 성공한 것이나 다름없습니다. 상담 시에는 단순히 종이만 건네는 것이 아니라, 그 시간표를 어떤 의도로 설계했는지, 학년별 생활 리듬에 맞춰 어떻게 구성했는지에 대한 스토리와 이유를 함께 설명해야 합니다.

예를 들어, 초등 저학년 타깃 학원이라면 오후 2시~3시 타임을 메인으로 잡고, 중등 타깃 학원이라면 오후 6시~8시 골든 타임을 중심으로 편성합니다. 상담 시 이렇게 설명합니다. "○○학년 아이들은 학교가 1시 40분쯤 끝나니 3시부터 수업을 시작합니다. 수업 후 4시 반쯤 귀가할 수 있어 부모님 퇴근 시간과도 잘 맞춰집니다." 이처럼 생활 동선과 연계된 설명은 학부모의 신뢰를 확보하는 데 매우 효과적입니다.

혼합 타깃일 경우, 시간표는 '구역'으로 나누십시오

초등과 중등을 함께 운영하는 경우, 시간과 공간을 구분하는 전략이 필요합니다. 초등은 2시~5시, 중등은 5시 이후로 구성하면 강사의 집중도가 높아지고 수업 흐름이 안정됩니다. 주말은 중등생의 선호도가 떨어지는 시간대이므로, 이 시간을 보강반이나 약점 보완반, 자기 주도 학습반 등으로 활용하면 학부모 만족도가 높아집니다.

시간표 설계 시
반드시 고려해야 할 5가지 체크리스트

- 학교 수업 종료 시간
: 학군별 종례 시간을 조사해 등원 가능 시간을 정확히 파악하십시오.
- 다른 학원 수업 시간 파악
: 경쟁 학원의 인기 시간대를 분석해 피하거나, 같은 시간대에 경쟁력 있는 커리큘럼을 배치하십시오.
- 형제·자매 동시 수업 고려
: 동일 시간대 수업 편성으로 편의성을 높이십시오.
- 강사의 수업 집중도 배분
: 강사의 컨디션이 좋은 시간대에 핵심 반을 배치하십시오.
- 학부모 상담 가능 시간 확보
: 주중 오전이나 주말 오전을 상담 전용 타임으로 확보하십시오.

반편성 전략은
'점수'가 아니라 '성향'입니다

반 편성 시 단순히 점수만 기준으로 삼으면 안 됩니다. 같은 점수를 받아도 성향이 다르면 수업 참여도와 성취도가 달라집니다. 적극적인 학생과 조용한 학생을 무심코 같은 반에 배치하면, 조용한 학생은 위축되고 참여도가 떨어질 수 있습니다. 따라서 면담 시 질문 습관, 학습 스타일, 대인 관계 성향을 체크하고, 필요 시 성향별 반을 구성해야 합니다.

'수요 중심' 시간표로
상담 전환율을 높이십시오

상담 시 시간표를 바로 보여주지 말고, 원하는 시간대를 먼저 물어본 후, 맞춤형 시간표를 제안하십시오. 부모가 '내가 선택한 시간'이라고 느끼면 등록률이 높아지고, 이후 재등록률에도 긍정적인 영향을 미칩니다.

시간표는 매달 검토하고
시즌별 조정이 필요합니다

시간표는 한 번 만들고 끝나는 것이 아니라, 학기 초·시험 기간·방학 등 시즌별로 수정되어야 합니다. 저는 매달 강사들과 회의를 통해 출석률, 결석 사유, 학부모 피드백을 점검하고 개선안을 마련합니다. 방학 시즌에는 오전 특강을 개설하여 등록을 유도하고, 시험 대비 시즌에는 저녁과 주말 시간대에 시험 대비반을 집중 배치하여 성과를 극대화합니다.

시간표와 반편성은 단순한 운영 도구가 아니라, 학부모를 설득하고 아이를 만족시키며 강사를 효율적으로 운용하는 전략서입니다. 지금 운영 중인 시간표를 다시 검토해 보십시오. '등록을 위한 도구'에서 '성장을 위한 무기'로 바꾸는 순간, 학원의 미래는 완전히 달라집니다.

4

월매출 1천에서 3천까지,
브레이크 없이 질주하는 마케팅 전략

중도 탈락을 막고
유지율을 높이는 관리 비결

'오픈발'이라는 표현을 한 번쯤 들어 보셨을 것입니다. 흔히 음식점이나 카페와 같은 자영업 업종에서 자주 언급되는 말이지만, 사실 이 법칙은 학원 업계에도 그대로 적용됩니다. 학원도 개원 직후에는 분명한 특수가 존재합니다. 그 시기의 에너지는 앞으로의 몇 달, 아니 몇 년을 이끌어갈 추진력이 됩니다. 그러나 문제는 그다음입니다. 바로 그 열기가 식기 시작할 때, 학원 운영의 진짜 실력이 드러나기 시작합니다.

초기의 반짝이는 기세가 사라지고, 상담 전화가 줄어들며, 거리의 전단지 반응도 약해지는 시점이 찾아옵니다. 바로 그때야말로 '브레이크 없는 마케팅'을 가동해야 할 결정적인 순간입니다. 그러나 많은 원장님들이 이 구간에서 브레이크를 밟습니다. "이제 좀 쉬어도 되겠지", "이 정도면 입소문이 돌지 않았을까" 하는 안일한 생각이 드는 타이밍이기 때문입니다. 단언컨대, 바로 이때가 마케팅을 더욱 공격적으로 전개해야 하는 시점입니다. 아니, 말 그대로 '전시 상태'라 생각하고 움직여야 합니다.

저는 개원 초기 '모든 것을 건다'는 각오로 사전 홍보에 총력을 기울였습니다. 전단지, 현수막, 블로그, 카드 뉴스, 지역 커뮤니티, 가능한 모든 수단을 동원했습니다. 그러나 진짜 위기는 오픈 3개월 후에 찾아왔습니다. 초기 등록 학생들이 자리를 잡고, 학부모의 관심이 조금씩 줄어드는 시기, 학원 내부의 분위기는 정체되기 시작했습니다. 이 시기를 어떻게 돌파하느냐에 따라 학원은 두 갈래 길로 나뉩니다. 하나는 '평범한 학원'으로 안착하는 길이고, 다른 하나는 '입소문이 끊임없이 도는 학원'이 되는 길입니다. 그리고 그 갈림길에서 반드시 필요한 것이 바로 브레이크 없는 마케팅 전략입니다.

그때 저는 제 책상 앞에 A4 용지를 붙였습니다. 거기엔 이렇게 적혀 있었습니다.

"공격하지 않으면 죽는다. 홍보는 선택이 아니라 생존이다."

이것은 단순한 각오나 의지가 아니라, 실제 생존을 위한 경고문이었습니다. 그 문구를 매일 보면서 저는 다시 전단지를 들고 거리로 나갔습니다. 블로그 글을 하루도 빠짐없이 작성했고, 카드 뉴스는 디자인 툴을 직접 배워 제작했습니다. 학부모 설명회는 수업과 상담 사이의 짧은 공백 시간에도 기획하여 진행했습니다. 상담이 줄어드는 비시즌일수록 홍보 강도를 오히려 높였습니다.

이러한 행동을 지켜본 몇몇 학부모가 물었습니다.

"요즘 다시 홍보하시나요?"

저는 웃으며 대답했습니다. "다시 하는 것이 아니라, 처음부터 멈춘 적이 없었습니다."

그 대답에 고개를 끄덕이던 그 학부모는 몇 달 후 지인을 소개해 주셨습니다.

마케팅은 리듬입니다. 그 리듬이 끊기면 관심도 함께 끊깁니다. 관심이 끊기면 등록도, 소개도, 입소문도 더 이상 이어지지 않습니다. 학원 운영에서 마케팅은 피할 수 없는 혈관이며, 멈추지 않아야 하는 심장 박동과도 같습니다.

개원 후 첫 3개월은 학원이 안정적으로 자리 잡는 '연착륙의 시간'입니다. 그러나 그 이후는 오히려 '상승의 시간'입니다. 이 시점에 주저하거나, 마케팅의 강도를 낮추거나, 학부모와의 소통이 줄고, 홍보 콘텐츠가 낡아 보이기 시작하면, 학원의 성장 곡선은 서서히 하락세로 돌아섭니다.

실제로 월 순이익 500만 원에서 1천만 원까지는 열정과 성실함만으로도 도달할 수 있습니다. 그러나 1천 5백만 원, 2천만 원, 3천만 원 이상의 순이익을 꾸준히 달성하는 학원은 극소수입니다. 여기에는 분명한 차이가 있습니다. 바로 '마케팅 전략의 고도화'와, 그 전략을 '멈추지 않고 진화시키는 실행력'입니다. 이 차이가 학원의 향후 운명을 가릅니다.

더욱이 이 시기의 마케팅은 단순히 신규 학생을 모집하는 데에만 목적이 있지 않습니다. 이미 등록한 학부모에게 브랜드 이미지를 지속적으로 각인시키고, 그들이 주변에 자발적으로 학원을 알리게 만드는 입소문 전략이기도 합니다. 동시에 아직 학원을 모르는 학부모에게는 '한 번쯤 가 보고 싶은 학원', '다른 학원과는 뭔가 다른 학원'이라는 인식을 심어 주는 장치이기도 합니다.

이 과정을 소홀히 하거나 형식적으로만 진행하면, 어느 순간 매출이 정체되는 '매출 터널'에 들어서게 됩니다. 그리고 불행히도, 이 터널은 한

번 들어서면 출구를 찾기가 쉽지 않습니다.

예를 들어, 제가 운영하는 학원에서는 평균 월 2회 학부모 뉴스레터를 발송합니다. 단순한 알림장이 아니라, 수업에서 있었던 주요 장면, 학생의 태도 변화, 성적 향상 추이, 다음 시험 일정, 진학 관련 정보까지 포함한 '보고서' 수준의 자료입니다. 이 뉴스레터는 학부모의 '궁금증'을 사전에 차단합니다. 궁금증이 없으면 불안이 생기지 않습니다. 불안이 없으면 이탈도 줄어듭니다. 그렇게 신뢰가 구축됩니다.

이 신뢰는 곧 입소문으로 이어집니다. 실제로 이런 말을 들었습니다.

"위너스에서는 아이가 뭘 배우는지 다 알려 줘서 안심이 돼요."

이 한마디가 다른 학부모의 선택을 결정짓습니다. 즉, 마케팅은 단순한 홍보 행위가 아니라, 서비스 품질 관리의 연장선이며, 학원 브랜딩의 핵심입니다. 이제 이 장에서는 월 순이익 1천만 원에서 3천만 원까지 도달하기 위해 필요한 고도화된 마케팅 전략을 제시하겠습니다.

블로그 글쓰기, 홍보물 제작, 온라인 광고, 학부모 설명회, 문자 마케팅, 지역 커뮤니티 활용 등, 원장님들이 현장에서 바로 적용할 수 있는 실전 전략만을 다루겠습니다.

학원 홍보 마케팅을 두려워하지 마십시오. 학원은 교육 기관인 동시에 브랜드입니다. 이 장에서는 학원 홍보 마케팅을 '그럴싸한 말장난'이 아니라, 지속 가능한 매출 성장의 무기로 만드는 구체적이고 실행 가능한 방법을 알려 드리겠습니다.

자, 이제 공격의 시동을 걸어 보시기 바랍니다.

지금부터 시작입니다.

학부모를 사로잡는
블로그 마케팅 운영법

블로그는 전략적인
콘텐츠 브랜딩의 출발점입니다

온라인 마케팅의 시작점이자 핵심 도구 중 하나는 바로 '블로그'입니다. 많은 원장님들께서 "블로그를 하면 좋다"는 이야기를 여러 차례 들어 보셨을 것입니다. 그러나 실제로 이를 어떻게 활용해야 하는지에 대해서는 구체적인 감이 오지 않아 막막함을 느끼는 경우가 많습니다. 단순히 몇 편의 글을 올린다고 해서 곧바로 효과가 나타나는 것은 결코 아닙니다.

블로그 마케팅이란 곧 '전략적 콘텐츠 브랜딩'입니다. 특히 학부모들이 자주 검색하는 키워드, 학원 선택 시 고려하는 구체적인 기준, 그리고 우리 학원이 제공하는 가치와 교육 철학이 자연스럽게 녹아든 글을 꾸준히 작성해야만 '끌리는 블로그'로 성장할 수 있습니다.

저 역시 블로그를 처음 시작했을 때는 시행착오가 많았습니다. 수업 인증 사진 몇 장과 간단한 글을 곁들이는 정도로 운영을 시작했지만, 그 결과는 무반응에 가까웠습니다. 그러던 어느 날, '우리 아이 공부가 늦은 것 같아 걱정된다'는 한 학부모님의 진솔한 고민을 듣게 되었고, 이를 주제로 삼아 글을 작성했습니다. 제목은 '공부가 늦은 아이, 정말 괜찮을까요? – 위너스영수학원이 드리는 조언'이었습니다. 이 글은 평소의 10배가 넘는 조회 수를 기록했으며, 상담 전화가 하루에만 3건이 걸려 왔습니다. 이때 저는 확실히 깨달았습니다. 블로그는 단순한 홍보 수단이 아니라 '상담의 연장선'이라는 사실을 말입니다.

학부모의 마음을 읽는 콘텐츠가 핵심입니다

블로그 운영에서 가장 중요한 것은 '학부모의 마음을 읽는 콘텐츠'를 작성하는 것입니다. 자녀의 성적, 학습 태도, 시험 준비, 친구 관계, 진학 방향 등 학부모가 민감하게 여길 수 있는 주제를 학원의 시각에서 진심 어린 조언과 함께 풀어내야 합니다.

이때 홍보 문구를 전면에 내세우면 오히려 거부감을 유발할 수 있습니다. 대신, '이 학원은 우리 아이를 진심으로 이해하려 한다'는 인상을 줄 수 있는 글이 진정한 파급력을 갖습니다.

글의 구성 또한 중요합니다. 첫 문단에서는 학부모의 불안과 고민을 깊이 공감하고, 본문 중간에서는 우리 학원이 해당 문제를 어떻게 해결해 왔는지를 구체적인 사례와 방법을 통해 제시합니다. 마지막 결론에서는 조심스럽지만 명확하게 상담이나 방문을 유도하는 문장을 넣습니다. 예를 들어, "비슷한 고민을 가진 많은 학부모님들이 상담을 통해 방향을 찾고 계십니다. 언제든 편하게 문의해 주시기 바랍니다."와 같은 문장이 적합합니다.

또한 블로그 글은 단순히 '정보'만 전달해서는 안 됩니다. 학원의 분위기, 강사의 진심, 학생들의 성장 과정이 자연스럽게 드러나야 합니다. 예를 들어, 수업 중 학생이 던진 의미 있는 질문이나, 학습을 포기하려던 학생이 극복에 성공한 이야기는 학부모에게 강한 울림을 줄 수 있습니다. 이러한 글을 읽은 부모는 "우리 아이도 이 학원에서라면 변화할 수 있을까?"라는 기대를 갖게 됩니다.

블로그는 온라인 상담실이자 신뢰의 축적 도구입니다

학원 블로그 글쓰기의 목표는 단순히 검색 유입을 늘리는 데 있지 않습니다. 진정한 목표는 '감정적 연결'을 만드는 것입니다. 이것이 학부모가 학원을 찾아오게 만드는 가장 큰 이유입니다. 원장의 진심이 담긴 글은 누군가의 고민을 덜어 주고, 선택을 돕는 결정적인 역할을 합니다.

블로그 운영의 비결은 '꾸준함'입니다. 이상적인 작성 빈도는 주 2회,

많게는 주 3회입니다. 시간이 지날수록 글쓰기는 발전하고, 학원 운영의 흐름을 기록하는 자료로서도 귀중한 가치가 생깁니다. 저의 경우, 블로그를 통해 유입된 상담 중 30% 이상이 등록으로 이어졌으며, 그중 다수는 블로그 글을 수개월간 꾸준히 지켜본 후 연락한 사례였습니다.

당신이 지금 쓰는 한 편의 글이 한 가정의 마음을 움직일 수 있습니다. 블로그는 학원의 '온라인 상담실'입니다. 원장의 진심을 글에 담아야 하며, 학부모는 그 진심을 느낍니다.

블로그 운영에서 가장 중요한 것은 '원장의 목소리'입니다. 전문 마케터가 대신 작성한 글은 정교하고 완성도가 높을 수는 있으나, 진심을 전달하는 데에는 한계가 있습니다. 블로그는 기술보다 감정이 우선입니다. 어색하더라도 직접 작성하십시오. 문장이 다소 투박하더라도 그 안에 진심이 담겨 있다면 학부모는 반드시 공감합니다. 진심은 어떤 포장보다 강합니다.

예를 들어, 제가 쓴 글 중 가장 반응이 좋았던 글은 화려한 자료나 긴 설명이 아니었습니다. 어느 날 수업을 마치고 사무실로 들어가는데, 학생 한 명이 조용히 다가와 이렇게 말했습니다.

"선생님, 저 어제 아빠랑 싸웠어요. 그래서 오늘 숙제 못 했어요. 혼내지 마세요."

저는 그 학생을 혼내는 대신, 자리에 앉혀서 이야기를 들어 주었습니다. 그날 있었던 짧은 에피소드를 블로그에 올렸고, 제목은 '오늘 아이가 나에게 건넨 한 마디'였습니다. 이 글은 다음 날 바로 상담 전화 4건으로 이어졌고, 그중 한 학부모는 눈물을 글썽이며 학원을 방문해 "이런 선생님이 있는 학원이라면 믿고 맡길 수 있겠습니다."라고 말했습니다.

학부모의 검색 패턴과
콘텐츠 주제 선정

대부분의 학부모는 밤 10시 이후에 블로그를 검색합니다. 아이를 재운 후 조용한 거실에서 스마트폰으로 "○○동 수학학원", "○○영어학원 후기", "중1 내신 대비 잘하는 학원" 등 현실적인 키워드로 학원을 찾습니다. 이 때 그들이 원하는 것은 화려한 광고가 아니라, '우리 아이의 고민을 알고 있는 곳', '내 자녀를 진심으로 대해줄 곳'입니다. 블로그는 이러한 이미지를 먼저 보여주는 창구가 되어야 합니다.

블로그 콘텐츠 주제 예시는 다음과 같습니다.
"중1 첫 시험, 내신 공부 어떻게 시작해야 할까?"
"초등 고학년, 수포자 막으려면 이 시기를 놓치지 마세요"
"우리 아이가 질문을 안 해요. 왜 그럴까요?"
"공부 습관 들이는 가장 확실한 방법, 엄마가 바뀌어야 합니다"
"학원비 아깝지 않게 만드는 선생님의 수업 루틴 공개"
이처럼 검색어 중심의 제목, 공감 가는 주제, 진심이 담긴 해결책의 세 요소가 조화를 이룰 때 블로그는 최고의 모집 도구가 됩니다.

또한 글의 양과 질을 모두 확보하는 것이 중요합니다. 하루에 질 낮은 글 10편을 올리는 것보다, 일주일에 2편이라도 완성도 높은 글을 올리는 것이 훨씬 효과적입니다. 특히 글 말미에 다음 글을 예고하거나, 상담 문의로 자연스럽게 이어지는 문장을 반복적으로 넣는 것이 좋습니다. 예를 들어, "다음 글에서는 중2 학생들의 시간 관리법에 대해 이야기하겠습니다. 자녀의 습관 관리가 고민이라면 꼭 읽어보시기 바랍니다."와 같이 마무리합니다.

블로그는 학원의 간판이자 디지털 영업사원입니다

블로그는 단순히 글을 쓰는 공간이 아닙니다. 저는 블로그를 '온라인 간판'이라고 표현합니다. 학원이 하나의 가게라면, 블로그는 그 학원의 간판이자 불빛입니다. 간판이 없는 가게, 간판은 있지만 불이 꺼진 가게를 떠올려 보십시오. 사람들의 눈에 띄지 않을 뿐 아니라, 설령 보았다 하더라도 '이곳이 영업 중인가?' 하는 의심이 생깁니다.

우리는 지역의 오래된 맛집이 아니며, 입소문만으로 모든 등록이 이루어지는 전설적인 학원도 아닙니다. 그런 상황에서 간판 없이 장사를 시작하실 것입니까? 학부모가 우리 학원을 한 번도 검색하지 않을 것이라고 장담하실 수 있습니까?

블로그는 현대의 '온라인 간판'입니다. 아무리 오프라인 수업이 훌륭하고 상담이 진심 어린 상담을 하더라도 온라인에서 보일 얼굴이 없다면 첫 인상에서 신뢰를 얻을 기회를 놓치는 것입니다.

저는 강연에서 항상 이렇게 말합니다.

"학원은 장사입니다. 장사는 간판이 생명입니다."

그리고 이어서 이렇게도 말합니다.

"블로그 없는 학원은 불 꺼진 가게입니다. 지금 이 순간에도 경쟁 학원들은 매일 블로그에 글을 올리고 있습니다. 그런데 당신의 학원은 한 달 전 홍보글 하나가 전부라면, 불 꺼진 가게에 누가 들어오겠습니까?"

블로그는 검색되는 순간 학원의 첫인상이 됩니다. 첫인상을 심을 기회는 두 번 오지 않습니다. 학부모는 자녀를 위해 신중히 선택합니다. 오프라인에서 감동을 주는 것도 중요하지만, 온라인에서도 긍정적인 인상을 주어야 클릭이 이어지고, 실제 방문으로 이루어집니다.

지금 이 순간에도 누군가는 '우리 아이 학원'을 검색하고 있습니다. 그 순간 당신의 블로그가 보이지 않는다면, 학원은 존재하지 않는 것과 다름 없습니다. 블로그는 단순한 글쓰기 공간이 아니라, 우리 학원의 신뢰를 쌓아 가는 '디지털 영업 사원'입니다. 지금, 그 간판의 불을 다시 켤 때입니다.

이제 원장님의 진심과 경험을 담아 '오늘의 한 편'을 시작해 보시기 바랍니다.

매출로 직결되는 디자인과
홍보물 전략

메뉴판 없는 학원, 학부모는 들어오지 않습니다
— 첫인상은 말보다 빠릅니다

"작은 식당에도 메뉴판이 있습니다. 그것도 맛있는 음식 사진이 큼직하게 들어간, 보기만 해도 식욕이 당기는 멋진 메뉴판이 있습니다. 그런데 우리 학원에는 왜 메뉴판이 없습니까?"

저는 강연에서 원장님들께 이 질문을 자주 던집니다. 여기서 말하는 메뉴판은 곧 브로슈어, 리플릿, 홍보용 카드 뉴스를 뜻합니다. 이들은 학원의 '메뉴판'과도 같은 존재입니다. 무엇을 가르치는지, 어떤 방식으로 수업을 진행하는지, 그리고 우리 학원의 교육 철학이 무엇인지를 한눈에 보여 주는 도구입니다.

이 비유는 단순한 수사적 표현이 아닙니다. 현실적으로 학부모는 학원에 발걸음을 들이기 전에 이미 수많은 학원들의 '분위기'를 보고 판단합니다. 우리가 아무리 열정적인 수업과 세심한 관리를 제공한다 하더라도, 그러한 사실을 말하지 않고도 전할 수 있는 수단이 없다면, 학부모는 그저 스쳐 지나갈 뿐입니다.

식당에서 배고픈 손님이 메뉴판을 보고 음식을 고르듯, 학부모 역시 시각적으로 전달된 정보와 분위기를 통해 첫인상을 결정합니다. 그리고 이 첫인상은 짧은 순간 안에 형성되며, 그 결과 상담 여부와 등록 가능성이 크게 달라집니다.

이러한 홍보물은 단순한 인쇄물이 아닙니다. 그것은 학원 운영자의 철학, 마케팅 감각, 그리고 학부모에게 전하고자 하는 메시지를 '보이는 언어'로 정리해 낸 하나의 작품입니다. 오프라인에서라면 말로 길게 설명해야 하는 내용을, 홍보물 하나로 간결하면서도 '느낌 있게' 전달할 수 있는 것입니다.

예를 들어 보겠습니다. 학원 상담을 앞둔 학부모가 리플릿을 먼저 받는 상황을 생각해 보십시오. 리플릿 안에 깔끔하게 정리된 디자인, 핵심을 찌르는 문구, 그리고 우리 아이가 있을 법한 교실 풍경 사진이 담겨 있다면 어떨까요? 그 순간 학부모는 이미 학원의 수업과 분위기를 '간접 경험'하게 됩니다.

이는 단순한 시각적 효과가 아니라, 심리적 설득 과정입니다. 즉, 상담이 시작되기 전부터 학부모의 마음속에 긍정적인 '느낌'을 심어 주는 전략입니다. 상담을 시작하기 전 학부모가 리플릿을 손에 쥐는 순간, 이미 학원이 어필할 수 있는 기회의 절반은 확보한 셈입니다. 잘 디자인된 리플릿 한 장은 상담 전의 선입견을 허물고, 신뢰를 만드는 데 큰 역할을 합니다.

저 역시 이러한 경험을 실제로 한 적이 있습니다. 브로슈어를 제작한 후 단 며칠 만에 상담 문의가 눈에 띄게 증가하는 것을 확인했습니다. "선생님, 리플릿을 보고 왔어요. 여긴 뭔가 달라 보여서요."라는 학부모님의 한 마디는, 마케팅 디자인의 본질을 제게 각인시켰습니다. 진심과 전략이 만나는 지점, 그것이 바로 '디자인'이라는 사실이었습니다.

물론 좋은 수업은 학원의 근본입니다. 성실한 상담 역시 중요합니다. 그러나 학부모는 학원에 들어오기 전, 먼저 외형과 분위기를 보고 판단합니다. 학원 외부의 간판, 건물 내부의 인테리어, 그리고 상담실 테이블 위에 놓인 리플릿 한 장이 학원에 대한 신뢰도의 80%를 좌우할 수 있습니다.

결국 우리는 단순히 수업만 잘하는 교육 전문가가 아닙니다. 동시에 학부모와의 첫 만남을 설계하고 연출하는 '연출자'이기도 합니다. 효과적으로 디자인된 홍보물은 학부모로 하여금 "이 학원은 정리가 잘 되어 있겠구나", "이 학원은 체계가 있을 것 같다", "이 학원은 믿고 맡겨도 되겠다"라는 긍정적인 느낌을 가장 빠르게 심어 주는 도구입니다.

그리고 이 느낌은 상담을 이끌어 내고, 등록을 결정짓는 핵심 촉매제가 됩니다. 아무리 진심을 다해 설명하더라도 말로는 온전히 전달되지 않던 신뢰가, 단 한 장의 디자인으로 완벽하게 전달되는 경우는 결코 드물지 않습니다.

디자인에는 '공격력'이 있습니다
— 브랜드는 감각이 아니라 전략입니다

디자인에는 분명히 '공격력'이 존재합니다. 눈길을 사로잡는 카드 뉴스, 체계적으로 정돈된 리플릿, 그리고 프로페셔널한 인상을 주는 브로슈어는 학원을 단순한 교육 기관이 아닌 하나의 '브랜드'로 격상시킵니다. 오늘날 학부모는 정보 부족으로 인해 학원을 찾지 못하는 시대에 살고 있지 않습니다. 오히려 넘쳐나는 정보 속에서, '믿음을 줄 수 있는 학원'을 선별합니다. 그리고 그 믿음은 학부모가 처음 마주하는 이미지에서 출발합니다.

이 이미지의 시작은 결코 거창한 것이 아닙니다. 카드 뉴스 한 장, 리플릿 한 장, 브로슈어 한 권에서부터 시작됩니다. 그러나 여기서 중요한 점은 단순히 '보기 좋은 디자인'이 아니라는 사실입니다. 예쁘기만 한 홍보물은 학부모의 기억 속에 오래 남지 못하고, 금세 소비되어 버립니다. 중요한 것은 그 안에 학원의 철학과 설계가 담겨 있어야 한다는 점입니다. 마케팅 디자인은 감각적인 '센스'의 문제가 아니라 철저히 계획된 '전략'의 영역입니다.

정보가 과잉된 시대일수록, 학부모는 순간적인 감각적 선택보다 무의식 속에서 신뢰가 형성되는 구조를 택합니다. 브로슈어 한 권에 담긴 글꼴의 선택, 여백의 균형, 배치된 사진의 분위기, 문장 하나의 톤까지, 모든 요소가 학원의 가치관을 시각적으로 구현하는 과정입니다. 저는 이러한 디자인을 '조용한 상담'이라고 부릅니다. 상담실 문을 열기 전, 이러한 요소를 통해 이미 학부모의 마음속에 학원에 대한 인상과 신뢰가 형성되기 때문입니다.

저는 특히 학원의 BI(Brand Identity)를 매우 중요하게 생각합니다. 로고는 단순한 심벌이 아닙니다. BI는 학원의 철학, 정체성, 비전이 집약된 강력한 시각 언어입니다. 저는 위너스영수학원을 처음 개원할 때부터 로고 디자인을 수십 차례 수정하며 지금의 BI를 완성했습니다. 그리고 이 로고는 현수막, 브로슈어, 교재, 학원 간판까지 일관되게 적용하고 있습니다.

이 통일성은 학부모들에게 하나의 강한 이미지로 인식됩니다. 저는 아이들의 교재에도 로고를 삽입해 학원 이미지를 무의식 속에 각인시키고, 상담 책자 속에도 반복적으로 노출하여 일관성을 유지합니다. 그 결과, 로고 하나만으로도 '이 학원은 준비되어 있다'는 확신을 학부모에게 심어 줄 수 있습니다.

실제로 상담 도중 한 학부모님이 "아이 교재에도 로고가 있네요, 작은 디테일까지 신경 쓰신 것 같아요."라고 말씀하신 적이 있습니다. 바로 이것이 디자인의 힘입니다. 디자인은 단순히 보기 좋게 만드는 작업이 아닙니다. 디자인은 신뢰를 설계하는 일이며, 학원의 철학을 시각화하는 도구입니다.

학원의 운영 철학이 명확할수록, 이를 디자인으로 표현했을 때 전달력은 더욱 강력해집니다. '이 학원은 정돈되어 있다', '이 학원은 준비되어 있다', '이 학원은 믿을 수 있다'는 인식을 심어 주는 브랜딩의 힘은 바로 여기에서 비롯됩니다. 디자인은 학부모의 첫인상을 설계하고, 그 첫인상이 상담과 등록으로 이어지도록 만드는 결정적 무기입니다.

리플렛과 카드뉴스는 감성을 설계하는 기술입니다
— 정보보다 인상이 먼저 남습니다

실제로 저희 학원의 리플렛 구성은 다음과 같습니다.

앞면: 학원명, 슬로건, BI(Brand Identity), 강렬한 한 문장의 가치관
내부: 대표 수업 프로그램, 커리큘럼, 시간표, 학습 시스템 설명,
      아이들의 사진과 간단한 인터뷰
뒷면: 학원의 다짐, 상담 방법, 위치, 연락처

이 구성은 단순히 정보를 나열한 것이 아니라, 감정과 신뢰를 동시에 자극하는 '설계된 흐름'입니다. 학부모가 처음 접하는 앞면에서는 학원의 첫인상이 결정됩니다. 내부 페이지를 통해서는 '이 학원은 시스템이 갖춰져 있다'는 안심을 주고, 뒷면에서는 실질적인 상담 연결로 자연스럽게 이어지도록 디자인하였습니다.

특히 학부모가 리플렛을 직접 읽으며 '여기는 관리가 정말 잘될 것 같다'라는 인상을 받을 수 있도록, 디자인뿐만 아니라 카피 문구에도 세심하게 공을 들였습니다. 감성적인 문구 한 줄이, 정보가 빼곡한 열 문단보다 더 강력한 설득력을 발휘하는 경우가 많기 때문입니다.

예를 들어 '영어·수학 실력 & 성적 맛집' 또는 '위너스의 목표는 간단합니다. 아이들에게 공부의 즐거움을 알려 주는 것입니다.'과 같은 문장은 학부모의 마음을 움직이는 '비언어적 확신'이 됩니다.

캐치프레이즈는 단순한 광고 문구가 아닙니다. 그것은 교육 철학을 녹여낸 문장이어야 하며, 상업적 마케팅 언어가 아니라 '느껴지는 말'이어야 합니다. 학부모는 문장을 '읽는 것'이 아니라, 그 문장이 풍기는 분위기를 읽고, 그 속에서 감정을 느낍니다.

또한 카드 뉴스는 오늘날 가장 효과적인 온라인 홍보물 중 하나입니다.

카드뉴스의 핵심 구성은 다음과 같습니다.

첫장: 질문 또는 문제 제기 (예: "우리 아이, 수학을 포기하려 해요")
중간장: 공감 → 문제 분석 → 해결 방향 → 우리 학원의 특장점 제시
마지막장: 학원명, 상담 안내, 방문 유도 문구

이 순서는 '논리적 설득'이 아니라 '감정의 흐름'입니다. 사람들은 단순히 정보를 보고 행동하지 않습니다. 공감을 느끼고, 마음이 움직일 때 행동합니다.

첫 장에서 던진 질문이 학부모 자신의 상황과 맞닿아 있을 때, 학부모는 잠시 멈춰 서게 됩니다. 중간 장에서 자신이 느낀 불안을 정확하게 짚어 주면 신뢰가 쌓입니다. 그리고 마지막 장에서 그 문제에 대한 해결책을 제시하는 것이 우리 학원이라면, 등록으로 이어지는 연결은 자연스러

워집니다.

카드 뉴스를 SNS에 게시하는 타이밍도 중요합니다. 저녁 9시에서 11시 사이, 학부모가 아이를 재우고 스마트폰을 보는 시간이 가장 반응이 좋습니다. 또한 절대 한 번만 올리지 마십시오. 같은 내용을 일정한 간격으로 반복 노출하는 것도 훌륭한 전략입니다. 사람은 익숙한 것에 더 큰 믿음을 갖기 마련입니다. 일관된 메시지, 반복된 이미지, 누적된 노출이 결국 '신뢰'로 전환됩니다.

지금 이 순간에도 누군가는 검색창에 "초등 수학 전문 학원"을 입력하고 있을 수 있습니다. 중요한 것은 검색 결과에서 가장 먼저 뜨는 것이 아니라, 학부모의 머릿속에 가장 먼저 떠오르는 학원이 되는 것입니다. 그리고 그것을 가능하게 하는 것이 바로 반복 노출과 디자인의 힘입니다.

로고 하나로 기억에 남는 학원이 됩니다
— BI는 말보다 오래갑니다

마지막으로 다시 한 번 강조드리고 싶은 것이 있습니다. 그것은 바로 BI(Brand Identity)입니다. 우리는 리플릿 한 장만으로 승부를 보는 시대에 살고 있지 않습니다. 오늘날은 로고 하나로 학부모의 기억에 학원의 인상을 각인시키는 시대입니다.

로고를 제작할 때, 단순히 디자인 업체에 맡기고 결과물을 받는 것으로 끝내서는 안 됩니다. 그 안에 어떤 메시지를 담을 것인지, 학원의 철학이 무엇인지, 사용되는 색상 하나하나에 어떤 의미를 부여할 것인지를 충분히 고민해야 합니다. 로고는 단순한 시각 요소가 아니라, 학원의 정체성을 압축한 시각 언어이기 때문입니다.

예를 들어, 저희 위너스영수학원의 로고는 짙은 네이비 색상과 골드 색상을 조합하였습니다. 네이비는 깊이 있는 신뢰감을, 골드는 품격과 책임을 느낄 수 있도록 설계했습니다. 이 로고는 현수막, 브로슈어, 블로그, 명함, 교재 등 모든 홍보물에 일관되게 적용되고 있습니다. 이를 통해 학부모가 '위너스'라는 이름만 들어도 동일한 이미지가 즉시 떠오르도록 만들었습니다.

로고는 단순히 '예쁘게 만든 심벌'이 아닙니다. 그것은 학원의 철학과 운영 정신을 담은 '도장'과도 같습니다. 학부모는 무의식중에 이 도장을 보고 "이 학원은 믿을 수 있는 곳"이라는 확신을 갖게 됩니다.
저는 실제 상담 과정에서 로고에 대한 피드백을 자주 받습니다.

"로고 색이 안정감을 줍니다."

"홈페이지와 현수막, 그리고 리플릿의 이미지가 모두 동일해서 믿음이 갑니다."
이러한 말들은 디자인의 일관성이 신뢰의 출발점임을 보여 줍니다. 시각적 통일성은 학부모에게 안정감과 준비된 이미지를 전달하는 강력한 도구입니다.

지금 이 시점에서, 우리 학원의 '간판'을 다시 점검해 보시기 바랍니다. 메뉴판이 없는 식당에 손님이 쉽게 발걸음을 하지 않듯, 학부모 또한 첫 이미지가 불분명한 학원에는 쉽게 마음을 열지 않습니다. 학부모가 우리 학원을 처음 바라보는 시각적 이미지인 카드 뉴스, 브로슈어, 리플릿, 그리고 학원의 BI가 중요한 이유입니다.

학원을 진정한 '브랜드'로 만드는 이 마케팅 무기들을 적극적으로 활용하시기 바랍니다. 원장님의 학원은 이미 충분히 자랑할 만한 가치와 경쟁력을 가지고 있습니다. 이제 그것을 세련되게, 강력하게, 그리고 일관되게 보여 주는 일만 남았습니다. 그 시작은 바로 디자인입니다.

학원, 이대로만 하면 된다

ROI(Return On Investment=투자수익률) 중심의 지역 광고 운영 노하우

광고, 믿을 수 없다고요?
그래서 더 전략이 필요합니다

많은 원장님들께서는 온라인 광고에 대하여 여전히 두려움과 의심을 가지고 계십니다.

"정말 효과가 있을까?", "광고만 돌려 놓으면 학생들이 들어올까?", "그 돈이면 차라리 전단지를 한 번 더 찍겠다"라는 이야기를, 저는 수없이 들어 왔습니다.

그러나 저는 단호히 말씀드립니다.

지역 기반 온라인 광고는, 전략만 올바르게 수립된다면 전단지, 현수막과 같은 오프라인 마케팅과 결합하여 탁월한 효율을 발휘하는 강력한 무기가 될 수 있습니다.

학원은 본질적으로 '로컬 비즈니스'입니다.

따라서 전국적인 노출은 오히려 역효과를 낳을 수 있습니다.

우리가 노출해야 하는 대상은 내가 속한 지역, 내가 목표로 삼은 학년과 해당 학부모층입니다.

현대의 학부모들은 단순히 검색만 하지 않습니다.

SNS를 확인하고, 맘카페를 살피며, 당근마켓 광고까지도 클릭합니다.

여기서 핵심은, 그 클릭이 실제 등록으로 이어지는 확률이며, 그 결과는 전적으로 '설계'의 완성도에 달려 있습니다.

클릭을 등록으로 바꾸는 기술
—흐름을 시나리오처럼 구성하십시오

제가 학원을 오픈하던 초기, 네이버 지역 광고를 하루 2,000원의 예산으로 집행한 적이 있습니다.

당시 전단지를 3만 장이나 배포했음에도 반응은 거의 없었습니다.

그러나 광고 키워드를 '부산 연산동 영어학원', '연산중 수학 단과'와 같이 지역과 학년을 정밀하게 설정하고, 클릭 후 연결되는 블로그 글과 상담 유도 문장을 체계적으로 정비하며, 전단지도 병행하여 배포한 후에는 일주일에 5~6건의 상담 문의가 꾸준히 발생하기 시작했습니다.

이후 저는 광고 예산을 점진적으로 늘려 가며, 전환 구조를 정교하게 다듬는 데 집중했습니다.

단순히 클릭을 유도하는 데 그치지 않고, 클릭 이후

광고 → 랜딩페이지 → 상담 유도 → 실제 상담 → 등록으로 이어지는 흐름을 하나의 시나리오처럼 설계했습니다.

물론 이 과정에서 온라인 광고에만 집중한 것이 아니라, 오프라인 광고 역시 병행하였습니다.

이 구조는 단순한 마케팅 이론이 아니라, 원장으로서의 시행착오와 데이터 분석을 통해 직접 체득한 실전 노하우였습니다.

'광고를 했는데 등록이 안 된다'는 말은, 대부분 이 흐름이 제대로 설계되지 않은 경우입니다.

제가 직접 진행한 초반 학원 지원 광고 캠페인에서도, 온라인 광고만 집행한 경우와 온라인·오프라인 광고를 병행하며, 광고 이후 콘텐츠·랜딩 페이지·상담 루트를 완벽히 구성한 경우를 비교했을 때, 등록률이 무려 5배 이상 차이가 났습니다.

오프라인과 온라인 광고,
따로가 아니라 함께

온라인과 오프라인 광고는 경쟁 관계가 아닙니다.

오히려 두 채널을 적절히 함께 배치해야 가장 강력한 시너지가 발생합니다.

저는 항상 이렇게 강조합니다.

"전단지와 현수막은 기본입니다.

그러나 블로그와 SNS에서 본 사람이, 그 전단지를 다시 한번 접하면,

등록으로 이어집니다."

예를 들어, 오프라인에서 전단지를 받은 학부모가 학원 이름이 궁금하여 검색했을 때, 블로그에는 최신 글이 올라와 있고, 인스타그램에는 학원 사진과 분위기가 정갈하게 게시되어 있다면, 그 순간 이미 '이 학원은 뭔가 다르다'는 인식이 심어집니다.

학원명을 검색했을 때 블로그, 네이버 플레이스, 카카오 맵까지 일관되게 노출되는 구조를 만들어 두면, 그것 자체가 브랜드 자산이 됩니다.

저는 전단지에 QR코드를 삽입하여 블로그 글이나 무료 테스트 신청서로 연결되도록 하였고, 당근마켓에는 '동네 학원 이벤트' 형태의 게시물을 올려, 전단지를 본 분이 온라인에서도 동일한 메시지를 접할 수 있도록 하였습니다.

이 방식은 반복 노출을 극대화하여, 단순 노출에서 전환으로 이어지는 확률을 현저히 높입니다.

광고는 끝이 아니라 시작입니다
─실전 사례와 준비 사항

한 번은 5만 원의 광고 예산으로 실험을 진행하였습니다.

학원 홈페이지 없이 블로그만 보유한 상태에서, 당근마켓 지역 타깃 광고를 설정하였고, 대상은 '연산동 35~50세 여성'으로 한정하였습니다.

광고 문구는 '우리 아이 공부 습관, 이번 방학이 기회입니다. 선착순 5명

10만 원 상당의 학습 능력 진단 검사 무료 제공!'.

클릭 시 블로그 포스트로 연결되었으며, 포스트에는 진단 테스트 신청 링크가 첨부되어 있었습니다.

결과는 단 5일 만에 상담 문의 8건, 실제 등록 4명, 등록 1명당 약 12,500원의 비용으로 수십 배의 매출을 달성했습니다.

또 한 번은 겨울 방학을 앞두고, 광고 문구를 단순히 '겨울 방학 특강 모집'이 아닌, '뒹굴 뒹굴 버려지는 3시간, 위너스에서는 습관으로 만들겠습니다'로 변경했습니다.

그 결과, 클릭률이 무려 2.3배 상승했고, 블로그 방문자는 평소 대비 5배 이상 늘어났습니다.

광고 예산은 동일했으나, 표현의 변경 하나만으로 상담률이 뚜렷하게 상승한 사례였습니다.

핵심은 온라인 광고가 끝이 아니라 시작이라는 점입니다.

광고를 본 사람은 1차 관심자일 뿐입니다. 그들을 전단지로 다시 만나고, 블로그에서 한 번 더 설득하며, 맘카페 후기에서 신뢰를 심고, 상담 전화를 통해 마지막 확신을 주는 구조가 반드시 필요합니다.

혹은, 전단지가 첫 접점이 되어, 이후 당근마켓과 블로그를 통해 설득하고, 맘카페 후기를 통해 신뢰를 확립하는 순환 구조도 가능합니다.

광고할 때 반드시 준비해야 할 것들

매력적인 문구: 단순 학원 소개가 아닌 문제 해결형 문구가 효과적입니다.

예) "우리 아이 영어, 왜 늘 제자리일까요?"

랜딩 페이지 구성: 학원 소개, 학습 방식, 실제 수업 사진,

상담 신청 버튼 포함.

(정보 과잉보다는 깔끔한 구조가 중요합니다.)

신뢰 요소 확보: 후기, 수강생 인터뷰, 원장 인사말 등 포함.

리마케팅 구조: 광고 클릭 후 상담하지 않은 대상에게 재노출.

(블로그, 네이버폼, 인스타 가능)

상담 응대 매뉴얼: 클릭 이후 전화 연결 시 응대 멘트와

예약 유도 흐름 사전 준비.

전단지와 QR코드 연동: 전단지에 블로그 글이나

신청 페이지로 연결되는 QR 삽입.

당근마켓 활용법: '연산동 학부모님 선착순 5명, 10만원 상당의

학습진단 검사 무료제공' 등의 게시물로 동네 접점 강화.

광고비는 '지출'이 아니라
'전략적 투자'입니다

많은 원장님들이 광고비를 두려워하는 이유는, "혹시 효과가 없으면 어쩌나"라는 불안 때문입니다.

그러나 저는 확신합니다.

학원 홍보에서 광고비는 마케팅 전투의 총알입니다.

총알을 어디에, 어떻게 쏘느냐가 중요하지, 총알 자체를 아끼는 것은 능사가 아닙니다.

제가 지도한 한 원장님은 광고에 대하여 극도로 부정적인 입장이었습니다.

그러나 블로그 콘텐츠를 정비하고, 당근마켓 광고를 5만 원만 실험해 본 결과, 한 달간 상담 12건, 등록 5건이 이루어졌습니다.

이후 그 원장님은 학원 광고 예산을 별도로 확보하여 매달 온라인 광고를 진행하고 계십니다.

온라인 광고는 시간이 지날수록 누적 자산이 됩니다.

처음에는 반응이 없어도, 블로그 포스팅과 광고 히스토리가 쌓이면, 점차 강력한 기반이 형성됩니다.

예산 대비 효율은 점점 좋아지고, 지역 학부모들 사이에서 '이 학원 광고 또 떴네'라는 인식이 형성되면, 그것만으로도 브랜드 가치가 됩니다.

결국, 온라인 광고는 학원의 '실체 없는 간판'입니다.

간판 없는 가게에 손님이 들어오지 않듯, 노출되지 않는 학원은 선택받을 기회조차 없습니다.

블로그, 인스타그램, 검색광고, 당근마켓, 플레이스…

이 모든 것은 학원의 존재감을 지역 사회에 각인시키는 작업입니다.

잘 설계된 광고 하나는 수천 장의 전단지보다 강력할 수 있습니다.

그러나 그 힘은 전략과 분석, 끊임없는 실험과 개선 위에서만 발휘됩니다.

　이 장에서 제시한 사례와 방법들을 반드시 실천해 보시기 바랍니다.

진짜 광고의 힘은, 직접 실행해 본 사람만이 압니다.

학부모 설명회로 학원을
브랜드로 전환하기

설명회는 브랜드를 각인시키는
'고밀도 이벤트'입니다

학원 설명회는 단순한 모집 수단이 아닙니다.

제대로 준비되고 전략적으로 설계된 설명회는 학부모의 신뢰를 얻고, 학원의 '브랜드'를 형성하는 데 있어 핵심적인 역할을 수행합니다.

이는 원장님의 진정성과 교육 철학, 커리큘럼의 차별성, 관리 시스템의 철저함을 단 한 번에 보여줄 수 있는 자리이기 때문입니다.

즉, 설명회는 학원의 브랜드 정체성을 각인시키는 고밀도 이벤트입니다.

제가 처음 학부모 설명회를 준비했을 때는 단순히 "우리 학원 수업이 얼마나 좋은가"를 알리는 데 집중했습니다.

그러나 그 접근은 실패로 끝났습니다.

학부모님들이 진정으로 궁금해하는 것은 "우리 아이가 여기 다니면 무엇이 좋아질까?", "다른 학원과 무엇이 다를까?"였습니다.

그때부터 저는 설명회를 단순한 발표가 아니라, 설계된 신뢰 구조로 바라보기 시작했습니다.

이후 저는 한 명의 학부모라도 설명회 자리에 앉아 있으면 반드시 진행합니다.

"설명회는 등록을 위한 설명이 아니라, 우리 학원의 신념을 전달하는 가장 강력한 장치"라는 철학 때문입니다.

실제로 단 1명을 위해 진행한 설명회에서, 그 학부모님의 소개로 4명의 원생이 연달아 등록된 경험도 있었습니다.

따라서 설명회는 결코 '규모'로 판단해서는 안 되는 자리입니다.

소수정예도 괜찮다
—진심이 통하면 전환은 따라옵니다

저는 지금까지 다음과 같은 설명회를 꾸준히 진행해왔습니다.

초등생 학부모 대상 '진짜공부' 설명회

단순 성적 향상이 아니라, 아이가 공부를 '왜' 해야 하는지를 전하는 설명회입니다. 공부 습관, 성취 경험, 인지 구조 등 실질적인 학습 동기를 이끌어주는 구조로 설계되어 있습니다. 학부모님들은 이 설명회를 통해 아이의 공부에 대한 시각이 바뀌는 계기를 얻게 됩니다.

"학원에서 수학만 가르치는 줄 알았는데, 아이의 사고력과 책임감을 키워주는 방식에 감동받았다"는 피드백을 자주 받습니다.

방학 특강용 '뒹굴뒹굴 버려지는 3시간' 설명회

방학 중 집중력 저하와 무기력함을 막기 위해 구성된 프로그램입니다. '방학 중 공부 루틴 만들기'를 핵심 주제로 하여, 학부모가 방학 기간 동안 아이를 어떻게 관리할 수 있을지를 명확하게 이해하도록 합니다. 실제로 이 설명회 이후 등록 전환율은 70%에 달했습니다.

예비고 대상 '고등학교 이렇게 선택합시다' 설명회

중3 학부모와 학생들을 대상으로, 고등학교 선택 전략, 고교학점제, 내신 관리, 입시 흐름 등을 구체적으로 안내합니다. 학부모의 불안감을 해소하고, 진로 설계 방향을 명확히 제시하여 신뢰를 확보합니다.

이처럼 목적이 분명한 설명회는 정확한 타깃층에게 깊은 신뢰를 주고, 등록 전환율을 극대화할 수 있습니다. 설명회를 통해 학부모의 불안을 이해하고, 그 불안에 정확히 응답하는 콘텐츠를 제공해야 합니다.
한 명을 위해 준비하더라도, 그 한 명이 학원 전체 분위기를 바꿀 수 있습니다.
　설명회는 '전환의 마법'이 일어나는 공간입니다.

설명회의 본질은 커리큘럼이 아니라
질문에 대한 '해결 제시'입니다

많은 원장님들이 설명회를 학원의 커리큘럼을 보여주는 자리라고 생각합니다. 그러나 실제로는 학부모가 궁금해하는 '자녀 교육의 문제 해결'을 중심에 두어야 합니다.

　다음과 같은 질문에 답을 제시할 수 있어야 합니다.

- 아이가 공부에 흥미가 없는데 어떻게 동기를 유발하나요?
- 초등 시기에 무엇을 어떻게 준비해야 중등에서 잘할 수 있나요?
- 수학 문제는 푸는데 왜 시험에서는 점수가 안 나오나요?
- 고등학교는 어떻게 선택하는 것이 현명한가요?

이러한 질문들에 답하는 방식으로 설명회를 구성하면, 학부모의 몰입도가 높아지고, 설명회 이후 "이 원장님은 다르다"는 인식을 얻게 됩니다. 중요한 점은, 이 질문에 대한 답을 학원의 시각에서가 아니라, 학부모의 눈높이에서 풀어야 한다는 것입니다.

예를 들어, 수학 성적이 오르지 않는 이유를 설명할 때 '개념 부족'이나 '기초 부족'이라는 말보다, "시험에서는 시간이 부족하여 실수하는 경우가 많고, 이는 연습과 전략 훈련을 통해 극복할 수 있습니다." 와 같이 접근하는 것이 좋습니다.

이렇게 하면 학부모는 즉시 적용 가능한 해결책으로 받아들이고, 학원의 역할을 명확히 인식하게 됩니다. 또한 설명회는 정보 제공의 시간이 아니라, 감정적 공감과 해결책 제시의 시간임을 잊지 말아야 합니다.

설명회 자료는 '결정의 순간'을 위한 브랜드 자산입니다

저는 항상 이렇게 강조합니다.

"설명회 자료가 곧 학원의 얼굴입니다."

PPT 자료는 반드시 브랜드 컬러, 로고, BI를 반영하고, 내용 구성은 논리적이며 설득력 있어야 합니다.

글자가 빽빽한 자료는 지양하고, 시각자료 중심, 사례 중심, 전환 중심으로 구성하는 것이 좋습니다. 학부모는 강의를 들으러 오는 것이 아니라, 결정할 이유를 찾으러 오는 것임을 잊지 말아야 합니다.

제가 운영하는 설명회 자료는 보통 20~25페이지 전후로 구성되며, 각 슬라이드에는 한 문장 슬로건과 핵심 이미지를 배치합니다. 예를 들어, '진짜공부' 설명회에서는 "진짜공부를 위한 공부체력 만들기"라는 문구와 함께, 학생의 학습 루틴 이미지, 과제 인증 사례, 시간표 등을 보여줍니다.

이러한 시각적 자극은 학부모의 이해를 돕고, 학원의 브랜드 이미지를 각인시키는 데 큰 역할을 합니다.

설명회는 마케팅의 '완성'이자 관계 구축의 시작입니다

블로그, 전단지, 맘카페, 당근마켓 등으로 유입된 관심 고객은 마지막에 '설명회'라는 관문을 거칩니다. 이 자리가 성공적으로 끝나면, 등록률은 폭발적으로 상승합니다.

설명회는 마케팅의 마지막 10분이자, 성공을 결정짓는 방아쇠입니다. 저의 경우, 설명회 참석자의 평균 60~80%가 등록으로 이어졌습니다.

단, 반드시 기억해야 할 점이 있습니다.

설명회는 진심이 느껴져야 합니다. 말 한마디, 눈빛, 목소리 톤까지 학부모님들은 세심하게 관찰합니다.

"이 원장님이라면 우리 아이를 맡겨도 되겠다." 라는 확신을 주는 설명회가 바로 브랜드 설명회입니다.

설명회가 끝난 뒤에도 후속 조치는 필수입니다.

피드백 설문 수집/추가 질의응답/1:1 상담 유도 메시지/리마인드 메시지 발송

저는 설명회가 끝나면 감사 인사 문자와 함께 간단한 설문 링크를 보내, 만족도와 궁금증을 수집합니다. 이 데이터는 다음 설명회를 개선하는 데 결정적인 역할을 합니다. 또한, 참석하지 못한 학부모에게는 설명회 요약본이나 영상 링크를 제공합니다.

설명회는 단순한 이벤트가 아닙니다.

그것은 학원의 정체성과 진심을 학부모의 마음에 심는 가장 강력한 방식입니다. 잘 준비된 설명회 하나가 원생 모집의 판도를 바꾸고, 학원을 지역 내에서 신뢰받는 브랜드로 성장시킬 수 있습니다.

매 설명회를 마지막 설명회라는 각오로 준비하십시오.

단 한 명의 학부모 앞에서도 감동을 줄 수 있다면, 그 감동은 반드시 학원의 성장으로 돌아올 것입니다.

커뮤니티, 단톡방, 문자 마케팅의
성공 사례

관계가 곧 마케팅이다
—학원 운영의 새로운 패러다임

지금 시대의 학원 마케팅은 단순한 홍보나 광고로 끝나지 않습니다. 학원 운영의 핵심은 결국 '관계'이며, 이 관계는 세심하고도 지속적인 커뮤니케이션을 통해 형성되고 유지됩니다.

특히 원장님이 직접 학부모와 소통하는 방식은 단순한 정보 전달을 넘어, 신뢰 구축과 브랜딩의 출발점이 됩니다.

이 절에서는 실제 운영 사례와 함께 실전적인 노하우를 깊이 있게 공개하고자 합니다.

커뮤니티 마케팅
—작은 대화가 큰 신뢰를 만든다

학원 홍보에 있어서 지역 기반 커뮤니티는 여전히 막강한 힘을 발휘합니다. 대표적인 예로 맘카페, 아파트 커뮤니티 밴드, 동네 카카오톡 오픈채팅방, 당근마켓 지역 게시판 등을 들 수 있습니다.

하지만 많은 원장님들이 이 플랫폼을 단순히 '전단지처럼' 사용하고는 반응이 없다며 실망하시곤 합니다.

그러나 커뮤니티는 '대화의 장'이지 '광고 게시판'이 아닙니다.

효과적인 커뮤니티 마케팅은 철저히 '참여형'입니다. 먼저 대화에 참여하고, 교육에 대한 고민을 함께 나누며 신뢰를 쌓아야 합니다.

저 역시 맘카페에서 교육 고민 글에 전문가적 관점으로 댓글을 남기거나, 학원에서 실제 적용한 사례를 자연스럽게 공유하는 방식을 자주 활용하고 있습니다.

예를 들어 "초등 5학년 아이가 영어 단어 외우는 걸 너무 힘들어해요. 좋은 방법 있을까요?"라는 글이 올라오면, 저는 다음과 같이 댓글을 답니다.

안녕하세요. 영어수학학원을 운영하고 있는 위너스영수학원원장 허진혁입니다. 초등 고학년의 단어 암기는 루틴화가 관건입니다. 저희 학원에서는 매일 10분씩 복습하고, 이를 클래스톡톡으로 부모님과 공유하는 시스템을 통해 정착시켜드리고 있어요. 처음은 힘들지만 아이들이 리듬을 타기 시작하면 스스로 단어장을 들고 오기도 합니다.

중요한 점은 단순히 학원을 소개하는 것이 아니라 '아이를 위해 진심으로 고민해주는 전문가'의 이미지를 심는 것입니다. 학원 운영 철학과 시스템을 자연스럽게 녹여내는 것이 관건입니다.

또한 당근마켓의 '동네생활' 탭도 매우 유용한 채널입니다. 학습 관련 글이 많지 않더라도 학원 근처 지역 이슈에 반응하며 존재감을 드러낼 수 있습니다. 지역 축제 정보나 초등학교 운동회 일정 등에 '좋아요'를 누르고 짧은 댓글을 다는 것만으로도 학부모에게 친근하게 다가갈 수 있습니다.

단 한 줄의 댓글이 원장님의 브랜딩이 될 수 있다는 사실, 꼭 기억하십시오. 이 작은 행위들이 쌓여 학부모의 마음속에 신뢰의 씨앗을 심는 것입니다.

커뮤니티 글을 작성할 때는 상업적인 문구보다 일상 언어와 공감을 유도하는 표현을 사용하는 것이 좋습니다.

예를 들어, "우리 아이도 요즘 단어 외우기 싫어하더라고요. 그래서 이런 방법을 써봤어요~"처럼 '나도 같은 입장입니다'라는 메시지를 담는 겁니다.

부모들은 '내 아이 문제를 같이 고민해주는 사람'에게 마음을 엽니다. 그리고 그때 자연스럽게 학원의 존재를 알리는 것이 진정한 마케팅입니다.

단톡방 운영
—우리 학원만의 '관리 채널'을 만드는 법

단톡방은 단순 공지용이 아닙니다. 저는 학생별 단톡방을 통해 학부모와 꾸준히 소통하고 있으며, 이 방은 단지 수업 알림용 공간이 아니라 학부모와 '함께 학습을 관리하는 공간'으로 활용되고 있습니다.

단톡방의 핵심은 '정보 전달'이 아닌 '신뢰 형성'에 있습니다.

특히 금요일의 피드백은 학부모가 놓치기 쉬운 '미세한 변화'를 전달하는 데 집중합니다. 단순히 "잘했습니다"가 아니라, 수업 중의 작은 행동까지 세심하게 캐치하여 전달합니다.

"이번 주는 민수가 평소보다 손을 많이 들었습니다. 문법 문제에서 '왜 이렇게 되는 거예요?'라고 질문하는 장면이 인상 깊었습니다. 사고의 깊이가 생기고 있는 시점입니다."

이처럼 단톡방을 통해 단순한 수업이 아닌 '성장 과정'을 함께 공유하는 방식은 중도 퇴원율을 현저히 낮추는 효과가 있습니다.

실제로 저희 학원에서는 단톡방을 운영한 이후, 초등부 퇴원율이 거의 "제로"에 가깝습니다

물론 처음에는 다소 부담스럽게 느껴질 수도 있지만, 단 5분만 투자해도 학부모와의 신뢰를 유지하는 데 큰 도움이 됩니다. 단톡방은 '정보 전달'이 아니라 '관계 유지의 루틴'으로 인식해야 합니다.

문자 마케팅
— 짧지만 강렬한 '감동의 메시지'

저는 매일 하루에 3명에서 5명의 학부모님께 짧은 문자 메시지를 정성껏 전송하고 있습니다. 이 메시지들은 단순한 홍보나 공지 차원을 넘어, '감동을 전하는 짧은 기록'이 될 수 있도록 구성합니다. 특히, 자녀들의 작지만 소중한 변화에 주목한 문장은 학부모님의 마음을 깊이 울리고, 학원에 대한 신뢰와 감동을 자연스럽게 형성해 줍니다.

예를 들어, 다음과 같은 메시지입니다.

"안녕하세요. 오늘 수업 시간에 서연이가 단어 시험을 예상보다 어렵게 느꼈는지 잠시 눈가가 촉촉해졌습니다. 그런데 곧바로 다시 교재를 꺼내 복습을 시작하는 모습이 너무 기특했습니다. 오늘 서연이가 집에 도착하면 시험 결과보다는 너무너무 수고했다고 꼭 칭찬해 주세요."

이처럼 아이의 작은 변화 하나도 놓치지 않고 부모님께 따뜻하게 전달해 드리면, 학원은 단순한 교육 기관이 아니라 '아이의 성장을 함께 지켜보는 동반자'로 인식됩니다. 이러한 정서적 연결은 곧 학원에 대한 신뢰로 이어지고, 나아가 지인 소개와 긍정적인 입소문으로 확산됩니다. 실제로 저희 학원은 이 문자 마케팅을 통해 소개 등록률이 눈에 띄게 증가한 경험이 있습니다.

문자를 전송하는 '타이밍' 또한 중요합니다. 아침 등교 이후 집안 정리를 어느 정도 마친 이후인 오전 11시 전후, 또는 하루 일과가 마무리되는 오후 5시에서 6시 사이가 가장 효과적인 시간대입니다.

짧은 문자라도 반드시 '진심'이 담겨 있어야 하며, 부모님의 마음을 움직이는 감동은 그 진정성에서 비롯됩니다.

또한 저는 매일 작성하는 블로그 글 중에서, 학부모님들과 공유하면 도움이 될 만한 내용을 발견하면 링크를 함께 전달하기도 합니다.

"오늘 작성한 블로그 글 중에 학부모님들께도 꼭 공유드리고 싶은 내용이 있어 함께 나눕니다. 자녀 교육에 작은 힌트가 되길 바라는 마음으로 전해 드립니다."

이러한 방식으로 저희 학원의 교육 철학과 수업 일상, 그리고 아이들의 변화를 꾸준히 보내 드리며, 재원생 학부모님들과의 신뢰를 더욱 깊게 쌓아 가고 있습니다. 학부모님들이 '우리 아이가 다니는 학원에서 정말 진심으로 정성껏 봐주는구나'라는 인상을 받을 수 있도록, 한 통의 문자에도 깊은 고민과 진심을 담고자 노력하고 있습니다.

진심이 만든 관계, 관계가 만든 전환

블로그, 전단지, 설명회가 외부를 향한 마케팅이라면, 커뮤니티, 단톡방, 클래스톡톡은 내부 마케팅, 즉 '관계형 마케팅'입니다. 그리고 이 내부 마케팅이야말로 광고보다 더 강력한 전환력을 지니고 있습니다.

학부모의 마음을 사로잡고, 충성도를 만들고, 장기 고객을 확보하는 것. 이것이야말로 진정한 브랜드의 힘입니다. 학원의 미래는 단순히 '학생 수'가 아니라, '신뢰의 자산' 위에 세워져야 합니다.

마케팅은 전쟁이지만, 전환은 감동이 만듭니다. 관계는 자산이고, 진심은 그 자산의 수익률을 결정합니다.

매일 꾸준히, 정성껏, 진심으로 운영하는 클래스톡톡 보고서, 단톡방 한 줄 메시지, 문자 한 통이 결국 연 순이익 1억 원을 넘어 3억 원 이상까지 가는 출발점이 됩니다.

이 관계의 깊이와 관리의 정성, 그것이야말로 '성공하는 학원'의 본질입니다.

5

원생 모집,
끊임없는 성장 엔진 만들기

학원, 이대로만 하면 된다

원생 모집,
끊임없는 성장 엔진 만들기

모집은 학원의 생명선이다
― 생존을 위한 전략적 사고 전환

"모집은 마케팅의 끝이 아닙니다. 학원의 시작입니다." 이 문장은 단순한 선언이 아니라, 원장이라면 반드시 가슴 깊이 새겨야 할 운영 철학입니다. 학원이라는 조직은 숫자로 살아가는 시스템입니다. 등록 인원, 유지율, 전환율…. 이 모든 지표의 출발점은 신규 원생의 모집입니다. 아무리 수업이 훌륭하고, 내부 시스템이 정교하더라도 신규 등록이 없으면 그 모든 노력은 운영의 바깥에서 증발하고 맙니다.

현장에서 이런 말을 자주 듣게 됩니다. "이 동네는 원래 학원이 안 돼요", "요즘은 원장들이 직접 나서도 안 돼요", "맘카페도 먹히질 않아요"…와 같은 힘 빠지는 이야기들.

캡틴인 저도 과거엔 그런 벽 앞에서 수없이 좌절한 경험이 있습니다. 그러나 결국 저를 다시 일으킨 힘은 단 하나였습니다.

바로, 공격적인 모집 전략. 그리고 절대 쉬지 않는 실행.

'365일 모집 시즌'
― 공격은 최선의 방어다

많은 원장님들이 원생 모집을 계절성 이벤트처럼 여기십니다.

학기 초, 방학 시즌, 시험 전후 등 특정 시점에만 홍보에 몰두하고, 그 외 시간에는 조용히 시간을 보냅니다.

그러나 이 전략은 실상 가장 위험한 방법입니다.

진짜 잘되는 학원은 365일, 매일이 모집 시즌입니다.

모집은 '호흡'입니다. 끊기면 죽습니다. 학원은 원생이 있어야 매출이 발생하고, 그 매출이 있어야 선생님 인건비도 나가고, 시설비도 유지되고, 교재도 구입할 수 있습니다.

결국 학원의 본질은 '모집력'이라는 말이 결코 과장이 아닙니다.

저는 개인 사무실 벽에 이렇게 적어 두었습니다. "모집은 실력이다. 도망치지 말자. 정면 돌파하자." 모집 전쟁은 피한다고 사라지지 않습니다. 오히려 미루면 미룰수록 학원은 서서히 침몰합니다.

겉이 아니라 '원장의 사기'부터 무너집니다. 원장이 꺾이면 강사도 흔들리고, 수업의 질도 떨어집니다. 결국 원생 모집은 학원 전체 시스템의 중심에 있는 가장 중요한 축입니다.

그리고 시간이 지나면 반드시 이런 후회가 찾아옵니다. "조금만 더 열심히 홍보할걸…. 그땐 할 수 있었는데 왜 망설였지…." 그리고 그 후회는 결국 3개월, 6개월, 1년 뒤의 퇴원률로 돌아옵니다.

초기 모집이 약하면 후속 관리도 흔들리고, 브랜드 가치와 인지도를 쌓을 기회를 놓치고 맙니다.

알려야 살아남는다
─시대가 바뀌었다

저는 이렇게 말합니다. "공부 잘 가르쳐서 학원 잘되는 시대는 지났습니다. 이제는 잘 알려야 잘되는 시대입니다." 같은 실력을 가진 두 원장이 있다고 해도, 한 명은 잘 알려졌고 한 명은 숨어 있다면 결과는 천지 차이입니다.

등록 인원 10명으로 시작한 학원과, 30명으로 시작한 학원의 1년 뒤 모습은 상상 이상으로 다릅니다. 30명은 시스템을 돌릴 여유를 만들고, 강사와 행정 직원을 둘 수 있는 자원이 되며, 레벨 편성을 할 수 있는 기반이 됩니다. 반면 10명은 매일을 불안에 시달립니다.

수업 외 시간의 절반을 홍보에 쏟아야 하고, 고정비에 쫓겨 사는 운영이 반복됩니다.

그래서 저는 오픈할 때마다 원장님들께 강조합니다. "처음 30명을 어떻게 채우느냐가 전부를 좌우합니다. 죽을 각오로 뛰십시오. 그게 오픈의 전부입니다."

실행은 말보다 빠르게,
몸으로 실천하는 공격 마케팅

전단지를 들고 배포 업체와 함께 하루 10,000장을 돌려도 문의가 오지 않을 때, 인간은 흔들릴 수밖에 없습니다. '이게 맞나?' 싶고, 포기하고 싶습니다. 하지만 진짜 잘되는 학원은 그 순간을 '더 달리는 타이밍'으로 삼습니다. 그럴 때 저는 인간 배너가 되어 상가 밀집 지역을 돌고, 초등학교 앞에서 어깨에 배너를 메고 인사하며 전단지를 돌렸습니다. 비 오는 날에는 비닐 포장한 리플릿을 들고 우편함을 채우고, 주말이면 놀이터를 돌며 학부모와 눈을 마주치며 짧은 인사를 건넸습니다. 왜 그렇게까지 했냐고요? 단순합니다. 살아남기 위해서였습니다.

학원도 '오픈발'이 결정적인 업종입니다. 오픈 시점부터 3개월 안에 궤도에 오르지 못하면, 그 학원은 살아남기 어렵습니다. 대부분의 성공 학원은 오픈 직후, 빠르게 30~50명을 채우고 기세를 타기 시작합니다.

저는 이 장에서 실제로 효과를 본 공격적인 모집 전략, 상담 시나리오, 슬로건 마케팅, 학부모 대응법, 학년별 맞춤 전략을 모두 공개하겠습니다. 누구나 따라 할 수 있고, 무엇보다 현실적으로 실행 가능한 방법입니다. 원장님들이 이 책을 읽으며 '이렇게까지 해야 하나?' 싶을 만큼 디테일하고 철저한 전략을 담은 이유는 단 하나. 그렇게까지 하지 않으면 살아남기 어렵기 때문입니다.

모집은 선택이 아닙니다. 학원을 살리는 생존 전략입니다.
제가 간절히 부탁드립니다. 이 장을 진심으로 읽어 주시고, 실제로 실행해 주시길 바랍니다. 단 한 명의 신규 등록이, 내년에는 학원의 구조 자체를 바꿔 놓는 전환점이 될 수 있습니다.

그리고 반드시 기억하십시오. 이 전략은 단지 숫자를 채우기 위한 것이 아닙니다. 원장님의 자존감, 강사들의 사기, 학부모의 신뢰를 모두 높이는 첫 단추가 바로 '공격적인 모집'입니다.

원생이 들어오는 학원은 살아남습니다. 강사도 즐겁고, 학부모도 믿고, 수업도 빛납니다. 이 선순환의 시작은 바로 원장님의 '결단'에서 시작됩니다.

지금부터 함께 만들어 보겠습니다. '끊임없이 원생이 모집되는 학원', '비수기에도 전환되는 시스템', 그리고 '처음 30명으로 시작해 100명, 200명으로 가는 성장 로드 맵'을 말입니다.

비수기에도 학생이 모이는
학원의 비밀

모두가 멈추는 시간에 움직이면,
당신만이 보입니다

"원장님, 요즘은 비수기라서 사람도 안 다니고, 상담도 없어요." 제가 학원 원장님들과 상담을 할 때 빠지지 않고 듣는 말입니다.

하지만 저는 단호하게 이렇게 말씀드립니다. "비수기는 존재하지 않습니다. 비수기는 원장이 만든 환상일 뿐입니다."

사실 많은 원장님들이 '1~2월은 새 학기 준비로 움직이기 어렵다', '5~6월은 시험 기간이라 다들 조용하다', '10~11월은 연말이라 학부모 관심이 떨어진다'는 말을 반복합니다.

그런데 정말로 그 시기에 학생이 전혀 모집되지 않는 걸까요? 아닙니다. 분명히 그 시기에도 꾸준히 상담이 들어오고, 등록이 이어지는 학원들이 있습니다.

그 차이는 단 하나, 움직였느냐, 멈췄느냐의 차이입니다.

제가 학원을 운영하면서 가장 많이 전단지를 돌린 시기가 언제였는지 아십니까? 바로 6월, 그리고 11월이었습니다. 대부분의 학원들이 "이 시기는 조용히 지나가야 해"라고 생각할 때, 저는 새벽 6시 30분에 아파트 단지 앞에 서 있었습니다. 등에는 학원 배너 가방을 메고, 손에는 전단지를 들고, 셔츠는 다림질까지 마친 상태였습니다. '학원 원장'이 아니라 교육 서비스의 세일즈 책임자라는 마인드로, 학부모님 한 분 한 분께 전단지를 전해 드렸습니다.

그리고 놀랍게도, 이런 시기에 전단지를 받은 학부모님들이 한결같이 하시는 말씀이 있었습니다. "이 시기에 전단지를 돌리는 학원은 처음 봤어요." 바로 이 멘트가 기회라는 증거입니다.

아무도 움직이지 않는 시기에 내가 움직이면, 단 한 번의 노출로도 확실한 인상을 남길 수 있는 것, 이것이 바로 비수기의 본질입니다. 시장이 멈췄다고요? 아닙니다. 사람들의 시선이 보이지 않는 것뿐입니다.

학부모들은 늘 정보를 원하고, 아이를 어떻게 공부시킬지 고민하고 있습니다. 문제는 그 고민을 자극해 줄 자극자가 없다는 겁니다. 그 자극자가 바로 원장님이 되셔야 합니다.

설명회는
'브랜드 메시지 전달의 절대 무기다'

저는 설명회를 자주 진행합니다. 심지어 단 한 명의 학부모님이 오셔도 저는 설명회를 강행합니다. 왜냐고요? 그 1명이 5명을 소개시켜 줄 수 있기 때문입니다. 그리고 더 중요한 이유는, 설명회는 단순히 커리큘럼을 설명하는 자리가 아니라, 학원이라는 브랜드의 철학과 방향성을 학부모의 마음에 각인시키는 시간이기 때문입니다.

설명회는 무조건 '학부모가 듣고 싶은 이야기'로 구성해야 합니다. '우리 학원은 어떻게 수업을 하고, 어떤 시스템을 갖추고 있습니다'라는 말은 의미 없습니다. 오히려 '지금 이 시기에 우리 아이는 어떻게 공부를 시작해야 할까?', '다들 사교육 하는데 우리는 어떻게 대처해야 하나요?'라는 불안과 궁금증을 해결해 주는 정보가 설명회의 핵심이 되어야 합니다.

실제로 제가 진행한 설명회 중에서 가장 인상 깊었던 건 "지금 잡아야 중1 수학이 산다"라는 주제였습니다. 초5, 초6 학부모님들을 대상으로 진행했는데, 총 6명이 참석했고, 그중 4명이 당일 등록을 결정했습니다. 설명회 내용은 철저하게 '중1 수학이 왜 어려운지', '초등 연산 훈련이 어떻게 중등 수학과 연결되는지'를 체계적으로 설명했고, 학부모님들은 자신들의 아이가 위험한 길을 갈 수 있다는 현실 인식 속에서 강하게 반응했습니다.

특히 설명회 마지막에는 이런 문장을 강조했습니다. "지금이 아니면 기회는 없습니다. 아이가 중학교에 가고 나서 후회하는 학부모님을, 저는 수도 없이 봤습니다."

이런 메시지는 곧바로 신뢰와 연결됩니다. 학원 설명회는 제품 설명이 아니라 고객의 불안을 해소하는 솔루션 제안 시간입니다. 따라서 원장님은 강연자이자, 해결사여야 합니다.

비수기는 쉼이 아닌 '시스템 리빌딩의 시간'

비수기를 그저 조용히 보내는 시간으로 여기지 마십시오. 오히려 성수기를 대비해 시스템을 점검하고, 완전히 리빌딩하는 시간으로 삼아야 합니다.

캡틴은 비수기에 블로그 콘텐츠를 2배로 늘렸습니다. 하루 1포스팅이 아니라 하루 2포스팅으로 전략을 전환했습니다.

또한 원생 관리를 위한 상담 스크립트를 새롭게 정비하고 학원 리플릿을 리디자인했습니다. 학원의 장점이 한눈에 보이도록 재구성했고, 학부모들의 마음을 움직일 문장을 도입부에 넣었습니다.

마지막으로 BI 디자인을 전면 교체했습니다. 학원의 색깔을 정확히 반영하고, 전문성과 신뢰를 주는 심벌로 바꿨습니다.

비수기란 정비의 시간이며, 리포맷의 시간입니다. 아무것도 하지 않으면 다음 시즌도 달라지지 않습니다. 하지만 제대로 정비하면 다음 시즌은 완전히 다른 결과를 가져옵니다.

비수기란 없습니다. 멈춘 원장만 있을 뿐입니다.

움직이는 자는 살아남고, 멈춘 사람은 사라집니다. 원장님들이 지금 할 수 있는 건, 단 한 걸음이라도 앞으로 가는 것입니다.

학원, 이대로만 하면 된다

상담 -> 등록
전환율 90%를 만드는 기술

상담은 정보 전달이 아닌, 감정을 설계하는 일이다

"상담 등록 전환율이 너무 낮아요." 많은 학원 원장님들이 이렇게 말합니다. 학부모님과 상담은 잘된 것 같은데, 정작 돌아간 후엔 연락이 없고, 등록은 흐지부지. 상담만 몇 번 하고 끝나는 경우가 반복되면, 원장님 입장에서는 자존감까지 흔들리게 됩니다.

하지만 상담이 등록으로 이어지지 않는 이유는 단 하나입니다.

상담이 설득이 아니라, 정보 전달로 끝났기 때문입니다.

상담은 설명이 아닙니다. 구매 유도도 아닙니다. 상담은 결심을 이끌어 내는 감정 설계입니다. 아무리 커리큘럼이 좋아도, 아무리 강사가 훌륭해도, 상담에서 학부모의 감정을 건드리지 못하면 등록은 일어나지 않습니다. 전환율 90%. 그건 우연이 아닙니다. 오랜 시간 현장에서 쌓아 온 전략과 시스템, 그리고 진심이 만들어 낸 결과입니다. 지금부터 그 방법을 하나하나 풀어 보겠습니다.

상담은 시작 전에 이미 70%가 결정된다
—첫 3초, 첫 3분의 법칙

상담은 이미 시작 전에 결과가 70% 정도 결정됩니다. 상담 예약 전화 응대에서부터 말투, 목소리의 온도, 약속 시간의 정중함까지. 이 모든 것이 이미 신뢰의 첫 벽돌입니다.

상담실 세팅은 전쟁 전 병참 기지 구축입니다. 깨끗하게 정돈된 책상, 시선이 닿는 위치에 있는 성적 향상 사례집, 아이들의 실명(또는 이니셜)을 가린 후기 파일, 그리고 상담 준비 키트(브로슈어, 상담자 명함, 학부모 메모지, 대봉투 등)가 준비된 테이블. 부모는 본능적으로 '이 사람이 우리 아이를 어떻게 대할 것인가'를 환경에서 감지합니다.

제가 처음 학원 상담을 할 때, 너무 바빠서 책상 위에 자잘한 물건이 널려있었고, 상담 중에 교재를 찾느라 몇 번이나 자리를 일어났던 적이 있습니다. 그날의 학부모는, 고개는 끄덕였지만 등록으로 이어지지는 않았습니다. 그때 저는 깨달았습니다. 상담은 말보다 분위기가 먼저다.

그래서 지금은 상담용 전용 공간을 따로 운영합니다. 무조건 앉아서 상담만 할 수 있는 자리. 아이가 오면 옆에 앉을 수 있도록 의자 세팅도 합니다. 상담 전, 상담 기록지에 아이 이름, 학교, 학년, 주요 고민 항목까지 입력해 놓습니다. 학부모는 자리에 앉자마자 느낍니다. "이 학원은 준비가 되어 있구나."

설명보다 중요한 건 '들어주는 태도'

—공감이 신뢰를 만든다

많은 원장님들이 상담에서 열심히 설명합니다. 커리큘럼, 수업 방식, 교재 구성, 월 수업료까지. 설명이 많을수록 좋다고 착각하지만, 설명이 많을수록 오히려 신뢰는 멀어집니다.

부모는 '듣고 싶어' 오는 것이 아닙니다. '들어 주길 바라서' 오는 것입니다. 그들의 불안, 걱정, 혼란, 비교심리를 듣고 공감해 줄 사람을 원합니다. 상담의 핵심은 정보 전달이 아니라 감정 해소입니다.

제가 자주 사용하는 질문은 이렇습니다.

"요즘 아이가 집에서 가장 싫어하는 과목이 뭔가요?"

"학습 때문에 짜증 내는 모습, 최근에도 있었나요?"

"이전에 다녔던 학원에서 만족하지 못했던 점은 뭐였을까요?"

이런 질문은 학부모가 자신의 이야기를 시작하게 만듭니다. 그리고 그 순간, 원장님은 판매자가 아닌 '내 편'이 됩니다. 이것이 신뢰의 시작입니다.

상담은 진단, 그 후엔 처방

—눈에 보이는 계획이 결정을 부른다

상담을 통해 아이의 상태를 진단했다면, 이제 처방을 내려야 합니다.

말로만 "맞춤 수업 해 드릴게요"가 아닙니다. 눈에 보이는 구체적인 제안서와 플랜이 필요합니다.

저는 상담 후 아이의 성향과 현재 상태, 목표에 맞춰 1~3개월 맞춤 커리큘럼을 엑셀 파일이나 PDF로 제작해 바로 학부모 휴대폰으로 전송합니다. 그리고 말합니다.

"어머님, 이건 저희가 아이를 진지하게 분석하고 계획한 것입니다. 지금 등록 여부와는 무관하게 가져가셔서 참고만 해 주세요. 그런데, 저희는 이 플랜을 지금 바로 실행하고 싶습니다."

학부모는 충격을 받습니다. "이 학원은 진짜 준비되어 있구나." 이 감정이 등록으로 이어지는 방아쇠가 됩니다.

그리고 이 커리큘럼에는 우리 학원만의 관리 시스템도 포함되어야 합니다. 단순히 수업 계획뿐만 아니라 매일 제공되는 수업 보고서, 월간 피드백, 평가 시스템까지 함께 담아야 합니다.

클래스톡톡 + 한마디
—'관리 시스템'이 신뢰를 만든다

상담 마지막에 제가 가장 강조하는 것이 수업 보고 시스템입니다. 저희는 '클래스톡톡'이라는 프로그램을 이용하여, 매일 수업이 끝난 후 학부모에게 수업 내용을 카카오톡으로 전송합니다. 그리고 말합니다.

"어머님, 학원에서 뭘 가르치고, 우리 아이가 뭘 배우는지 하나도 놓치지 마십시오."

이 말 한 마디에 학부모는 '안심'합니다. 단순히 수업만 하는 학원이 아니라, 관리하는 학원, 함께 키우는 파트너로 느껴지는 순간입니다. 실제로 클래스톡톡 도입 이후, 우리 학원의 퇴원율은 이사 등의 특별한 경우를 제외하고는 거의 제로에 가깝습니다. 학부모가 아이의 학습 상황을 투명하게 확인하고, 문제가 생기면 선제적으로 대응할 수 있을 것으로 생각해 신뢰가 깊어지는 것입니다. 상담 때 이 시스템을 직접 시연하거나, 과거 예시 보고서를 보여 주면 효과는 배가됩니다.

수강료는 끝이 아닌 시작 — 감정의 온도를 식히지 말자

가장 많은 원장님들이 실수하는 것이 가격 안내입니다. 상담의 마지막을 "수강료는 한 달에 27만 원입니다"로 끝내면, 그 순간 대화가 거래로 바뀌고, 감정의 온도는 싸늘해집니다.

대신 저는 이렇게 말합니다.

"보내 주신 수업료가 절대로 아깝다는 생각이 들지 않도록 잘 가르치겠습니다."라고 말씀을 드립니다. 닭살스럽지만 그 후에 "아이의 시간을 바꾸는 기회비용 27만 원입니다."라는 말을 덧붙일 때도 있습니다.

그 후엔 침묵합니다. 학부모가 고민할 시간을 줍니다. 그리고 추가로 하나 더 던집니다.

"수업료 외에 추가 비용은 없습니다. 수업이 끝나면 수업 보고서 보내

드리고, 중간중간 학습 상담도 진행될 겁니다. 그게 저희가 드릴 수 있는 서비스입니다."

상담의 진짜 마무리는 팔로업
—메시지가 곧 진심이다

상담이 끝났다고 상담이 끝난 게 아닙니다. 그날 밤, 상담 요약 메시지를 보내는 단계가 필요합니다. 메모 형식으로 간단하게 정리해서 카카오톡이나 문자로 보내면, 학부모는 '이 원장님 정말 정성스럽다'고 느낍니다.

[위너스영수학원]
오늘 상담 감사드립니다. 중1 2학기 수학을 걱정하셨는데, 저희가 제안드린 맞춤 플랜 참고해주시고, 궁금한 점 언제든 연락주세요. 클래스톡톡 샘플도 함께 보내드립니다.

그다음 날엔 수업 샘플 교재 PDF, 그다음 주엔 클래스톡톡 수업 보고 예시 캡처 이미지. 이렇게 3단계로 흘러가면 등록하지 않을 이유가 사라집니다.
그리고 일주일 후, 다시 한번 묻습니다.
　"아이 상태는 어떠신가요? 혹시 결정하셨다면 저희가 바로 수업 준비를 시작하겠습니다."

전환율 90%는
기술이 아니라 태도다

제가 수많은 상담을 해 오며 얻은 결론은 하나입니다. 전환율을 결정짓는 건 기술이 아니라 태도입니다. 학부모가 '이 사람은 우리 아이에게 진심이다'라고 느끼면, 수강료가 높아도 등록합니다.

설득하려 하지 마십시오. 진단하고, 공감하고, 해답을 제시하십시오. 팔지 마시고, 돕겠다는 마음을 보여 주십시오.

이 책을 읽는 원장님께 말씀드립니다. 상담은 전쟁입니다. 하지만 이 전쟁에서 이기는 방법은 상대를 제압하는 것이 아니라, 같은 편이 되는 것입니다.

그날의 상담이 그 아이의 인생을 바꿉니다. 진심이 전환율을 만듭니다. 그 진심, 이제 원장님이 보여 주실 차례입니다.

우리 학원의 정체성을 담은
슬로건 제작법

슬로건은 단순한 문장이 아니다
—학원의 기억과 신뢰를 설계하는 문장

"학원 브랜딩의 시작은 슬로건입니다."

지금 이 책을 집어 든 원장님 중 몇 분은 이렇게 생각하실지도 모릅니다.

"슬로건이 그렇게 중요한가요?"

네, 정말로 중요합니다. 이 한 문장이 학원의 정체성을 좌우합니다. 슬로건은 단순한 문구가 아닙니다. 학부모가 우리 학원을 기억하는 방식이자, 입소문이 만들어지는 핵심이며, 상담의 성공률을 좌우하는 무기입니다.

저는 상담 중 학부모가 다른 학원 이야기를 꺼낼 때마다 슬로건을 꺼내며 말씀드립니다. "어머님, 저희 학원은 '우리 아이가 뭘 배우는지 하나도 놓치지 마십시오'라는 철학으로 매일 수업 보고서를 드리고 있습니다. 강의력만 좋은 학원이 아니라, 모든 걸 투명히 보여 드리는 학원입니다."

이 한 마디면, 상담의 흐름이 바뀝니다. 단 한 문장으로 우리 학원의 정체성과 시스템, 신뢰도를 동시에 설명한 것입니다.

슬로건이 간판이다
—학원 브랜딩의 얼굴, '한 줄의 문장'

음식점에 가면 가장 먼저 보게 되는 것이 간판과 메뉴판입니다. 그 간판에 불이 꺼져 있거나, 메뉴판에 메뉴가 뒤죽박죽으로 적혀 있다면 어떤 느낌이 드시겠습니까? 아무리 맛있는 집이라도 다시는 가지 않으려 할 것입니다.

학원도 마찬가지입니다. 간판 역할을 하는 것이 바로 슬로건입니다. 온라인 시대의 간판은 블로그의 상단, 리플릿의 표지, 플래카드의 한 줄, 상담실 벽에 붙은 문장입니다. 슬로건이 없다는 것은, 간판 불을 끄고 영업을 하는 것과 다를 바 없습니다.

슬로건 하나 없이 학원을 운영하는 건, 마치 전쟁터에 총 한 자루 없이 나가는 것과 같습니다. 아무리 실력이 좋아도, 아무리 내부 시스템이 잘 갖춰져 있어도, 외부에 전달할 핵심 메시지가 없다면 그건 '안 보이는 학원'일 뿐입니다.

그리고 지금 시대의 학부모는 검색하고 비교하고 결정합니다. 블로그, 맘카페, 당근마켓까지 모두 훑으며 이 학원은 어떤 메시지를 주는지, 어떤 방향으로 아이를 이끌지 확인합니다. 그 모든 첫인상이 바로 '슬로건'

에서 시작됩니다.

좋은 슬로건이 만들어지는 4단계 공식

슬로건은 감각적으로 '번뜩' 떠오르는 것이 아닙니다. 다음 네 가지 단계를 반드시 거쳐야 합니다.

교육 철학 정립 :

왜 이 일을 하시나요? 아이들에게 어떤 영향을 주고 싶으신가요?

학원의 실제 강점 도출 :

우리 학원은 어떤 시스템이 강점인가요? 학부모가 칭찬하는

핵심 포인트는?

경쟁 학원과의 차별화 요소 명확히 하기 :

우리 동네 다른 학원과 무엇이 다른가요?

강사? 교재? 관리? 보고 시스템?

감성적 메시지로 재구성하기 :

'우리 아이가 뭘 배우는지 놓치지 않게',

'공부를 잘하게가 아니라 즐기게 하는 학원',

'1%의 가능성을 99%로 끌어올리는 수업'

이렇게 단계를 거쳐 도출된 슬로건은 결코 흔하거나 진부하지 않습니다.

원장님 학원만이 가질 수 있는 '정체성의 문장'이 되는 것이죠.

실전 슬로건 사례
—철학이 담긴 한 줄, 상담을 바꾸다

제가 실제 컨설팅을 하면서 만든 슬로건 몇 가지를 소개해드리겠습니다.

"현명한 엄마들의 탁월한 선택" (교육열이 높은 수학학원)
"영재는 태어나는 거지만, 수학1등급은 OO수학에서 만들어집니다" (심화중심 수학학원)
"우리 아이가 뭘 배우는지 하나도 놓치지 마십시오" (위너스영수)
"영어수학 성적향상 맛집" (영어수학학원)

이러한 슬로건은 학원의 운영방식, 철학, 그리고 상담 시 핵심 메시지로 모두 활용됩니다. 상담실 벽면, 블로그 메인 이미지, 리플렛 표지 등 학원의 모든 홍보물에 반복적으로 노출되면서 브랜드를 강화하게 됩니다.

슬로건 + 보고서 = 브랜딩이 신뢰로 작동할 때

저희 위너스영수학원은 '클래스톡톡'을 통해 매일 수업 보고서를 보내드리고 있습니다. 단순한 출결 확인이나 숙제 체크가 아닙니다. 오늘 어떤 단원을 어떤 방식으로 가르쳤는지, 아이의 반응은 어땠는지, 보완이 필요한 부분은 무엇인지 등 강사가 직접 느낀 내용을 가감 없이 보고하는 시스템입니다.

그런 보고서와 함께 슬로건을 함께 사용하는 방식은 이렇습니다.

보고서 하단에 항상 들어갑니다. "우리 아이가 뭘 배우는지 놓치지 마십시오."

블로그 글 제목에도 반복합니다. "오늘도 '놓치지 않는' 하루였습니다."

상담 시 필수적으로 언급합니다. "클래스톡톡으로 이 철학을 매일 실행하고 있습니다."

결과는 놀라웠습니다. 퇴원률이 현저히 줄었고, 상담 후 등록 전환율도 압도적으로 증가했습니다. 왜냐하면 슬로건이 단지 홍보 문구가 아니라 '행동'으로 증명되고 있었기 때문입니다.

슬로건은 BI의 핵심이다
―브랜딩의 정체성은 일관성이다

슬로건이 완성되면, 반드시 BI(브랜드 아이덴티티)와 연결해야 합니다.

로고, 학원 색상, 서체, 심벌 등을 모두 슬로건과 결을 맞춰야 합니다.

이런 일관성이 바로 학원의 신뢰와 기억도를 상승시키는 요인입니다. 제가 실제로 컨설팅한 학원 중 하나는 슬로건을 바꾸고 로고 컬러를 리디자인한 뒤, 상담 전환율이 1.5배가 증가했고, 학부모 대상 설명회 참가율이 3배 이상 늘었습니다.

캡틴의 조언
─슬로건이 학원을 말하게 하라

슬로건 없는 브랜딩은 없습니다. 실패하는 슬로건은 이렇습니다.

다 똑같습니다. '최고의 강사진', '맞춤형 수업'─이런 건 누구나 씁니다.

실제 운영과 운영 방식과 다릅니다. 수업 보고도 안 하는 학원이 '투명한 학원'이라는 슬로건을 쓰면, 오히려 불신을 줍니다.

길고 외우기 어렵습니다. 슬로건은 한 문장, 한숨에 말할 수 있어야 합니다.

지금 이 글을 읽고 있는 원장님의 머릿속에 떠오르는 문장이 하나쯤 있으실 겁니다. 그것이 바로 원장님의 브랜딩 첫 문장입니다.

학부모는 생각보다 쉽게 감동받고, 생각보다 쉽게 기억합니다. 단, 그것이 반복될 때만, 그 감동의 씨앗이 바로 슬로건입니다. 오늘부터, 아니 지금 이 순간부터, 학원의 모든 것에 그 슬로건을 새겨 넣으십시오.

"상담 첫 멘트, 리플릿 첫 문장, 블로그 메인 이미지 텍스트, 학원 입간판,

상담실 벽 문구"

그렇게 한 줄의 슬로건이 학원의 메시지를 만들고, 메시지가 브랜딩을 시작하고, 브랜딩이 매출을 만들고, 매출이 생존을 보장하게 됩니다. 브랜딩은 결국 반복이고, 반복은 슬로건에서 시작됩니다.

이제, 원장님 차례입니다.

"슬로건은 브랜드의 영혼이자,
학원의 운명을 바꾸는 한 문장이다."

— 캡틴

매출을 키우는
학부모 응대 스킬

상담은 끝이 아니라, 응대가 시작이다
—등록은 감정에서 결정된다

"모집은 상담에서 끝나는 것이 아니라, 학부모 응대에서 시작됩니다."
학원에서 매출을 만드는 궁극의 지점은 무엇일까요? 정답은 '상담'이 아닙니다. '응대'입니다. 상담은 시작일 뿐이고, 응대는 관계의 유지이자 매출의 연장선입니다. 실제로 상담이 아무리 좋았더라도, 이후의 학부모 응대에서 불신이 생기면 등록은 무산되고, 등록 이후에도 관계가 멀어지면 곧 퇴원으로 이어집니다.

저는 지금까지 수많은 학부모를 만났고, 직접 발로 뛰며 상담과 응대를 반복해 왔습니다. 학부모는 말로만 설득되지 않습니다. 감정으로 신뢰가 형성되고, 행동으로 신뢰가 유지됩니다. 그 중심에 있는 것이 바로 '응대 기술'입니다. 이 장에서는 등록을 부르는 응대, 퇴원을 막는 관리, 브랜드를 쌓는 신뢰의 커뮤니케이션을 어떻게 실천할 수 있는지를 낱낱이 풀어 드리겠습니다.

상담 후 첫 7일이 매출을 만든다
—실전 응대 루틴 3단계

"선생님, 저 상담은 잘한 것 같은데 등록은 안 하더라고요."

이런 말을 하는 원장님들이 많습니다. 상담만 잘하면 등록될 거라고 생각하는 겁니다. 그러나 학부모는 상담 중에 등록을 결정하는 게 아닙니다. 상담 이후의 대응에서 '이 학원에 맡겨도 되겠다'는 감정이 완성됩니다.

상담 후 감사 메시지를 보낸 적 있으신가요? 학부모가 문의하고 돌아간 뒤, 24시간 안에 감사 문자를 보낸다면 첫 번째 신뢰가 시작됩니다. 그리고 상담 후 3일 이내에 교육 자료를 보내 드리는 겁니다. 우리 학원의 커리큘럼이 아니라, 그 학부모가 궁금해했던 주제에 대해 블로그 링크나 간단한 설명회 자료를 전달합니다. 그리고 일주일이 지나고도 등록이 되지 않았다면 다시 한번 확인 전화 혹은 문자로 연락을 드립니다.

"어머님, 혹시 아직 고민 중이신 부분 있으시면 언제든 문의 주세요. ○○학생과 함께할 날을 기다리고 있습니다."

이러한 일련의 과정들이 상담 이후 '응대 시스템'입니다. 이것이 바로 등록으로 이어지는 결정적인 포인트입니다.

저는 이러한 3단계 상담 후 응대 시스템을 통해 등록률을 눈에 띄게 끌어올릴 수 있었습니다. 말 그대로, '등록은 상담이 아니라 응대가 결정한다'는 말이 틀리지 않습니다.

상담 이후에 아무런 연락이 없으면, 학부모 입장에서는 '이 학원은 나를 그렇게 절실히 원하지 않는구나'라는 느낌을 받게 됩니다. 경쟁 학원에서는 상담 후 하루 안에 전화가 오고, 일주일 안에 입학 축하 메시지와 추가 정보가 도착하는데, 우리 학원은 무반응이라면 이미 신뢰의 줄다리기에서 밀리는 것입니다.

또한 상담 후에는 비등록 추적 리스트를 만들어 두는 것이 좋습니다. 단순히 '등록 안 됨'으로 끝내지 말고, 이유를 메모하고, 언제 어떤 방식으로 다시 접촉할지 구체적인 계획을 짜는 것입니다. 캡틴은 '재접촉 리스트'를 따로 관리하며, 2~3개월 후 시기별 강의 변경, 이벤트, 특강 등을 활용해 다시 연락을 시도합니다.

이처럼 학부모와의 인연을 단절하지 않고 '웅대의 고리'로 이어 가는 것이야말로 매출을 만드는 핵심입니다.

클래스톡톡 보고서는
신뢰를 만드는 매일의 행동이다

상담을 통해 등록이 된 뒤에는 이제 본격적인 '신뢰의 유지'가 필요합니다. 가장 강력한 무기가 무엇일까요? 바로 클래스톡톡 수업 보고서입니다.

저희 학원은 클래스톡톡을 통해 매일 수업이 끝난 직후, 학부모에게 수업 보고서를 발송합니다.

또한 이 보고서는 단순히 정보를 전달하는 것을 넘어, 학부모와의 상호작용 채널로 활용됩니다. 어떤 학부모는 수업 보고서에 대한 피드백을 주고, 아이의 상태를 공유하기도 합니다. 이는 '수동적 등록자'에서 '능동적 교육 파트너'로 학부모의 인식을 전환하는 효과를 줍니다.

매일 보내는 보고서가 부담스럽다면, 최소한 주 2회, 혹은 시험 전후로 정기적인 학습 리포트를 발송하는 것도 큰 도움이 됩니다. 중요한 것은 '지속성'이며, 학부모가 느끼기에 '내 아이를 정말 꼼꼼하게 보고 있구나'라는 확신을 심어 주는 것입니다.

퇴원을 막는 가장 강력한 무기
—선제적 공감, 감정의 예방주사

학원을 오래 운영하다 보면, 가장 무섭고 당혹스러운 순간은 갑작스러운 퇴원 연락입니다. 그런데 그 퇴원은 대부분 갑작스럽게 발생한 것이 아닙니다. 작은 무관심, 작은 불만, 작은 오해가 쌓여서 결국 '폭발'하는 겁니다.

이걸 막는 방법은 딱 하나입니다. 먼저 연락하고, 먼저 감지하고, 먼저 대응하는 것입니다.

저희는 학원 내 수업 상황을 매일 보고받습니다. 선생님이 적어 주는 수업 기록, 학생들의 숙제 제출률, 테스트 결과, 출석률까지 모든 것을 종합해서 매주 금요일마다 '집중 관리 대상'을 체크합니다. 그리고 이상 신호가 감지되면 바로 학부모에게 전화합니다.

"어머님, 이번 주에 ○○이가 약간 무기력한 모습이 보여서요. 혹시 컨디션이나 가정 환경에서 변화가 있었을까요? 알아야 할 부분을 말씀해 주시면 저희가 좀 더 세심하게 살펴보겠습니다."

이러한 선제적 대응은 그 어떤 클레임 대응보다 효과적입니다. 감정이 터지기 전에 공감해 주면, 학부모는 '내 아이를 정말 신경 써 주는구나'라는 인상을 받습니다. 그리고 그런 학원은 쉽게 떠나지 않습니다.

또한 퇴원이 발생했을 때도 단순히 '떠나는 고객'으로 대하지 말고, '다시 돌아올 수 있는 인연'으로 마무리 짓는 것이 중요합니다. 퇴원 시 간단한 전화 인터뷰, 감사 메시지, 향후 재입학 시 혜택 등을 안내해 두는 것만으로도 재등록률이 높아집니다.

퇴원은 방어가 아니라 '복귀 전략'의 일부로 생각해야 하며, 그 시작은 결국 정기적인 응대 시스템과 공감의 기술입니다.

클레임 대응은 감정을 살리는 기술
—이기려 하지 말고 연결하라

가끔은 학부모가 불만을 가지고 연락을 합니다. "왜 이렇게 진도를 느리게 나가나요?", "선생님이 너무 단호한 것 같아요", "우리 아이가 학원에 가기 싫어해요" 등등. 이런 상황에서 가장 나쁜 대응은 '우리는 잘하고 있다'는 방어입니다.

이럴 때는 철저히 '살리기 모드'로 전환합니다.

"어머님, 말씀 주셔서 너무 감사합니다. ○○이의 변화에 대해 더 깊이 살펴보겠습니다. 이런 피드백은 저희에게도 정말 소중한 개선 기회입니다."

이런 식의 대응은 오히려 학부모와의 유대감을 강화합니다. 그리고 반드시 일주일 후 다시 연락을 드려야 합니다.

"어머님, 지난번 말씀해 주신 이후로 ○○이를 더 살펴보고 있습니다. 그날 이후 수업에 이런 긍정적 변화가 있었습니다."

이 한 통의 전화가 불만 고객을 열렬한 팬으로 바꾸는 전환점이 됩니다.

응대는 단순한 대화 기술이 아닙니다. 학원의 철학이 어떻게 전달되고 실행되는지를 보여 주는 브랜딩의 정수입니다. 입시 결과, 시험 성적, 강사진 경력보다 더 강력한 메시지는 바로 학부모가 느낀 '우리 아이를 이 학원에 맡겨도 괜찮겠다'는 감정입니다.

이 감정은 하루아침에 생기지 않습니다. 첫 상담부터, 클래스톡톡 수업 보고서, 문자, 전화, 클레임 대응, 설명회 초대장 하나까지. 모든 응대가 모여서 하나의 인상, 하나의 브랜드를 만듭니다.

학부모는 늘 '감정'으로 선택하고, '이성'으로 정당화합니다.

따뜻한 말 한마디, 세심한 피드백 하나, 철학이 담긴 수업 보고서가 결국 매출을 만듭니다.

학부모 응대의 품격이 곧 학원의 매출이다.

이 철칙을 가슴에 새기시고, 기존에 전화 상담이나 방문 상담 후 등록하지 않은 학생들이 있다면, 오늘 한 통의 문자, 전화부터 다시 시작해 보십시오.

그 문자, 전화 하나가, 다음 달의 등록으로 이어질 수도 있으니까요.

학원, 이대로만 하면 된다

학년별·시기별
모집 전략 총정리

"학원 모집, 제대로 하면 누구나 성공합니다. 타이밍을 놓치고, 감정에 휘둘리고, 전략 없이 움직이면 아무리 좋은 수업을 해도 무너집니다. 저는 그것을 수도 없이 목격해 왔고, 정확히 대응한 원장님들은 그 자리에서 30명을 바로 채웠습니다. 이것은 기적이 아닙니다. 이것은 시스템입니다."

모집은 감이 아니라 과학이다
―전략적 모집의 출발점

많은 원장님들이 원생 모집을 '운'이나 '경쟁력'으로 치부합니다. 물론 위치가 좋고, 브랜드가 유명하면 모집이 수월할 수 있습니다. 하지만 그것은 극히 일부의 이야기입니다. 대다수의 학원은 특별한 입지 없이, 브랜드 없이 시작합니다. 그런데도 어떤 학원은 첫 달부터 30명을 채우고, 어떤 학원은 1년을 버텨도 10명조차 못 채웁니다. 도대체 이 차이는 어디에서 생기는 것일까요?

정답은 '정확한 설계와 타이밍, 그리고 타깃 맞춤 전략'입니다. 이것을 갖춘 학원은 반드시 성공합니다.

모집은 '과학'입니다. 감으로 하는 것이 아닙니다. 마케팅은 "누구에게, 언제, 무엇을, 어떻게 말하느냐"를 설계하고 실행하는 과정입니다. 여기엔 정밀한 타기팅이 필요하고, 시기별 변수에 따라 조정이 필요합니다. 이 절에서는 실제로 제가 수많은 현장과 컨설팅에서 직접 써먹었던 전략들을 바탕으로, 학년별, 시기별, 상황별로 어떤 전략으로 모집을 설계해야 하는지를 구체적으로 설명드리겠습니다.

이 내용을 읽고 실천하신 원장님들은 매년 말 그대로 눈물 흘리며 감사 인사를 전하곤 합니다. "캡틴님이 말한 그대로 했더니 진짜 그대로 됐어요. 처음엔 반신반의했는데요."이런 말을 정말 수십 번, 아니 수백 번 들어 왔습니다.

이제 여러분 차례입니다. 모집을 감이 아닌 '과학'으로 다뤄 보십시오.

초등부 모집 전략
—'감정'이 아닌 '구조'로 접근해야 합니다

초등부 모집은 단순히 귀엽고 착한 아이들을 모으는 일이 아닙니다. 초등은 학원의 가장 깊은 뿌리이자, 중등부와 고등부로 자연스럽게 이어지는 학습 구조의 시작점이며, 장기 수익의 기반이 되는 구간입니다. 초등부가 안정되어야 전체 학원의 운영이 탄탄해지고, 재등록률 역시 자연스럽게 유지됩니다. 그런데 많은 학원들이 초등부 모집을 '감정'의 영역으로 접근하고 있습니다. 아이가 귀엽다, 학부모가 호감이 간다, 상담 분위기가 좋았다 등의 요소로는 지속 가능한 초등부 운영을 설계할 수 없습니다.

초등부는 구조입니다. 그리고 이 구조의 중심에는 '엄마의 선택'이라는 키워드가 자리 잡고 있습니다. 초등학생은 학원을 자발적으로 판단해 선택하지 않습니다. 학원의 선택권은 철저히 학부모, 특히 어머니에게 있습니다. 결국 초등부 모집의 성패는 '엄마가 언제, 어떤 기준으로 결정하는가'를 분석하고, 그 결정 시점에 우리 학원이 얼마나 구조적으로 준비되어 있는가에 달려 있습니다.

초등부 모집에서 가장 중요한 전략은 바로 '등원 루틴의 설계'입니다. 아이가 왜 매일 그 학원에 가야 하는지, 어떤 시스템 안에서 반복적인 학습 경험을 하게 되는지를 보여 주어야 하며, 이 루틴의 설계가 곧 학부모에게 신뢰를 주는 요소가 됩니다. 단순히 수업만 잘하는 학원이 아니라, '우리 아이가 안정적으로 학원에 다닐 수 있도록 돕는 구조가 갖춰져 있는 학원'이라는 인식을 줄 수 있어야 초등 학부모의 결정에 강력히 작용할 수 있습니다.

겨울방학은 초등부 모집의
첫 번째 골든타임입니다

이 시기에는 단순한 보충 수업보다는 체험 중심의 특강 설계가 효과적입니다. 예를 들어, "스토리텔링 영어 수업, 뒹굴뒹굴 버려지는 3시간"과 같은 독서, 다음 학기 예습 자율 학습 프로그램 등은 학부모에게 매우 강한 인상을 남깁니다. 학원이 공부만 시키는 곳이 아니라, 아이가 재미있게 몰입할 수 있는 공간, 무의미하게 버려지는 시간을 잘 활용해 주는 학원이라는 인식이 형성되면 상담 전환율은 자연스럽게 높아집니다. 설명회도 마찬가지입니다. 커리큘럼 위주로 구성하기보다는, '왜 아이가 공부를 싫어하는지', '초등 시기의 습관이 왜 중요한지'와 같은 공감의 메시지를 중심으로 구성해야 합니다. 아이의 문제를 학부모보다 더 잘 이해하고 있다는 인식을 줄 수 있다면, 그 순간 상담은 등록으로 이어지게 됩니다.

3월 이후로는
신학기 안정화 단계에 들어서게 됩니다

이 시기의 모집 전략은 크게 두 가지로 나뉩니다.

첫째, 학교 일정에 맞춘 맞춤형 타이밍입니다. 학교별 학사 일정과 학부모의 움직임을 분석하여, 자녀의 학습 불안감이 발생하는 시점에 맞춰 후반부 모집을 집중시켜야 합니다. 이때는 "지금 반에 빈자리가 있습니다", "이번 주까지만 추가 등록이 가능합니다"와 같은 긴급성과 희소성을 자극하는 문구가 효과적으로 작용합니다.

둘째는 유연한 반 배정 운영입니다. 초등 학부모는 커리큘럼보다는 '우리 아이가 적응할 수 있는지'를 더 크게 염두에 둡니다. 따라서 소규모, 맞춤형, 유연한 반 편성은 학부모의 마음을 사로잡는 중요한 장치가 됩니다.

여름방학은 초등부 모집의
두 번째 핵심 구간입니다

여름은 아이들이 가장 쉽게 흐트러지는 시기인 동시에, 학습 습관을 다시 붙잡을 수 있는 기회이기도 합니다. 이 시기에는 사전 예약 개념을 도입하여, 6월부터 여름 방학 학습 계획을 선점하는 전략이 유효합니다. 예를 들어, "6월 등록자에게는 무료 학습 성향 진단 검사 제공"과 같은 혜택은 단순한 이벤트가 아니라, 전문성과 신뢰를 동시에 전달할 수 있는 장치가 됩니다.

또한, 여름 방학 설명회의 주제를 "공부 습관이 무너지는 여름, 어떻게 준비할 것인가"처럼 실질적인 고민 해결로 잡으면, 학부모의 관심은 더욱 높아집니다.

2학기에는 안정화된 학생 관리를 기반으로
겨울방학 선점 전략이 이어져야 합니다

이 시기에는 '겨울 방학 사전 예약제'의 개념을 도입하고, '겨울 방학 집중 보완 제안서'를 통해 학부모에게 아이의 현재 위치와 필요한 학습 보완 방향을 구체적으로 제시해야 합니다. 예를 들어, 10월에 "겨울 방학 대비 사전 등록 시 10만 원 상당의 진단 검사 무료 제공"이라는 안내는 학부모에게 준비된 학원의 인상을 남길 수 있으며, 상담 전환율을 크게 높일 수 있습니다.

마지막으로 중요한 것은, 기존 학부모를 위한 재등록 전환 전략입니다. 연말에는 한 해 동안의 학습 성장과 결과를 시각화한 '성과 보고서'를 기반으로 '한 해 마무리 설명회'를 운영하는 것이 필요합니다. 단순한 감사 인사로 끝내지 말고, "올해 이렇게 성장했기에, 내년에는 이렇게 나아가야 합니다"라는 제안이 포함되어야 다음 학기 등록으로 자연스럽게 이어집니다.

결국 초등부 모집은 '귀엽고 순한 아이들이 많아서 좋은 학원'이 되는 전략이 아닙니다. 철저하게 '엄마의 결정 구조'를 분석하고, 그 구조에 따라 단계별로 준비된 학원이라는 인상을 주는 것이 핵심입니다. 위너스영수학원은 이러한 구조적 접근을 통해, 매 시기마다 확실한 콘셉트와 전략을 바탕으로 초등부 모집에 성공해 왔습니다. 이제 원장님께서도 '감정'이 아닌 '구조'로 초등부를 설계하실 차례입니다.

중등부 모집 전략
—감성과 시스템 사이의 균형을 잡아야 합니다

중등부 모집은 단순히 중1부터 중3까지의 학생을 일정 수 확보하는 문제로 접근해서는 안 됩니다. 이 시기의 학생들은 성적의 변곡점을 맞이하고, 동시에 학습 의욕이 떨어지기 쉬운 시기에 접어들기 때문에 단순한 커리큘럼 홍보나 분위기 중심의 설명만으로는 학부모의 마음을 움직이기 어렵습니다. 학부모는 이 시기에 들어서면 자녀의 학업 결과를 보다 구체적으로 요구하게 되고, 학원에 기대하는 바 역시 '분위기 좋은 곳'이 아니라 '확실한 결과를 만들어 주는 곳'으로 바뀌게 됩니다.

이런 변화된 기대에 대응하려면 중등부 모집 전략은 감성적 설득만으로는 부족하며, 체계적인 상담과 시스템 중심의 콘텐츠, 그리고 무엇보다 '결과를 만들 수 있는 설계력'이 필요합니다. 초등 시기까지는 학부모가 아이를 위해 감성적으로 선택하는 경우가 많지만, 중등부터는 성적이라는 숫자 앞에서 훨씬 이성적인 판단을 하게 되기 때문입니다. 따라서 중등부 모집의 핵심은 학부모가 불안을 해소할 수 있도록 구체적인 학습 구조와 시스템을 설계하고, 상담을 통해 자녀의 현재 위치와 앞으로의 방향을 명확히 제시해 주는 데에 있습니다.

가장 중요한 출발점은 예비중 학부모를 선점하는 것입니다

초6 겨울 방학은 중등부의 흐름을 결정짓는 1차 골든 타임입니다. 이 시기를 놓치면 1년 내내 흐름이 끊기게 됩니다. 따라서 11월부터는 반드시 예비 중1 대상의 진단 테스트를 운영하고, 이를 기반으로 개별 상담을 진행해야 합니다. 단순히 "선행이 중요하다"는 설명이 아니라, '지금 이 시기를 놓치면 중등 3년 전체가 흔들릴 수 있다'는 구조적인 설명이 필요합니다. 실제로 위너스에서는 '중등 수학 핵심 개념 정리', '예비 중1 영어 문법 기초 다지기' 등 과목별 특강을 구성하고, 결과를 수치화한 리포트를 통해 상담으로 전환하는 전략을 지속적으로 실행해 왔습니다.

중등부 학부모를 대상으로 한 설명회는 반드시 시기적 고민에 공감할 수 있는 주제로 구성되어야 합니다. 예를 들어 "3월이 지나면 아이가 달라져요 - 중1 성적 급락 이유와 대책"과 같은 타이틀은 부모의 심리를 건드릴 수 있습니다.

설명회에서는 단순한 학습 지도법이 아니라, 학년별 수포자 발생 구간과 내신 체계의 변화, 고등 진학 시 중학생 때 누적된 성적이 어떤 영향을 미치는지를 시각 자료와 함께 명확하게 안내해 주어야 합니다.

3월~4월, 즉 신학기 입학 직후는 중등부 추가 모집의 두 번째 타이밍입니다.

이 시기는 학교생활 적응에 혼란을 겪는 시기이기 때문에, '중간고사 대비반'이나 '적응 리포트 제공'과 같은 프로그램을 활용해 학부모에게 현재 자녀의 상태를 진단하고, 그에 따른 맞춤형 지원을 제시해야 합니다. 특히 중1 학생은 초등과 달리 교과의 양과 난이도가 급격히 늘어나기 때문에 성적 하락을 겪는 경우가 많습니다. 이 시기의 학부모는 자녀의 변화에 대해 매우 민감하게 반응하기 때문에, 체계적인 피드백 시스템이 있다면 그 신뢰는 바로 등록으로 연결됩니다.

5월~6월은 중간고사 결과 분석을 활용하여 기말고사 대비 모집으로 연결할 수 있는 시기입니다.

학교별 기출 분석 자료, 성적 분포 리포트, 학원에서 커버 가능한 영역 등을 정리해 학부모에게 제공하면 학원의 전문성을 어필할 수 있습니다. 더불어 "기말고사 성적 역전 프로젝트, 아직 반전의 기회가 있습니다"와 같은 설명회 주제는 학부모의 심리적 반등 욕구를 자극할 수 있으며, 이를 사례 중심으로 풀어내면 설득력은 더욱 강해집니다.

7~8월 여름 방학은 학습 성장의 골든 타임입니다.

이 시기에는 '1학기 복습반'과 '2학기 선행반'을 분리 운영하여 학생이 자신의 현재 상태에 따라 선택할 수 있도록 유도해야 합니다. 선택권을 주는 설계는 학부모의 만족도를 높이고, 학습 효과도 향상됩니다. 여름 방학 마지막 주에는 반드시 성적 변화 리포트를 제공하고, 2학기 등록으로 자연스럽게 전환하는 상담 구조를 만들어야 합니다.

2학기인 9월~11월은 성적 반등을 꿈꾸는 학생과 학부모에게 또 한 번의 기회를 제공할 필요가 있습니다.

특히 중2, 중3 학생의 경우 기말고사 결과가 고등 진학에 영향을 미친다는 인식이 강하므로, '성적 역전 프로젝트'와 같은 프로그램을 운영하면서 매주 테스트와 피드백을 병행해 성실한 관리 시스템을 강조하십시오. 또한 중3 학생들에게는 고등학교 진학을 대비한 '고등 내신 및 수능 구조 특강'을 시작하면서 장기 등록의 기반을 다질 수 있습니다.

11월부터는 예비 중1을 다시 선점해야 하는 시점입니다.

'중등 진단 캠프'와 같은 프로그램을 운영하여 체험 중심 수업을 제공하고, 결과 리포트를 상담과 연결하십시오. 동시에 설명회를 통해 중등의 학습 변화 구조를 안내하고, 사전 등록 혜택 등을 마련하면 경쟁력 있는 유입을 유도할 수 있습니다.

고등부 모집 전략
— 냉정한 전략이 곧 설득의 도구가 됩니다

고등부 모집은 중등부와는 완전히 다른 접근이 필요합니다. 감성적 접근이나 설명회에서의 분위기 전달만으로는 절대 설득되지 않습니다. 학부모도 학생도 결과에만 반응합니다. 내신과 수능, 입시 실적, 커리큘럼의 체계성, 그리고 전략적 상담이 전부입니다. 따라서 고등부 모집의 핵심은 '냉철한 입시 설계자'로서의 신뢰를 주는 것입니다.

12월부터 2월까지는 예비 고1과 고2 대상 선점의 시기입니다.

이 시기에는 '고등 수학, 예습이 아니라 전략이다'라는 콘셉트로 설명회를 운영하고, 실제 진단 테스트와 결과 분석 리포트를 활용해 상담으로 전환하는 구조를 갖추어야 합니다. 특히 고등부 학부모는 "아이의 수준을 정확히 분석하고, 그에 맞는 맞춤 수업이 가능하냐"를 가장 중요하게 생각합니다. 따라서 진단과 상담이 반드시 병행되어야 하며, '예비고 내신반', '고등 적응 영수캠프'와 같은 커리큘럼을 구체적으로 제시해야 합니다.

3월~4월에는 고1/고2의 적응 혼란기를 기회로 삼아야 합니다.

고등학교 진입 직후 치르게 되는 중간고사는 학부모가 현실을 체감하는 순간입니다. "중간고사, 처음부터 이렇게 준비했어야 했다"는 설명회 주제를 활용하여 출제 유형, 문제 접근법, 내신 대비 전략을 안내하고, 실제 교내 기출을 분석해 제시하면 매우 강한 신뢰를 받을 수 있습니다.

　5~6월에는 중간고사 결과를 기반으로 수시 전략을 제시하는 방식의 설명회를 운영하십시오.

　"내신 3등급도 수시로 대학 간다"는 주제로 수시 사례 중심의 자료를 제공하고, 1:1 상담에서는 내신 성적과 모의고사 결과를 종합 분석해 수시와 정시 중 어떤 방향이 유리한지를 진단해 주는 방식으로 구성하십시오. 이 시기에는 컨설팅이 결합되어야 부모의 결정이 빨라집니다.

7~8월은 고등부 여름방학 전략의 핵심 시기입니다.

　'성적 역전 프로젝트반', '수능 실전 대비반'을 별도로 구성하고, 각 수업에 성적 예측표, 목표 성적 워크북, 모의고사 리포트를 함께 제공하십시오. 고등부에서는 수업이 단순한 수업이 아니라 '전략 시스템'으로 인식될 수 있도록 만들어야 등록으로 이어집니다. 홍보 메시지 역시 "여름방학은 수시의 당락, 정시의 기반"이라는 식으로 명확하게 표현되어야 합니다.

9월부터 11월까지는 고3 수능 대비와 정시 모집의 마무리 단계입니다.

　이 시기에는 '정시 설명회'와 함께 고2 대상 수능 대비반 운영을 병행하여 고3까지의 등록 전환을 준비하셔야 합니다. 실전형 콘텐츠 -'정시 합격 리스트', '등급컷 변화 보고서', '모의고사 성적 분석표' 등- 를 준비해 신뢰 기반 홍보 콘텐츠로 활용하는 것이 필요합니다.

11~12월부터는 다시 예비 고1 모집이 시작됩니다.

예비 고1을 대상으로 한 설명회를 집중적으로 개최하고, 진단 평가 및 개인별 분석 리포트를 활용해 1:1 상담으로 연결하십시오. "12월 등록자 한정 입시 전략 가이드 무료 제공", "진단+상담+멘토링 포함 패키지" 등 실용적인 패키지 구성을 통해 높은 등록 전환율을 이끌어 낼 수 있습니다.

이처럼 중등부와 고등부 모집 전략은 감성과 시스템, 그리고 상담과 콘텐츠가 정교하게 맞물려야 합니다. "이 시기에는 이런 반을 운영하세요"라는 단편적 조언이 아니라, 학부모와 학생의 심리를 이해하고, 그 시점에 맞는 설계와 콘텐츠, 상담 구조가 갖추어져야 진짜 성과로 이어질 수 있습니다. 위너스영수학원은 이러한 구조를 기반으로 학년별·시기별 맞춤형 전략을 실행하고 있으며, 그것이 바로 '결과가 보장되는 학원'이라는 브랜드 신뢰의 시작점이 됩니다.

모집 전략은
철학과 실행력의 조화다

"모집은 진심이 아니라 전략입니다. 진심은 기본이고, 전략은 시스템입니다."

진심으로 학생을 생각하는 학원은 많습니다. 하지만, 그걸 전달하지 않으면 아무 의미가 없습니다. 설명회를 여십시오. 캠프를 만드십시오. 홍보물을 제작하십시오. 블로그를 운영하십시오. 맘카페에서 활동하십시오. 그게 학부모의 눈에 들어야 합니다. 감동은 '노출 후'에나 가능하다는 것을 잊지 마십시오.

그리고 항상 이 말을 기억하세요. "오픈의 90%는 모집이고, 모집의 90%는 타이밍이다."

지금, 타이밍에 맞는 전략을 실행하십시오.

지금 이 순간에도 전국 어디선가 어떤 원장님은 고민하고 계실 겁니다. "도대체 우리 학원은 왜 안 될까?" 저는 분명히 말씀드릴 수 있습니다. 방법이 없어서가 아니라, 타이밍을 놓쳤고, 구조가 없으며, 감으로만 접근했기 때문입니다.

정말 많은 원장님들이 말합니다. "수업은 진짜 좋은데요…." 맞습니다. 좋은 수업, 당연히 중요합니다. 하지만 그보다 먼저, 학부모와 학생이 그 '좋은 수업'을 알 수 있는 기회를 만들어야 하지 않겠습니까?

설명회 하나, 전단지 한 장, 블로그 글 하나가 기적의 시작점이 될 수 있습니다. 단 한 번의 설계가 학원 전체 흐름을 바꿀 수 있습니다. 수많은 현장에서 목격한바, 원장님들도 반드시 그 기적의 주인공이 될 수 있습니다.

이제는 준비된 자만이 살아남는 시대입니다. 감이 아닌 과학으로, 감정이 아닌 구조로, 진심만이 아닌 전략으로 이 치열한 학원 시장을 돌파하시기 바랍니다.

저는 언제나 이 책을 읽는 원장님 편에 있습니다. 시스템과 전략이 필요할 때, 언제든 다시 펼쳐 보십시오. 이 페이지 한 장, 이 한 문장이 원장님의 내일을 바꿀 수 있기를 진심으로 기원하며, 5장의 마지막 페이지를 닫습니다.

6

시스템으로
학원의 경쟁력을 완성하라

　학원, 이대로만 하면 된다

시스템으로
학원의 경쟁력을 완성하라

연료는 충분합니다.
이제는 '엔진'을 만들어야 할 때입니다

"사람은 바뀌지 않습니다. 하지만 시스템은 사람을 움직이게 만듭니다. 저는 이 원리를 믿었고, 그것으로 수많은 원장님들의 학원을 기적처럼 바꾸어 왔습니다. 학원 경영의 진짜 차이는 '구조'에 있습니다. 감에 의존한 학원은 흔들리지만, 시스템에 의존한 학원은 단단해집니다."

어느 날 한 원장님께서 제게 이렇게 말씀하셨습니다.

"캡틴님, 저는 정말 열심히 했습니다. 하루 12시간씩 학원에 있었고요, 상담도 제가 직접 다 하고, 수업도 직접 뛰었어요. 그런데 왜 학생이 안 늘까요?"

그분의 눈빛에는 깊은 피로가 서려 있었습니다. 오직 의지로 버티고 계셨고, 그 열정이 조만간 고갈될 것 같은 위태로움이 느껴졌습니다. 저는 조용히 이렇게 답했습니다.

"원장님은 지금 '열정으로 버티는 학원'을 만들고 계십니다. 그런데 원장님이 잠시 자리를 비우면, 그 학원은 멈추지 않나요? 열정은 연료입니다. 시스템은 엔진이고요. 지금은 연료만 있고, 엔진이 없는 상태입니다."

그 말을 들은 원장님은 조용히 눈물을 흘리셨습니다. 그리고 그로부터 6개월 후, 원생 관리 시스템과 수업 보고서 시스템을 도입하신 결과, 퇴원율은 급감하게 되었고, 관리 잘하는 학원이라는 소문이 나기 시작했습니다. 그 결과 끊겼던 소개도 다시 들어오면서 학원에 성장의 변화가 생기기 시작했습니다. 바뀐 것은 원장님의 열정이나 인내가 아니라, 시스템이었습니다.

사람보다 구조가 먼저입니다.
시스템이 사람을 살립니다

많은 학원 원장님들께서는 여전히 '사람'에게 모든 것을 걸고 계십니다.

"좋은 강사만 있으면 될 텐데…."

"이번에는 정말 성실한 실장님을 찾았어요."

"이 직원이 퇴사하면 진짜 큰일인데…."

그렇다면 진심으로 이렇게 자문해 보셔야 합니다. 정말로 그 '사람'만 바뀌면 문제가 해결될까요? 결론부터 말씀드리면, 그렇지 않습니다.

좋은 사람도, 구조가 없으면 쉽게 무너집니다. 심지어 탁월한 사람일수록 구조가 없는 조직에서는 더 빨리 탈진하게 됩니다. 반대로, 시스템이 있는 조직은 평범한 사람도 제 역할을 자연스럽게 수행할 수 있는 환경을 만들어 줍니다.

많은 원장님들이 운영 중 가장 많이 하시는 후회는 이렇습니다.

"왜 진작에 이걸 시스템화하지 않았을까…."

예컨대, 신입 실장님이 단순 실수로 결제일을 놓쳐서 10명의 학생이 이탈한 사례가 있었고, 어떤 학원은 훌륭한 강사의 퇴사 이후 몇 개월 동안 등록률이 급감한 경험을 하기도 했습니다.

그러나 이 모든 일이 벌어진 후 원장님들께서 공통적으로 하신 말씀은 모두 같았습니다.

"사람이 아니라 시스템이 부족했다는 걸 그제야 깨달았습니다."

원장이 자리를 비워도
학원은 돌아가야 합니다

한 지역에서 국어 전문 학원을 운영하시던 원장님께서는 하루 평균 9시간 이상을 상담과 수업에 투자하고 계셨음에도 학생 수는 180명 선에서 정체되고 있었습니다.

어느 날 건강상의 이유로 인해 원장님이 2주간 학원을 비우시게 되었습니다. 그 결과는 참담했습니다. 수업은 엉망이 되었고, 학부모의 항의가 이어졌으며, 재등록률은 눈에 띄게 하락했습니다.

이후 저와 함께 '시스템 리빌딩' 프로젝트를 진행하였고, 6개월간의 작업 끝에 상담 자동화 프로세스, 강사 피드백 보고 체계, 월간 리포트 발송 시스템을 갖추게 되셨습니다. 그 결과, 원장님이 자리에 없어도 학원은 정상적으로 운영되었고, 무엇보다 원장님께서는 생애 처음으로 연말에 가족들과 5일간의 여행을 다녀오실 수 있었습니다.

부산 남구의 한 대형 영어 학원 원장님은 전속 강사들의 잦은 퇴사로 인해 지속적인 운영 위기를 겪고 계셨습니다. 당시에는 고액의 연봉이 유일한 해결책이라고 생각하셨지만, 제가 컨설팅에 참여하면서 '강사 이탈 방지 시스템'을 도입하게 되었습니다.

구체적으로는 강사 피드백 회의, 수업 보고서 발송 시스템, 수업 자료 통합 플랫폼을 적용하였습니다. 그 결과 학부모와의 피드백에 굉장히 큰 부담을 가지셨던 강사분이 클래스톡톡을 이용한 수업 보고서 적용이후에 학부모와의 상담에 대한 부담을 완전히 내려놓게 되었고, 지금은 원생들 관리를 가장 잘하고, 학부모와의 소통을 가장 잘하시는 선생님으로 변화하게 되었습니다. 물론 학부모 만족도 조사에서도 가시적인 변화를 확인할 수 있었습니다.

이러한 사례들이 공통적으로 전달하는 메시지는 명확합니다.

학원 운영의 핵심은 사람이 아니라 구조이며, 시스템이란 '원장이 없어도 문제가 생기지 않도록 만들어 주는 안전망'입니다.

말뿐인 시스템이 아니라,
실전에서 작동하는 시스템을 만들어야 합니다

'시스템이 중요하다'는 말은 누구나 합니다. 그러나 '학원 운영에서의 시스템이 무엇인지' 구체적으로 설명할 수 있는 원장님은 많지 않습니다. 그래서 이 장에서는 다음의 다섯 가지 실전 항목을 중심으로, 시스템을 어떻게 구축할 수 있는지 자세히 안내드릴 예정입니다.

강사는 '구하는 것'이 아니라 '만들어가는 것'입니다

강사는 '구하는 것'이 아니라 '만들어가는 것'입니다

"강사는 구하는 것이 아니라 만들어 가는 것이다."

이 문장은 제가 수많은 학원 원장님들과 상담하면서 가장 자주, 그리고 가장 확신을 가지고 강조해 온 말입니다. 많은 원장님들께서 강사 채용 시 '좋은 강사를 찾겠다'는 목표로 구인 공고를 내고, 스펙이나 첫인상을 중심으로 판단하는 경우가 많습니다. 그러나 실제 현장에서는 첫 면접에서 단번에 만족스러운 강사를 만나는 경우가 거의 없습니다.

오히려 처음에는 미숙하거나 경험이 부족했던 강사라도, 체계적인 피드백과 실질적인 지원이 더해지면 빠르게 성장하며 학원의 핵심 인재로 자리 잡는 경우가 훨씬 많습니다. 따라서 강사는 단순히 '구하는 대상'이 아니라, 학원의 시스템 안에서 '함께 만들어 가는 동반자'로 인식되어야 합니다.

외모, 스펙, 경력에만 의존하지 마십시오
— 강사 채용의 흔한 오해들

많은 원장님들께서 강사 채용 시 다음과 같은 오해에 빠지시곤 합니다.

"이력서에 있는 학교가 좋으니, 실력도 뛰어날 것이다."

"경력 5년이면 바로 적응하겠지."

"젊고 활기차니까 학생들과 잘 어울릴 것이다."

그러나 실제로 학원 현장은 단순한 강의 능력만으로는 버텨 내기 어려운 곳입니다.

강사에게는 학생 관리, 학부모 소통, 조직 문화 적응, 그리고 지속적인 자기 성장 의지가 모두 요구됩니다. 학원은 학교가 아니며, 학생의 성과가 곧 강사의 성과로 연결되는 성과 기반 환경입니다. 따라서 경력이나 스펙보다는 '이 학원의 시스템에 얼마나 잘 적응할 수 있는가', '지속적인 피드백을 받아들이고 개선할 의지가 있는가'가 더 중요한 채용 기준이 되어야 합니다.

태도를 보면 육성 가능성이 보입니다
─ 피드백 수용력이 핵심입니다

강사를 채용한 후, 가장 먼저 관찰해야 할 것은 단순한 강의력보다 '태도'입니다.

구체적으로는 피드백에 대한 수용 자세가 핵심 기준이 됩니다. 예를 들어, 다음과 같은 질문을 먼저 던지는 강사라면 육성이 충분히 가능한 인재입니다.

"제가 수업한 내용을 한번 봐주실 수 있을까요?"

"학생들이 이 부분에서 집중하지 않는데 어떻게 지도하면 좋을까요?"

"제가 작성한 피드백, 학부모 입장에서 보기에 어색하지 않을까요?"

반면, 다음과 같은 반응을 보이는 강사는 육성이 쉽지 않습니다.

"저는 제 방식이 있어서 그대로 하겠습니다."

"예전에 이렇게 수업해서 성과를 낸 적 있습니다."

"이건 제 스타일과 맞지 않아서요."

결국, 강사의 성장은 기술이 아닌 태도에서 출발합니다.

피드백을 받아들이고 그것을 자기 성찰의 기회로 삼을 수 있는 태도를 가진 사람만이, 교육 현장에서 지속적으로 성장할 수 있습니다. 따라서 채용 시에는 단순한 면접보다 수업 시연을 통해 수업 스타일을 확인하고, 그 이후 피드백을 주었을 때의 반응을 반드시 확인하는 절차를 거치는 것이 바람직합니다. 저는 늘 이렇게 말씀드립니다.

"면접보다 수업을 보라, 그리고 수업보다 피드백 반응을 보라."

강사는 감으로 키우는 것이 아닙니다

─ 매뉴얼이 필요합니다

강사를 육성하는 데 있어 가장 흔한 실수 중 하나는 '알아서 잘하겠지'라는 기대입니다. 그러나 경험상, 강사는 감각으로 키우는 것이 아니라 구조화된 로드맵을 따라 단계별로 성장시켜야 안정적인 결과를 얻을 수 있습니다.

다음은 제가 실제로 운영하면서 효과를 본 4단계 강사 육성 시스템입니다.

① 입문 단계 (1주차)

학원의 운영 철학, 수업방식, 학생 관리 기준 등에 대한 오리엔테이션을 실시합니다. 기존 우수 강사의 수업을 최소 2회 이상 참관하게 하고, '관찰 노트'를 작성하여 피드백을 받도록 합니다.

② 적응 단계 (2주차)

기존 강사와 공동 수업을 진행하며, 1시간씩 교대로 수업을 운영해보게 합니다. 실장 또는 원장이 체크 리스트 기반 수업 평가를 실시하고, 학부모 피드백 작성 연습 및 시험지 분석 훈련을 병행합니다.

③ 단독 수업 단계 (3주차~2개월차)

내부 표준 수업 자료를 활용하여 단독 수업을 시작하게 하되, 매주 주간 피드백 리포트를 제출하고 피드백 미팅에 참여시킵니다. 상담 스킬 강화를 위해, 실장 또는 원장이 진행하는 학부모 상담에 함께 참관하도록 합니다.

④ 정착 및 성과 단계 (3개월차 이후)

수강생의 성적 변화 및 학부모의 만족도를 기준으로 강사의 성과를 분석합니다. 분기별로 수업 클리닉 데이를 운영하여 수업의 질을 점검하고, 일정 기준 이상의 강사에게는 교재 개발 및 콘텐츠 기획에 참여할 수 있는 권한을 부여합니다.

이처럼 육성 로드맵은 '구체적인 기준'과 '단계별 역할'이 분명해야 합니다. 그래야 강사는 스스로 어디에 와 있고, 어디로 가야 하는지를 명확히 인식할 수 있으며, 학원도 예측 가능한 방식으로 인재를 키워낼 수 있습니다.

피드백 없는 육성은 환상일 뿐입니다
― 구조화된 피드백 루틴 만들기

강사를 채용한 이후, 아무런 관여 없이 수업만 맡기는 방식은 오히려 문제를 야기할 수 있습니다. 강사가 학원의 교육 철학에 맞게 성장하고, 학생과 학부모와의 소통 능력을 향상시키며, 장기적으로 안정적인 근무가 가능하도록 하려면 반드시 '정기적이고 구조화된 피드백 루틴'을 도입해야 합니다. 실제로 제가 운영해 본 방식 중 가장 효과가 컸던 세 가지 루틴을 소개드립니다.

첫째, 주 1회 1:1 피드백 미팅

한 주에 한 번, 5분에서 10분 내외의 짧은 시간 동안 강사와 마주 앉아 간단한 체크 리스트를 중심으로 수업의 흐름, 학생 반응, 과제 수행, 피드백 작성 여부 등을 확인합니다.

이때 중요한 점은, 잘한 점은 반드시 칭찬하고, 개선이 필요한 부분은 명확하게 짚어 주는 것입니다. 이 짧은 루틴이 반복되면, 강사는 점차 스스로 자신의 수업을 점검하는 습관을 갖게 됩니다.

둘째, 월 1회 수업 참관 및 코칭

원장님이나 실장님이 직접 강사의 수업을 참관하고, 정해진 기준에 따라 관찰한 내용을 바탕으로 구체적인 피드백을 제공합니다. 단순한 감시가 아닌, 코칭의 목적을 갖고 접근해야 하며, 이 참관은 학생들에게도 "이 학원은 늘 우리를 주의 깊게 살핀다"는 긍정적인 메시지를 전달하는 효과를 줍니다. 수업 후 즉시 이루어지는 짧은 피드백은 강사에게 실질적인 개선의 방향을 제시합니다.

셋째, 학부모 설문을 통한 피드백 공유

매달 학부모를 대상으로 간단한 만족도 설문을 실시하고, 그 결과를 정리하여 강사와 공유합니다.

예를 들어, "아이가 수업을 즐거워하나요?", "학원 수업에 대해 자주 이야기하나요?"와 같은 간단한 문항만으로도 충분합니다.

이러한 설문 결과는 강사 스스로 자신의 수업이 외부에서 어떻게 인식되고 있는지를 객관적으로 이해할 수 있게 해 주며, 자연스럽게 수업 질 개선과 자기 반성으로 이어지게 됩니다.

강사를 채용하는 일은 끝이 아니라 시작입니다.
좋은 강사는 '찾는' 것이 아니라, '함께 만들어 가는' 존재입니다.
그 시작은 체계적인 육성 로드 맵을 설계하고, 정기적인 피드백 루틴을 운영하며, 강사가 자신의 성장을 체감할 수 있도록 돕는 환경을 만들어 주는 것입니다.
　이 모든 것은 감이 아닌 구조로, 감정이 아닌 시스템으로 접근할 때 비로소 완성됩니다.
원장님 혼자 수업과 상담, 운영을 모두 떠안는 방식은 이제 바뀌어야 합니다.
함께 성장하는 강사가 있을 때, 학원은 비로소 조직이 되고, 브랜드가 됩니다.
그 첫 단추는 '채용'이 아니라 '육성'입니다.

사례로 증명된 시스템
― 성공하는 학원과 무너지는 학원의 결정적 차이

강사 육성 시스템의 효과는 단지 이론으로 설명되는 것이 아닙니다. 실제 현장에서 어떤 구조로 운영되었는지에 따라, 학원의 성패가 완전히 달라질 수 있습니다. 단순히 '좋은 강사 한 명'을 채용하는 것이 학원의 성장을 담보해 주는 시대는 이미 지났습니다. 이제는 좋은 사람을 '키우는 구조'를 갖추었는가가 훨씬 더 중요해졌습니다.

제가 직접 컨설팅했거나 가까이서 지켜본 두 개의 사례를 통해, '시스템의 유무'가 강사 운영에 어떤 차이를 만들어 내는지 비교해 보겠습니다.

시스템이 만든 성장 – 부산 A 영어전문학원

부산에 위치한 A 학원은 개원 초기, 경력이 전혀 없는 신입 강사 두 명을 채용하였습니다. 이때 원장님은 단순히 강사 개인의 능력에 기대지 않고, 처음부터 체계적인 육성 시스템을 설계하여 운영하였습니다. 다음은 그 핵심 구조입니다.

매주 강사의 수업을 점검하고 피드백하는 주간 루틴을 운영하였고, 한 달에 한 번은 원장 또는 실장이 직접 수업을 참관하고 분석하였으며, 학부모 의견을 반영하기 위해 매달 만족도 설문을 진행하고, 필요한 경우에는 별도의 내부 교육을 추가적으로 실시하였습니다.

이러한 체계적인 구조 아래에서 두 강사는 빠르게 성장하였습니다. 수업 시작 후 불과 2개월 만에 맞이한 중간고사에서, 이들이 맡은 반의 평균 성적은 15점 이상 상승하였고, 학부모의 수업 만족도 역시 매우 높은 수준을 유지하였습니다.

더 인상적인 점은, 그중 한 명의 강사는 6개월 만에 교재 편집과 신규 프로그램 기획을 담당하는 내부 리더로 성장했다는 사실입니다. 이는 단순한 '관리'가 아닌, 성장을 설계하는 시스템이 작동할 때, 신입 강사도 학원의 핵심 인재로 발전할 수 있다는 점을 보여 주는 사례입니다.

시스템 부재가 만든 혼란 – 경기 B 수학전문학원

반면, 경기도의 B 학원은 전혀 다른 운영 방식을 선택했습니다.

이 학원의 원장님은 5년 이상의 경력을 가진 강사를 채용하면서, 별도의 적응 과정 없이 곧바로 수업에 투입시켰습니다. 이유는 단순했습니다. 경력이 많으니 알아서 잘할 것이라고 믿은 것입니다.

하지만 현실은 달랐습니다.

해당 강사는 이전 학원에서의 수업 스타일을 그대로 적용하려 했고, 이는 B 학원의 운영 방식이나 학생 성향과 전혀 맞지 않았습니다. 수업은 점차 통제력을 잃었고, 학생들은 흥미를 잃기 시작했습니다. 결국 학부모들의 불만이 누적되면서 학생 이탈이 발생하였고, 강사는 학원 시스템에 대한 불만을 제기한 후 수업 시작 2개월 만에 퇴사하였습니다. 그 결과, 그가 담당하던 반의 학생 5명 이상이 동시에 퇴원하는 사태가 발생하며, 반 전체가 해체되고 말았습니다.

이 사례는 강사의 실력 부족 때문이 아닙니다.

학원 시스템이 그 강사를 '포함'하지 못했고, 시스템에 녹아들도록 '조율'

할 수 있는 구조가 없었기 때문에 발생한 실패입니다. 아무리 유능한 강사라도, 새로운 환경에 적응하고 조직 내에서 역할을 수행하기 위해서는 그에 맞는 구조적 지원과 육성 시스템이 반드시 필요합니다.

시스템의 유무가
학원의 운명을 갈랐습니다

두 사례의 결정적 차이는 단 하나였습니다.
바로 '강사를 위한 육성 시스템의 유무'입니다.
시스템이 없는 곳에서는 아무리 경력이 풍부한 강사라도 결국 혼란을 겪고 길을 잃게 됩니다.

반면, 체계적인 시스템이 마련된 곳에서는 경력이 전무한 신입 강사라도 빠르게 성장하며 학원의 중심인물로 자리매김할 수 있습니다.
강사의 능력은 분명 중요합니다. 그러나 그 능력을 유지하고, 더 나아가 발전할 수 있도록 돕는 시스템이 뒷받침되지 않는다면, 그 잠재력은 오래가지 못합니다. 결국 학원의 지속적인 성장과 운영 안정성은 사람이 아니라, 시스템 위에서 결정되는 것입니다.

이 책을 읽고 계신 원장님들께서도 지금 운영 중인 강사 피드백 루틴, 교육 로드 맵, 내부 육성 기준이 실제로 작동하고 있는지 점검해 보시기를 권합니다. 강사는 시간이 지나면 바뀌지만, 시스템은 남습니다. 그리고 시스템은 그 자체로 학원의 브랜드와 수준을 결정짓는 기준이 됩니다.

강사는 소모품이 아닙니다
— 시스템은 육성의 뿌리입니다

학원을 단기 수익을 위한 공간으로 운영할 경우, 강사는 단지 '수업을 대신해 주는 사람'으로 소비될 가능성이 높습니다. 그러한 구조에서는 강사의 소진 속도도 빠르고, 이직률 또한 높아질 수밖에 없습니다. 그러나 학원을 지속 가능한 조직으로 성장시키고자 한다면, 강사는 단순한 '인력'이 아닌 육성하고 성장시켜야 할 핵심 자산입니다.

강사 육성 시스템은 단지 사람을 키우는 도구가 아닙니다.

그것은 곧 학원의 품질을 일정 수준 이상으로 표준화하고, 원장이 직접 뛰지 않아도 안정적으로 돌아가는 구조를 만들어 가는 출발점입니다. 강사가 성장하면, 학부모의 신뢰는 자연스럽게 쌓이며, 원장의 운영 부담은 줄어들고, 학원의 체계는 점점 견고해집니다.

이제 우리는 더 이상 '좋은 강사를 찾는 사람'이 되어서는 안 됩니다.

좋은 강사를 만드는 사람, 그리고 강사가 성장할 수 있는 시스템을 설계하는 운영자가 되어야 합니다.

그것이 진정으로 학원을 오래, 안정적으로, 그리고 성공적으로 운영하는 길입니다.

재등록률을 보장하는
학생 관리 시스템

재등록은 행운이 아니라
구조의 산물입니다

"재등록은 운이 아니라, 구조의 결과다."

많은 원장님들께서 재등록률을 '강사의 실력'이나 '학생의 만족도'에 의존하고자 하십니다. 물론 그 요소들도 중요합니다. 그러나 실제 운영 현장에서는 전혀 다른 결과가 나타납니다. 강사의 수업이 아무리 뛰어나더라도, 학생 관리가 느슨하거나 학부모와의 소통이 부족하면 재등록률은 저조해집니다. 반대로 수업 수준이 평균 정도에 머물더라도, 관리 시스템이 정교하게 작동하는 학원은 재등록률이 놀라울 정도로 높게 유지됩니다.

이러한 현실은 단순한 이론이 아니라, 제가 수없이 많은 학원 현장에서 직접 목격하고 분석한 사실입니다.

학부모는 '변화'를 보고 결정합니다

왜 관리 시스템이 중요한가? 이 질문에 대한 답은 의외로 간단합니다. 학생은 단순한 '수업 소비자'가 아닙니다. 학원이라는 공간 안에서 학생은 '변화되는 존재'이며, 그 변화를 가장 민감하게 관찰하는 존재가 바로 학부모입니다. 부모는 자녀가 어떻게 변화하고 있는지를 끊임없이 지켜보며, 그 결과가 기대치에 부합하지 않을 경우 단호한 결정을 내리게 됩니다. 그 결정이 바로 '재등록 여부'입니다.

결국 재등록률을 결정짓는 것은 수업이 아니라, 변화의 체감도이며, 이 체감도를 만들어 내는 것이 바로 '관리 시스템'입니다.

재등록률을 견인하는
3대 관리 시스템

1. 상담 시스템 – '문제 해결'이 아니라 '성장 안내'의 도구로

많은 학원이 '문제가 생겼을 때만' 상담을 진행합니다. 그러나 그 시점은 이미 너무 늦은 단계입니다. 재등록률을 높이기 위해서는 아래 요소를 갖춘 선제적 상담 시스템이 필요합니다.

정기적인 상담 일정표 구축:

학기 초, 중간, 말 등 주요 시점마다 정례적으로 상담을 진행합니다.
상담 내용은 반드시 기록되고 공유되어야 함: 단순한 대화에서 그쳐서는 안 되며, 모든 상담 내용은 문서화되어 학부모에게 공유되고, 다음 상담에 반영되어야 합니다.

'성과'보다는 '경로'를 중심으로 상담하라:

상담 자리에서 점수만 말하지 마십시오. 공부 방법, 습관, 태도, 집중력 변화 등에 주목하면, 부모는 아이의 성장 과정을 신뢰하게 됩니다.

이러한 시스템이 작동되면, 학부모는 '이 학원은 내 아이를 꾸준히 관찰하며 성장시키는 곳'이라는 확신을 가지게 됩니다. 그리고 이 신뢰가 바로 재등록이라는 결과로 이어집니다.

2. 리포트 시스템 – 단순 성적이 아닌 '성장의 흐름'을 보여줘야 합니다

단순 성적이 아닌 '성장의 흐름'을 보여 줘야 합니다

시험 점수를 전달하는 것만으로는 충분하지 않습니다. 누구나 할 수 있는 정보 전달에서 벗어나, '성장 보고서'를 제공하는 학원만이 차별화에 성공할 수 있습니다.

주간 학습 리포트:

'무엇을 공부했고, 어떤 부분이 약점인지'를 매주 정리하여 학부모에게 전달합니다.

월간 성장 리포트:

시험이 익숙하지 않은 요즘의 학생들을 위해 매월 월말 평가를 실시한 후, 한 달 단위로 학생의 학습 태도와 성과 변화를 정리하여 시각적으로 보여 줍니다.

비교 리포트 제공:

전월과의 비교, 학기 초와의 비교 등을 통해 '성장 곡선'을 제시합니다. 부모는 단편적인 점수보다 그래프와 추세에 민감합니다. 정량적인 수치와 방향성을 함께 제시하는 리포트는 학부모로 하여금 "우리 아이가 이 학원에서 발전하고 있구나"라는 믿음을 형성하게 만들며, 이것이 곧 재등록으로 연결됩니다.

3. 피드백 시스템 – 반복 실수를 막는 구조는 신뢰를 만듭니다

반복 실수를 막는 구조는 신뢰를 만듭니다

학생들은 같은 실수를 반복하는 경향이 있습니다. 이는 단지 망각 때문만이 아니라, 구조화된 피드백이 없기 때문입니다. 재등록률을 결정짓는 주요 요소 중 하나가 바로 '실수 후 교정의 체감'입니다.

오답노트 시스템화:

단순히 오답을 적는 데 그치지 않고, 왜 틀렸는지를 분석하게 하고, 담당 강사가 이를 주기적으로 확인합니다.

1:1 맞춤 피드백 시간 확보:

매주 10분이라도 학생에게 집중적으로 피드백을 제공해야 합니다.

보호자 피드백 연동:

학생에게 제공된 피드백 요약을 학부모에게 전달하는 루트를 구축합니다.(저희 학원에서는 클래스톡톡을 이용해서 매일 수업 보고서를 발송합니다.)

이런 피드백 루틴이 일관된 시스템으로 작동되면, 학부모는 아이가 '혼자

공부하고 있는 것이 아니라, 학원과 함께 성장하고 있다'는 인식을 하게 됩니다. 이 감정적 신뢰는 재등록이라는 결정에 있어 매우 중요한 요인으로 작용합니다.

시스템은 숫자로 증명됩니다
— 실제 현장 사례 분석

한 중형 규모의 수학 전문 학원을 운영하시던 부산의 A원장님은 매년 여름 방학 이후 매월 재원생이 급감하는 문제에 직면해 있었습니다. 이 학원은 '고득점자 배출'에는 탁월했지만, 학부모와의 커뮤니케이션은 거의 없는 상태였습니다. 상담은 요청이 있을 때만 진행되었고, 리포트도 시험 점수만 전달하는 수준이었습니다.

이에 따라 저는 A원장님과 함께 주간 상담 루틴 시스템화와 학습 성장 리포트 도입을 제안하였습니다. 해당 리포트에는 단순한 점수가 아니라, 수업 참여도, 과제 이행도, 태도 변화, 오답 유형 분석까지 포함되었고, 학부모들은 단편적인 점수가 아닌 '맥락 있는 성장 정보'에 반응하기 시작했습니다.

그 결과, 시스템과 리포트 도입 이후 퇴원율이 급감하게 되었고, 다음 학기에는 상담 예약이 조기 마감될 정도로 학부모의 관심과 신뢰가 높아졌습니다. 이 리포트는 학부모 커뮤니티에서 '보관 필수 자료'로 회자되었고, 분기별로 정례화된 '성장 피드백 설명회' 이후에는 학부모 만족도 조사에서 95% 이상의 긍정 응답률을 기록했습니다.

또 다른 사례는 경기권의 소형 어학원이었습니다. 강사 2명, 학생 40명 규모였던 이 학원은 '관리 시스템' 자체를 브랜드로 만드는 전략을 택했습니다. 원장님은 매주 1회 학습 리포트를 학부모에게 문자로 전송하고, 월 1회 전화 상담을 정기적으로 실시하였으며, 모든 상담 내용은 '학생 이력 관리 시트'에 누적 정리하여 언제든지 확인 가능하도록 구성하였습니다.

그 결과는 놀라웠습니다. 불과 1년 만에 학생 수는 72명으로 증가했고, 이사 등의 특수한 경우를 제외하고는 실질적인 퇴원율이 "0%"에 육박하게 되었습니다. 특히 상담 일지를 열람한 학부모들은 "이 학원은 우리 아이를 진심으로 신경 써 주는 곳"이라는 인식을 가지게 되었고, 이 신뢰는 곧 재등록과 지인 소개로 이어졌습니다.

학원 시스템은 대형 학원만의 전유물이 아닙니다. 작고 민첩한 학원일수록 시스템을 적극적으로 도입했을 때 그 효과는 더욱 커지며, 그 자체가 브랜드가 되는 시대입니다.

도구보다 중요한 것은
반복성과 일관성입니다

많은 원장님들께서 "어떤 시스템을 써야 하나요?", "특별한 프로그램이 필요할까요?"라는 질문을 하십니다. 물론 좋은 도구는 운영을 효율적으로 만들어 주는 데 도움이 됩니다. 그러나 진짜 중요한 것은 도구 자체가 아니라, 그 도구를 얼마나 일관되게 반복해서 사용하는가입니다.

제가 실제 컨설팅 현장에서 원장님들께 권장드렸던 관리 시스템 도구들은 대부분 별도의 비용이나 복잡한 프로그램 없이도 누구나 당장 시작할 수 있는 것들입니다. 그중 대표적인 네 가지를 소개드리겠습니다.

1. 상담 예약 시트 (구글 스프레드시트 기반)

상담 예약 시트를 구글 스프레드시트를 활용해 구성하면, 학부모가 직접 예약을 입력할 수 있도록 개방된 링크를 제공할 수 있습니다.

이 시스템은 예약된 시간대를 자동으로 정렬해 주며, 중복이나 누락 없이 상담 일정을 정리하는 데 유용합니다.

상담이 끝난 후에는 상담 내용을 요약하여 해당 칸에 정리하고, 필요 시 복사해 학부모에게 문자나 이메일로 전달할 수 있습니다. 이렇게 정리된 상담 이력은 이후 상담 시 연속성을 부여하고, 학부모에게 "기록되고 관리되는 상담"이라는 신뢰를 심어 줄 수 있는 자료가 됩니다.

2. 학습 리포트 템플릿

학습 리포트는 수업이 끝난 후, 간단한 체크 방식으로 작성할 수 있도록 구성하는 것이 핵심입니다.

예를 들어, 오늘 배운 단원, 숙제 이행 여부, 주요 오답 유형, 강사 평가 등의 항목을 체크 리스트로 구성하고, 최종 리포트는 자동으로 정리되어 출력되거나 문자 발송용 텍스트로 변환되는 구조를 만들 수 있습니다.

이 시스템은 강사에게는 부담이 적고, 학부모에게는 "이 학원은 우리 아이의 상태를 정확히 파악하고 있다"는 신뢰를 줄 수 있는 강력한 도구가 됩니다.(참고로 저희 학원에서는 클래스톡톡을 이용해서 매일 수업 보고서를 발송하고 있습니다. 이게 저희 학원만의 퇴원율 0%의 비밀이기도 합니다.)

3. 학생 피드백 카드 (디지털 또는 인쇄형)

학생 피드백 카드는 주 1회, 한 줄이라도 학생에게 맞춤 피드백을 제공하는 시스템입니다.

간단한 메모 형식으로 "이번 주는 집중력이 눈에 띄게 좋아졌어요", "문제 풀이 순서가 좋아졌습니다" 등의 짧은 문장을 누적해 나가면, 학기 말에는 '성장 다이어리'가 완성됩니다.

이러한 누적 피드백 자료는 상담 시 매우 강력한 설득 도구가 됩니다. 단순히 "잘하고 있어요"라는 말보다, 매주 쌓인 기록이 학부모에게는 신뢰할 수 있는 관리 시스템의 증거로 작용합니다.

4. 오답 추적표 (엑셀 기반)

엑셀을 활용한 오답 추적표는 반복 오답을 색상으로 구분하여 한눈에 파악할 수 있도록 구성합니다.

예를 들어, 같은 유형에서 반복된 오답은 자동으로 강조되어 표시되며, 해당 유형에 대한 보완 과제를 자동으로 연결하는 기능까지 넣을 수 있습니다.

이 시스템은 단순한 기록 이상의 역할을 합니다.

강사에게는 수업 설계에 도움이 되고, 학부모에게는 "우리 아이의 취약점을 학원에서 구조적으로 분석하고 관리해 주는구나"라는 인식을 심어줄 수 있습니다.

핵심은 도구가 아니라, 그것을 반복하는 구조입니다

위 네 가지 도구는 복잡한 시스템 없이도 실현 가능한 방식들입니다. 하지만 아무리 훌륭한 도구도 일관되게 운영되지 않으면 의미를 갖지 못합니다.

상담은 한두 번으로 끝나는 것이 아니라, 정기적으로 반복되는 루틴이 되어야 하며, 리포트는 특정 시험에만 제공되는 것이 아니라, 매주 혹은 매월 꾸준히 제공되어야 하며, 피드백은 이벤트성으로 제공되는 것이 아니라, 누적 관리되어 성장의 흐름을 보여 주는 시스템이 되어야 합니다. 이러한 반복성과 일관성이 바로 학부모의 신뢰를 만들고, 그 신뢰가 재등록률이라는 숫자로 연결됩니다.

요즘 학부모들은 단순히 수업이 잘되는 학원보다는, "내 아이를 꾸준히 관찰하고, 피드백하고, 성장시켜 주는 곳"을 선택합니다. 그리고 그 판단의 기준은 결국 매주, 매월, 학기마다 쌓이는 일관된 시스템의 흔적들입니다.

도구는 시작일 뿐입니다.

학원 운영에서 진짜 중요한 것은 그 도구를 통해 매주 무엇을 반복해 내고, 얼마나 흔들림 없이 유지하는가입니다. 바로 그 일관성이, 여러분 학원의 재등록률을 결정짓는 가장 중요한 변수가 됩니다.

숫자로 말하는 시스템의 성과
― 데이터는 거짓말하지 않습니다

학원 운영에서 '느낌'이나 '감'만으로 판단하는 시대는 지났습니다.

이제는 구조화된 시스템이 실제 현장에서 어떤 변화를 만들어 내는지, 구체적인 수치로 확인하고 그 결과를 바탕으로 전략을 세우는 것이 필수입니다.

저희가 실제로 '캡틴 시스템'을 도입한 여러 학원들에서 관찰한 결과, 다음과 같은 수치들이 확인되었습니다.

첫째, 상담 시스템을 정비한 이후, 학원의 퇴원율이 급감했습니다.

이는 단순히 상담의 친절도를 높인 것으로 이루어지지 않았습니다. 초기 상담부터 등록 이후의 피드백 상담까지 전 과정을 구조화한 시스템을 도입했을 때 비로소 나타난 변화입니다. 많은 학부모들이 상담을 통해 학원의 신뢰도를 평가한다는 점을 고려할 때, 이 수치는 상당히 의미 있는 결과입니다.

둘째, 학습 리포트를 정기적으로 발송하기 시작한 이후, 학부모 만족도가 매우 향상되었습니다.

단순한 시험 성적이 아닌, 수업 참여도, 과제 수행, 개념 이해도 등을 포함한 정기 리포트는 학부모에게 학원에 대한 '시각적인 신뢰'를 제공해 줍니다. 학부모는 자녀의 학습 상태를 보다 구체적으로 파악할 수 있고, 학원은 자연스럽게 '관리형 교육 기관'이라는 인식을 심어 줄 수 있게 됩니다.

셋째, 피드백 카드를 운영한 학원에서는 학생의 누적 유지율이 증가하는 결과가 나타났습니다.

피드백 카드는 강사가 학생 개개인에게 주는 작은 메모 형식의 피드백 도구입니다. 이 간단한 도구 하나만으로도 학생은 자신이 학원에서 '관심받고 있다'는 인식을 갖게 되며, 이는 학습 몰입도와 지속적인 출석률 향상으로 이어집니다. 결과적으로 중도 이탈률이 크게 줄어들게 됩니다.

넷째, 전체 시스템을 정비한 학원에서는 평균적으로 매출이 1.5배 증가하였습니다.

수강료를 인상한 것도, 특별한 광고를 집행한 것도 아닙니다. 상담 루틴, 수업 운영, 학부모 피드백, 출결 관리 등 전반적인 시스템을 표준화하고 루틴화함으로써, 운영의 안정성과 신뢰도가 높아졌습니다. 수업 외적인 요소들이 안정되자, 자연스럽게 신규 등록자와 재등록자의 비율이 모두 상승하게 된 것입니다.

다섯째, 상담 루틴을 고도화한 학원에서는 소개로 유입된 신규 수강생 비율이 평균 30% 이상 증가하였습니다.

이는 단순히 상담을 잘했다는 차원이 아니라, 처음 만나는 상담부터 정기 피드백, 진단 검사, 상담 후 안내 메시지까지 이어지는 '경험 설계'가 학부모에게 깊은 인상을 남겼기 때문입니다. 상담으로 만족한 학부모는 지인에게 자연스럽게 학원을 소개하게 되고, 이는 비용을 들이지 않고도 신규 유입이 지속되는 구조로 이어졌습니다.

이 수치들은 단순한 결과 지표가 아닙니다. 학원의 성과가 감이 아닌 '시스템 위에서 만들어진다'는 것을 입증하는 명백한 데이터입니다. 많은 원장님들께서 최근 "요즘은 등록보다 재등록이 더 어렵다"는 말씀을 자주 하십니다. 예전처럼 한번 등록하면 1년 이상 다니는 시대는 지나갔고, 지금은 학부모의 기대 수준은 높아지고 비교 대상이 까다로워졌습니다.

이러한 변화 속에서 살아남기 위한 방법은 오직 하나입니다.

'시스템'을 갖추는 것, 그리고 그 시스템을 일관되게 유지하고 실행하는 것입니다.

학생 한 명, 학부모 한 명에게 어떤 경험을 제공할 것인지 계획하고, 그것이 학원의 문화로 정착될 수 있도록 구조화해야만, 성장은 물론 생존까지 담보할 수 있습니다.

감에 기대는 운영은 더 이상 통하지 않습니다.

이제는 수치로 증명된 전략, 그리고 시스템으로 운영되는 학원이 결국 살아남습니다.

캡틴 시스템이 보여 준 이 결과들은 그 무엇보다 명확한 답변이 될 것입니다.

보고서와 커뮤니케이션이
학부모 신뢰를 만든다

수업은 중요합니다.
하지만 부모님은 수업을 보지 못합니다

대부분의 학원은 '수업'에 집중합니다. 물론 수업이 핵심입니다. 하지만
실제로 학부모가 재등록을 결정짓는 순간은 수업이 끝난 이후의 '보고'와
'대화'에서 일어납니다. 부모는 수업 장면을 직접 보지 못합니다. 아이의
말을 전적으로 믿을 수도 없습니다. 결국 그들은 '보고된 정보'를 통해 학
원을 평가하고, '소통된 메시지'를 통해 신뢰를 결정합니다.

실제로 제가 현장에서 만났던 한 어머니는 이런 말씀을 하셨습니다.
"선생님, 수업이 좋다는 얘기는 들었어요. 근데 솔직히 저희는 아이가 뭐
배우는지를 잘 몰라요. 그냥 수업 끝나면 조용히 집에 오니까요. 그래서
처음엔 계속 보내는 게 맞는지 고민도 했었어요."

이처럼 많은 학부모는 수업 내용을 직접 확인할 수 없기에, 그 빈자리를 보고서와 커뮤니케이션이 채워 줘야만 재등록으로 연결됩니다.

또 다른 학부모는 상담 중 이런 이야기를 하셨습니다.

"그냥 '잘하고 있다'는 말 말고, 구체적으로 어떤 부분이 좋아졌는지를 알려 주셔서 신뢰가 갔어요. 그러니까 다음 학기 등록은 고민조차 안 하게 되더라고요."

이처럼 '정보의 디테일'이 곧 학원의 신뢰도가 되며, 이는 단순한 인상보다 더 강한 설득력을 발휘합니다.

실제로 학원 운영 상담을 하다 보면, 수업에 대한 불만보다 "뭐가 어떻게 되고 있는지를 잘 모르겠다"는 학부모의 피드백이 압도적으로 많습니다. 정보의 부재는 불신으로 이어지고, 불신은 이탈로 이어집니다. 결국 아무리 좋은 수업을 하고 있어도, 부모가 그 사실을 체감하지 못하면 재등록으로 연결되지 않습니다. 수업의 질과 부모의 인식 사이에 '가교'가 필요합니다. 그 가교가 바로 보고서와 커뮤니케이션입니다.

따라서 보고 시스템과 커뮤니케이션 루틴은 단순한 사후 처리 개념이 아닙니다. 그것은 학원의 품질을 학부모에게 '설명'하고, 동시에 '설득'하는 가장 중요한 단계입니다. 심지어 이 보고 시스템만 잘 구축되어 있어도, 수업력이 완벽하지 않은 초기 학원조차 빠르게 성장할 수 있습니다. 제가 컨설팅했던 한 신설 학원은 강사도 미숙하고 시스템도 부족했지만, 꼼꼼한 주간 리포트와 월간 성과 리포트 하나로 학부모의 신뢰를 얻었고, 6개월 만에 등록생이 2배로 증가했습니다.

보이는 만큼 신뢰받는다
─ 학원 운영의 필수 보고서 3종 세트

학원 운영에서 '잘 가르치는 것'만큼이나 중요한 것이 있습니다.
바로 '잘 보여 주는 것'입니다. 저는 이걸 '생색내기'라고 명명합니다.
아무리 수업을 열심히 하고, 학생 관리에 정성을 들이더라도, 그것이 학
부모에게 제대로 전달되지 않는다면 신뢰로 이어지기 어렵습니다. 그렇
기 때문에 학원의 수업력과 관리력을 '문서화된 신뢰'로 바꾸는 보고서
시스템은 학원 운영의 핵심 도구입니다.

그중에서도 다음의 세 가지 보고서는, 어떤 학원이든 반드시 운영해야
할 핵심 보고서 3종 세트입니다. 이 세 가지만 제대로 갖추어도 학부모의
신뢰는 자연스럽게 따라오고, 재등록률과 등록 전환율 역시 상승하는 구
조로 연결됩니다.

1. 주간 학습 리포트 - 매주 '관찰하고 있다'는 감각을 전하는 도구

이는 학생의 출결, 과제 이행, 수업 참여도, 오답률, 태도 변화 등을 한눈
에 파악할 수 있도록 정리하여, 학부모에게 '아이를 꾸준히 관찰하고 있
다'는 메시지를 전달하는 데 목적이 있습니다.

"출결 현황, 숙제 이행 여부, 수업 내용 요약, 오답률 및 실수 유형, 수
업 태도 및 집중도, 강사 개인 코멘트"

위 내용을 담아 매주 금요일 또는 토요일 저녁 6시~8시 사이 전송하는
것이 가장 효과적입니다. 부모님이 퇴근 후 자녀 학습 상황을 확인하기

좋은 시간이기 때문입니다. 형식은 단순 문자보다 PDF 파일로 구성하는 것이 전문성을 높이는 데 유리합니다. 미리 만들어 둔 고정 포맷에 강사 코멘트만 수정해 활용하면 시간 부담 없이 운영 가능합니다.

실제로 부산의 한 중형 영어 학원에서는 매주 리포트를 업로드합니다. 이 시스템 도입 후 3개월 만에 매월 20~30%에 육박했던 퇴원율이 급격하게 감소하게 되었습니다.

특히 각 반 강사에게 리포트 전송 담당을 명확히 배정하여, 시스템화된 리포트 작성 문화를 형성하였습니다. 결과적으로 강사들 간 '더 나은 리포트 작성'에 대한 경쟁이 생겼고, 이는 리포트의 질 향상으로 이어졌으며, 학부모 만족도 또한 크게 높아졌습니다.

2. 월간 성과 보고서 – '한 달 동안의 변화'를 수치와 방향으로 보여주는 도구

시험 성적만을 전달하는 것을 넘어서, 학생의 학습 변화와 태도 성장 흐름을 한 달 단위로 정리하여 시각적으로 전달하는 것이 핵심입니다. 학부모는 '점수'보다는 '변화의 방향'을 통해 신뢰를 형성합니다.

"누적 성적 및 이해도 변화, 한 달간의 학습 목표 달성 현황, 수업 태도 및 생활 습관 변화, 테스트 평균 및 반 평균 대비 위치, 향후 개선 방향 또는 개인별 학습 전략 제안"

이와 같은 내용을 담아 매월 말일을 기준으로 작성하여, '이달의 성장 리포트'라는 이름으로 정기 발송하는 것이 좋습니다. 특히 성장 그래프나 비교 차트 등의 시각적 요소를 포함시키면 학부모의 반응이 훨씬 좋아집니다. 학생의 활동 사진 등을 함께 첨부하면 학부모의 감정적 만족도도 높아집니다.

경기도의 한 수학 전문 학원은 매월 개인별 성장 그래프와 문제 해결률 차트를 삽입하여 리포트를 제작합니다. 이 자료는 학부모들에게 큰 호응을 얻었고, 이 리포트 하나로 소개 등록이 급속도로 증가하는 효과를 가져왔습니다.

특히 이 학원은 리포트를 수신한 학부모가 다시 강사에게 피드백을 전달하는 쌍방향 피드백 루틴을 구축하여, 학부모와 학원 간의 신뢰를 공고히 하고 있습니다.

3. 학기말 종합 리포트 - 재등록 상담을 완성시키는 결정적 자료

학기 전체의 흐름을 한눈에 요약하고, 재등록 상담과 연결되는 결정적 설득 도구입니다.

이 보고서 하나만으로도 상담이 설득력 있게 진행되어야 하며, 재등록 전환율을 끌어올리는 핵심 무기로 활용됩니다.

"출결 통계 및 출석률 변화, 주요 시험 성적 및 실력 변화 분석, 커리큘럼 이행률 (계획 대비 실제 진도), 학기 중 특이사항 및 개선 내용, 다음 학기 목표 및 수업 방향 제안"

상담 예약 문자나 알림과 함께 이 내용이 담긴 리포트를 미리 발송해 두면, 상담 시 별도 설명 없이도 부모님은 큰 그림을 이미 인식하고 오게 됩니다. 여기에 학생의 오답 노트 일부, 과제 스캔본 등 실제 수업 결과물을 첨부하면 신뢰도가 크게 상승합니다.

대구의 한 입시 학원에서는 학기말 리포트에 '목표 대비 달성률' 항목을 삽입해, 진학 목표에 얼마나 가까워졌는지를 구체적으로 제시합니다. 이 보고서를 기반으로 부모와 학생이 함께 진로를 논의하는 사례가 많아졌으며, 학기말 상담 후 재등록률이 95% 이상 유지되는 결과로 이어졌습니다.

이 학원은 리포트 발송과 동시에 학기말 상담 예약 링크도 함께 전송하여, 상담 전환율까지 효율적으로 높이는 구조를 완성하였습니다.

문서화는 신뢰를 만든다

학부모는 학원에서의 아이를 직접 보지 못합니다.

그렇기 때문에 보고서를 통해 자녀의 변화를 '대신 보고' 싶은 욕구가 매우 강합니다.

단순히 문자나 전화로 상황을 전달하는 수준을 넘어서, 학부모가 체감할 수 있는 시각적, 구조적 자료가 제공되어야만 학원에 대한 신뢰는 실질적으로 형성됩니다.

이 보고서 3종 세트는 운영 효율성 향상, 학부모 만족도 상승, 재등록률 개선, 상담 전환율 증가라는 네 가지 효과를 동시에 가져오는 핵심 시스템의 실체입니다.

지금부터라도 부담 없이 시작해 보십시오.

복잡한 시스템보다 중요한 것은, 작은 보고서를 꾸준히, 일관되게 보내는 것입니다.

보이는 만큼 신뢰받고, 신뢰받는 만큼 재등록은 자연스럽게 따라오게 됩니다.

커뮤니케이션도 시스템입니다
― 감동은 일관된 루틴에서 나옵니다

학원 운영에서 학부모와의 소통은 단순한 친절의 문제가 아닙니다.
정보 전달이 곧 신뢰 형성의 시작점이며, 아무리 성실하게 수업하고 학습을 관리하더라도 그 내용을 부모에게 정기적으로, 구조적으로 전달하지 않으면 소용이 없습니다.

보고서만으로도 많은 정보를 전할 수는 있지만, 학부모 입장에서는 여전히 '말로 직접 확인하고 싶은 부분'이 존재합니다.
그래서 보고서 시스템과 더불어 반드시 함께 가야 할 것이 바로 정기적인 커뮤니케이션 루틴입니다.
이것은 단발성 이벤트가 아니라, 매달 반복되는 일상 속 관리 시스템이어야 합니다.

1. 월 1회 전화 상담 – 짧지만 진심이 느껴지는 정기 소통 운영 방식

한 달에 한 번, 학부모에게 5분 이내의 간단한 전화를 드리는 방식입니다.
상담의 목적은 '문제 해결'이 아니라, 학생의 현재 상태에 대해 관찰하고 있다는 메시지를 전달하는 데 있습니다.

질문은 2~3개 정도로 간결하게 구성하고, 리포트 내용이나 최근 수업 태도를 요약하는 형식으로 진행하면 좋습니다.

전화 전에는 간단한 안내 문자를 먼저 보내어 상담의 목적과 시간을 미리 약속하는 것이 좋습니다.

"안녕하세요, ○○학부모님. 이번 주 금요일 오후에 간단한 학습 피드백 전화를 드리고자 합니다. 시간 가능하신가요?"

저는 상담 중에 "아이 집중력이 예전보다 좋아진 것 같습니다"라고 말씀드린 적이 있습니다. 그러자 한 어머님께서 전화 너머로 눈물을 흘리며 고마움을 표현하셨습니다.

그 전화 한 통이 계기가 되어 해당 가정은 다음 학기 등록은 물론, 동생까지 등록하게 되었고, 이후 학부모님이 직접 블로그에 '이렇게까지 관찰해 주는 학원은 처음이다'라는 제목의 후기를 남기셨습니다. 그 글을 통해 새로운 학부모가 학원을 방문하기도 했습니다.

상담은 간결하게, 신뢰 형성에 집중,
사전 문자로 예약 및 안내, 상담은 기록으로 남겨두고 다음 상담에 반영

2. 주간 문자 피드백 - 간단하지만 꾸준한 메시지가 감동을 만든다

주 1회 이상, 학부모에게 간단한 문자 피드백을 전송하는 방식입니다.

내용은 주간 리포트를 간략히 요약하거나, 학생의 긍정적인 변화에 대한 한두 줄의 코멘트만으로도 충분합니다.

"이번 주 ○○이 오답률이 눈에 띄게 줄었습니다. 특히 어휘 파트에서

집중력이 돋보였습니다."

"숙제 이행률이 100%였습니다. 자기 주도 학습 습관이 잘 잡혀 가고 있습니다."

문자에 이미지나 리포트 링크가 함께 첨부되면 전달력과 신뢰도가 동시에 높아집니다.

또한 강사들이 쉽게 작성할 수 있도록 문자 템플릿을 만들어 두면 루틴화에 매우 유리합니다.

경남 창원의 한 중소 학원에서는 수업이 끝난 후 10분 이내에 수업에 대한 피드백을 자동 발송하는 시스템(클래스톡톡)을 활용했습니다.

강사들은 수업 직후 바로 템플릿을 활용해 코멘트를 작성하고, 학부모에게는 실시간에 가까운 피드백이 전달됩니다.

학부모들의 반응은 매우 긍정적이었고, "이 학원은 늘 우리 아이를 지켜봐 주는 느낌이 든다"는 평을 자주 받게 되었습니다.

실제로 이 시스템 도입 이후 퇴원이나 타 학원 이동률이 급격히 줄어들었고, 학부모 만족도가 안정적으로 유지되고 있습니다.

문자 피드백은 짧고 자주,
교사용 템플릿을 미리 구성, 링크/이미지 활용으로 전문성 강화

3. 분기별 대면 상담 또는 온라인 설명회 - 깊이 있는 신뢰를 쌓는 시간

한 학기에 한 번씩, 학부모를 직접 초대하거나 온라인으로 설명회를 진행하는 방식입니다.

이 자리는 단순한 상담이 아니라, 학원의 철학과 시스템, 아이의 성장 방

향을 함께 공유하는 소중한 접점입니다.

설명회는 무조건 '한 번에 몰아서' 하기보다는 학년별 또는 반별로 소규모로 진행하는 것이 효과적입니다.

또한 설명회 이후에는 상담 예약 링크나 재등록 안내 자료를 함께 제공하는 것이 중요합니다.

저희 위너스영수학원에서는 연 10회 이상의 학부모 설명회를 진행합니다.

특히 학생별로 개별 분석 자료와 진로 제안서까지 포함한 상담 키트를 제작하여 제공하는데, 이를 통해 많은 학부모가 "우리 아이만을 위한 전략이라는 느낌이 든다"는 피드백을 주셨습니다.

설명회가 끝난 직후에는 재원생들의 형제 및 재원생 지인들의 상담 예약이 몰리는 현상이 반복적으로 발생하고 있습니다.

"학생별 성과 요약 자료 준비, 학부모 FAQ 리스트 제작, 반별 사례 소개 및 성장 그래프 제공, 향후 커리큘럼 및 진로 제안 포함"

"분기별로 정기적인 대면 또는 온라인 상담, 설명회 자료는 시각적/데이터 기반, 상담 예약과 재등록 유도로 연계"

감동은 거창한 이벤트가 아니라, 반복되는 루틴에서 시작됩니다

학부모는 '아이를 어떻게 관리하는가'보다, '얼마나 관심을 가지고 꾸준히 지켜보는가'에 감동합니다. 그 감동은 갑작스러운 이벤트나 일회성 행사가 아니라, 매월 반복되는 전화, 매주 도착하는 문자, 분기마다 이어지는 상담 속에서 쌓입니다.

보고서와 커뮤니케이션 루틴이 정착된 학원은 다음과 같은 공통점을 보입니다.

"재원생 이탈률이 낮고, 신규 전환율이 높으며, 소개 등록이 자발적으로 발생합니다."

지금 바로 시작하십시오.

부담스럽지 않은 루틴부터 하나씩, 그러나 매주, 매월, 매 분기 빠짐없이 반복하는 시스템이 학원의 진짜 경쟁력이 됩니다. 결국 감동은 진심이 아니라, '진심을 전달할 수 있는 구조'에서 나옵니다.

그 구조가 바로 시스템이고, 그 시스템을 만드는 힘은 원장님의 실행력입니다.

학원, 이대로만 하면 된다

자동화 툴을 활용한
운영 효율 극대화

원장이 없으면 멈추는 학원,
그것은 구조의 실패입니다

많은 원장님들께서 이렇게 말씀하십니다.

"저 없이는 학원이 돌아가지 않습니다."

이 말은 단순한 자조나 겸손이 아닙니다. 실제로 상당수 학원이 원장 한 사람의 손에 모든 시스템이 의존하고 있는 현실을 보여 주는 고백입니다. 신규 등록 상담부터 출결 관리, 성적 정리, 리포트 작성, 수업 일정 조율, 과제 체크, 심지어 퇴원 관리까지, 학원의 운영 전반이 원장의 직접적인 개입 없이는 제대로 굴러가지 않는 구조 속에 놓여 있습니다.

문제는 이러한 운영 방식이 원장의 체력과 시간에 과도하게 의존하게 되며, 원장이 단 하루라도 자리를 비우거나 컨디션이 떨어질 경우, 곧바로 운영상의 오류와 혼란이 발생한다는 점입니다. 일시적인 공백에도 등록 누락, 상담 지연, 피드백 오류 등이 생기고, 이러한 반복은 학부모의 신뢰 저하와 원생 이탈로 이어질 수밖에 없습니다. 결국 원장의 피로가 누적되는 순간, 학원 전체가 위태로워지는 구조인 것입니다.

이러한 리스크를 줄이고, 학원을 '사람이 움직이는 조직'에서 '시스템이 작동하는 구조'로 전환하기 위한 핵심 전략이 바로 운영 자동화입니다.

운영 자동화는 단순히 업무를 줄이기 위한 편의 장치가 아닙니다. 반복적이고 오류 발생 가능성이 높은 업무를 시스템에 맡기고, 원장과 강사가 전략, 분석, 관계 구축 등 더 중요한 영역에 집중할 수 있도록 하는 '운영 안정화 도구'입니다. 이를 통해 원장이 자리를 비워도 학원은 정상적으로 작동하고, 일정 수준 이상의 품질을 유지하는 체계를 갖출 수 있게 됩니다.

여기서는 '운영 자동화'라는 개념을 단순한 기술 소개 수준에서 그치지 않고, 실제 현장에서 바로 도입 가능한 도구와 구조를 중심으로 구체적으로 설명드리겠습니다. 각 항목은 학원 운영의 핵심 영역인 출결 관리, 성적 및 과제 관리, 리포트 작성, 학부모 소통, 상담 예약 시스템으로 나누어, 어떤 시스템을 어떻게 도입하고, 실제 어떤 성과를 거두었는지를 사례 중심으로 안내드릴 것입니다.

지금부터 소개드릴 자동화 시스템은 결코 대형 학원이나 IT에 능숙한 학원만을 위한 것이 아닙니다. 중소 규모, 심지어 1인 운영 학원에서도 충분히 도입 가능하며, '운영자 한 사람'의 부담을 덜고, 학원의 신뢰도를 높이는 실질적인 대안이 될 수 있습니다. 중요한 것은 거창한 시스템이 아니라, 실행 가능한 구조부터 하나씩 적용하는 실천의 시작입니다.

1. 출결 관리 프로그램 도입
─ 출결 확인부터 문자 전송까지 단 3초면 끝납니다

학부모가 학원에 신뢰를 느끼는 첫 번째 기준은 바로 '출결 관리'입니다. 많은 부모님들은 다음과 같은 질문을 자주 합니다.

"우리 아이, 오늘 학원에 잘 도착했나요?"

"몇 시에 퇴원했나요?"

이처럼 아이의 위치와 안전 여부에 대해 학부모는 늘 민감할 수밖에 없습니다. 그리고 이러한 궁금증에 빠르고 정확하게 응답하는 학원은, 학부모에게 강한 신뢰를 줍니다. 그 신뢰는 곧 학원 선택의 기준이 되고, 재등록과 지인 추천으로 이어지게 됩니다.

그런데도 여전히 많은 학원에서는 출결을 수기로 체크하고, 수업 종료 후에 개별적으로 문자를 보내는 방식으로 운영하고 있습니다.

이 방식은 사람이 직접 처리해야 하므로 실수가 발생하기 쉽고, 학부모에게서도 '늦다', '빠뜨렸다'는 민원이 발생할 수 있습니다.

이 문제를 근본적으로 해결하는 방법이 바로 출결 관리 프로그램 도입입니다.

학생이 입실하거나 퇴실할 때 간단히 비밀번호를 입력하거나 카드를 터

치하면, 그 즉시 출결 정보가 기록되고 학부모에게 문자나 알림톡이 자동으로 발송됩니다. 출결 확인부터 문자 전송까지 단 3초면 끝나는 시스템입니다.

실제 울산의 한 중소 규모 영어 학원에서는 이 시스템을 도입한 후, 기존에 반복되던 학부모 민원이 완전히 사라졌습니다.

과거에는 "○○이 학원에 왔나요?", "퇴원 시간 좀 알려 주세요"와 같은 문의가 자주 있었지만, 자동 출결 시스템 도입 이후부터는 이와 관련된 어떤 문의도 오지 않게 되었습니다.

학부모는 매일 실시간으로 문자 알림을 받음으로써 "학원이 아이의 출결과 안전을 철저히 관리하고 있다"는 인식을 갖게 되었고, 이 인식은 자연스럽게 소개 등록률의 상승으로 이어졌습니다.

해당 학원은 이 프로그램만 도입했는데도 불구하고 3개월 만에, 지인 추천을 통한 신규 등록 비율이 두드러지게 증가했습니다.

출결 관리 프로그램은 단순히 출석 체크만을 위한 도구가 아닙니다. 아이의 안전을 부모에게 실시간으로 전달하는 시스템이며, 학원에 대한 신뢰를 구축하는 핵심 요소입니다. 복잡한 설정 없이도 쉽게 적용할 수 있으며, 업무 효율은 물론 학부모 만족도까지 동시에 높일 수 있는 아주 간단하지만 강력한 도구입니다. 출결 시스템 하나만으로도, 학원의 신뢰도와 상담 전환율, 소개율이 눈에 띄게 달라질 수 있습니다.

그리고, 매일의 출결 기록이 자동으로 일일 관리 보고서에 누적되도록 시스템을 세팅해 두면, 강사나 원장이 별도로 정리할 필요 없이, 전체 학생의 출석 상태를 한눈에 파악할 수 있습니다. 이는 주간 리포트 작성이나 상담 자료로도 유용하게 활용됩니다.

이처럼 출결 관리 프로그램은 단순한 '편의 기능'이 아니라, 학부모의 신뢰를 확보하고, 학원 운영의 체계화 수준을 한 단계 높이는 핵심 전략입니다. 도입 비용과 시행 초기의 수고는 크지 않으며, 장기적으로는 민원 감소, 업무 경감, 학부모 만족도 상승이라는 세 가지 효과를 동시에 가져오는 강력한 무기가 될 수 있습니다.

지금 당장 실행해 보셔도, 절대 후회하지 않으실 것입니다.

2. 성적과 과제 관리 자동화
– 수작업 없이 정밀하게, 평가 체계의 수준을 한 단계 높이십시오

많은 학원에서는 여전히 테스트 결과를 종이에 손으로 기록하고, 이를 다시 엑셀로 옮긴 다음, 정리된 자료를 보고서 형태로 편집하여 학부모에게 전달하고 있습니다. 이 모든 과정은 상당한 시간이 소요될 뿐 아니라, 오류 발생 가능성도 높고, 반복되는 수작업으로 인해 강사의 피로감도 커지게 됩니다.

하지만 이 일련의 과정을 체계적으로 자동화하면, 평가 및 과제 관리는 훨씬 효율적이고 안정적인 구조로 전환됩니다. 실제로 성적 및 과제 관리의 자동화는 단순한 업무 경감 수준을 넘어, 학생의 학습 패턴을 정밀하게 분석하고, 학부모에게 신뢰도 높은 정보를 제공하는 체계로 진화할 수 있습니다.

자동화에 활용 가능한 시스템 구조

자동화를 위해 특별한 프로그램을 개발할 필요는 없습니다. 구글의 무료 도구만으로도 충분히 실용적인 자동화 체계를 구축할 수 있습니다.

학생이 시험 직후 본인의 점수나 문제 번호 등을 구글 폼에 입력하면, 그 데이터가 자동으로 구글 시트에 저장됩니다. 강사는 일일이 수작업으로 입력하지 않아도 되며, 데이터가 누락되거나 잘못 기입될 가능성도 줄어듭니다.

자동으로 수집된 데이터는 조건부 서식을 통해 색상으로 구분됩니다. 예를 들어, 오답률이 높은 항목은 붉은색으로 표시되고, 숙제를 제출하지 않은 항목은 회색으로 나타납니다. 이렇게 색상 기반의 시각화를 통해, 강사는 한눈에 학습 취약 구간을 파악할 수 있습니다.

학생의 월별 성적 변화나 숙제 이행률을 바탕으로 그래프가 자동 생성되며, 해당 차트는 학부모 리포트에 자동 삽입됩니다. 이처럼 시각화된 데이터는 학부모가 자녀의 학습 상태를 보다 명확하게 이해할 수 있도록 돕습니다.

광주에 위치한 한 중등부 영어 전문 학원에서는 학생들의 성적과 과제 관리에 자동화 시스템을 성공적으로 도입해 운영하고 있습니다.

이 학원에서는 매주 학생들의 테스트 점수와 숙제 이행률을 구글 시트에 입력하고 있습니다. 여기에 아주 간단한 '색상 표시 기능'을 활용해, 점수가 낮은 학생은 빨간색, 숙제를 잘한 학생은 초록색으로 자동 표시되게 설정해 두었습니다.

또한 한 달에 한 번씩 학부모님께 드리는 월간 학습 리포트에는 이 데이터를 바탕으로 그래프가 만들어져 들어갑니다. 누가 어느 과목을 잘했는지, 어떤 단원에서 오답이 많았는지 한눈에 확인할 수 있도록 시각적으로 정리된 자료입니다.

처음에는 강사 한 명이 리포트를 정리하는 데 평균 6~7시간이 걸렸지만, 이 시스템을 도입하고 나서는 1시간 이내로 작업이 마무리된다고 합니다. 그만큼 강사들의 업무 피로도가 줄었고, 학부모님들의 반응은 훨씬 더 좋아졌습니다. 실제로 리포트를 확인한 학부모들의 피드백 응답률도 크게 높아졌다고 합니다.

이 시스템의 핵심은 '수작업을 줄이는 것'이 아니라, 강사의 역할을 자료 정리자에서 학습 분석가로 전환시키는 구조를 만든다는 데 있습니다. 자동화 이후 강사는 더 이상 데이터를 일일이 정리하는 데 시간을 쓰지 않고, 그 데이터를 기반으로 다음과 같은 전략적 업무에 집중할 수 있게 됩니다.

학생 개별 성향 분석, 오답 유형별 보강 수업 설계,
누적 학습 데이터 기반의 학기 커리큘럼 조정,
학부모 상담 시 학습 패턴 시각 자료 제공

또한, 이렇게 쌓인 학습 이력 데이터는 다음 학기 커리큘럼을 설계할 때 매우 중요한 자료가 됩니다. 예를 들어, "2학기에 문법 3단원에서 오답률이 70%를 넘었던 학생이 10명 이상 있었다"는 분석 결과가 도출된다면, 다음 학기에는 해당 단원을 중심으로 심화 수업을 설계하거나, 중간 보강 프로그램을 추가할 수 있습니다.

성적과 과제 관리 자동화는 단지 '시간을 아끼는 기술'이 아닙니다. 그것은 운영의 수준을 시스템 중심으로 끌어올리고, 강사의 전문성을 학습 전략에 집중하게 만드는 운영 혁신의 핵심축입니다.

원장님께서 이 자동화 구조를 학원에 도입하는 순간, 학부모는 더 정밀한 피드백을 받고, 강사는 보다 여유 있는 운영 속에서 학생 한 명 한 명을 더 깊이 이해할 수 있게 됩니다. 결국 그 변화는 '학원의 신뢰'라는 눈에 보이는 성과로 이어지게 될 것입니다.

3. 보고서 제작 자동화
— 반복 작업은 기계에게 맡기고, 진짜 코멘트는 교사가 작성하십시오

보고서는 학원 운영에서 절대 빠질 수 없는 필수 자료입니다. 매주 작성되는 주간 보고서, 매월 요약되는 월간 리포트, 그리고 학기말에 제공되는 학습 성장 보고서까지.

이 자료들은 학부모의 신뢰를 형성하고, 학생의 학습 성과를 분석하며, 다음 커리큘럼을 설계하는 데 있어 반드시 필요한 기본 문서입니다.

하지만 현실은 어떻습니까?

아직도 많은 학원에서는 강사가 리포트를 하나하나 직접 타이핑하며, 매번 같은 양식을 반복해서 작성하느라 과도한 시간이 소모되고 있습니다. 그 과정에서 누락이 발생하거나, 리포트 품질이 들쑥날쑥해지는 일도 잦습니다. 특히 업무량이 많은 시기에는 보고서를 작성하는 것 자체가 큰 부담으로 작용하기도 합니다.

이러한 상황을 개선하기 위해 반드시 필요한 것이 바로 '보고서 자동화 시스템'입니다.

보고서 자동화 시스템이란 무엇인가?

보고서 자동화란, 기본적인 틀(템플릿)을 미리 만들어 두고, 학생별 데이터를 입력하면 문서가 자동으로 생성되도록 하는 구조를 말합니다. 이 시스템을 활용하면, 강사는 매번 같은 양식을 반복적으로 작성할 필요 없이, 핵심적인 피드백과 개별 코멘트에만 집중할 수 있습니다.

예를 들어, 학생의 이름, 주간 테스트 성적, 숙제 이행률 등의 데이터를 엑셀이나 구글 시트에 입력하면, 이 정보가 자동으로 보고서 문서에 삽입되어 완성됩니다. 이후 PDF로 저장되고, 학부모에게 문자나 카카오채널을 통해 자동 전송되도록 설정하는 것이 전반적인 구조입니다.

실제 현장 적용 사례

경기도 수원의 한 고등부 입시 전문 학원에서는, 강사가 직접 텍스트로 리포트를 작성하는 기존 방식에서 벗어나, 엑셀 기반 자동 보고서 생성 시스템을 도입했습니다. 이 시스템에서 강사가 해야 할 일은 단 두 가지입니다.

- 학생 이름을 선택한다
- 한 줄짜리 코멘트를 입력한다

그러면 나머지 정보는 자동으로 채워지고, 완성된 리포트는 PDF로 저장되어 학부모에게 자동 발송됩니다.

도입 초반에는 약간의 세팅 시간이 필요했지만, 이후부터는 반복 작업에서 강사가 완전히 해방되었으며, 누락률은 0%, 피드백 도달률은 "100%"

를 기록하고 있습니다.

이 학원의 강사들은 이렇게 말합니다.

"이전에는 보고서를 쓰는 일이 고역이었지만, 이제는 '무엇을 쓸까'가 아니라 '어떤 전략을 쓸까'를 고민할 수 있게 되었습니다."

실전 적용 팁

보고서 자동화 시스템을 구축하실 때는 아래와 같은 요소들을 반드시 포함시키는 것이 좋습니다.

- 표지 디자인: 학원 로고, 학기명, 학생 이름이 자동 삽입되도록 설정
- 학생 사진 삽입: 등록된 사진을 자동 불러오는 기능 활용
- 오답률 그래프: 성적 데이터를 기반으로 자동 생성되는 차트 삽입
- 코멘트 입력 필드 분리: 교사의 자유로운 피드백 작성 공간 확보
- 예약 발송 시스템 연동: 매주 정해진 시간에 리포트가 자동 전송되도록 설정

이처럼 구조화된 리포트는 학부모에게 전달되는 순간부터 "이 학원은 우리 아이의 학습을 체계적으로 관리하고 있다"는 확신을 줄 수 있으며, 동시에 강사는 반복 작업에서 해방되어 더욱 질 높은 수업과 상담에 집중할 수 있게 됩니다.

보고서 자동화는 단순한 편의 도구가 아닙니다.

그것은 운영의 일관성을 유지하면서, 강사의 에너지를 가장 중요한 곳 "바로 학생에 대한 분석과 코칭"에 집중시키는 시스템 설계의 핵심 도구입니다.

지금 이 시점에서 원장님께서 보고서 자동화 구조를 학원에 도입하신다면, 학부모의 만족도는 급상승할 것이며, 강사의 피로도는 눈에 띄게 줄어들고, 학원의 운영 안정성은 새로운 단계로 진입하게 될 것입니다.

무엇보다 중요한 점은, 강사와 학부모가 '자료의 양'이 아닌 '자료의 신뢰도'로 소통하게 되는 시스템이 만들어진다는 사실입니다. 이는 재등록률 상승과 입소문 마케팅의 핵심 기반이 됩니다.

학원, 이대로만 하면 된다

원장이 없어도
돌아가는 학원의 조건

학원을 운영하다 보면 "내가 없으면 학원이 멈춘다"는 현실에 맞닥뜨리는 경우가 많습니다. 상담도, 수업도, 학부모 피드백도, 심지어 일정 조정까지 모두 원장이 직접 나서야만 굴러가는 구조. 이러한 상황은 결국 원장의 체력과 시간이 곧 학원의 한계가 되는 구조이며, 지속 가능하지 않은 운영 방식입니다. 이제는 원장이 자리에 없어도 학원이 원활히 돌아갈 수 있는 시스템을 갖추는 것이 무엇보다 중요합니다. 다시 말해 '원장 의존형 운영'에서 벗어나 '시스템 중심의 학원 경영'으로 전환해야만 장기적인 성장을 기대할 수 있습니다.

첫째, 매뉴얼이 준비된 학원은
누구든 운영을 이어갈 수 있습니다

학원 운영의 기초는 바로 '매뉴얼'입니다. 매뉴얼은 단순한 설명서가 아니라, 원장의 경험과 판단 기준, 운영 철학이 체계적으로 정리된 문서입니다. 수업 준비 체크 리스트, 교재 선정 기준, 신입생 상담 절차, 학부모 응대 방식, 심지어 비상 상황에서의 대응 프로토콜까지 세부 항목을 문서화해 두면, 원장이 부재중일지라도 직원이 매뉴얼을 따라 학원을 안정적으로 운영할 수 있습니다.

예컨대, 경기 분당의 한 중형 영어 학원에서는 40페이지 분량의 운영 매뉴얼을 신입 직원에게 제공하고 있습니다. 이 매뉴얼을 바탕으로 신규 강사가 단기간에 상담, 수업, 리포트 작성까지 숙지하게 되었으며, 원장이 해외 출장을 떠난 2주 동안 아무런 문제 없이 학원이 운영되었습니다. 실제 운영에 있어 매뉴얼은 인쇄물보다 PDF 형태로 저장해 내부 서버나 클라우드 공간에 상시 업로드해 두는 것이 효율적이며, 강사별 맞춤 매뉴얼을 따로 구성함으로써 업무 충돌을 방지할 수 있습니다.

둘째, 중간관리자가 책임을 분담해야
학원이 유기적으로 움직입니다

학원 운영이 특정 한 사람의 판단에만 의존하지 않기 위해서는 '중간 관리자'를 반드시 육성해야 합니다. 부원장, 팀장, 수석 강사 등 명확한 직책과 권한이 부여된 실무 책임자가 있을 경우, 일상 운영은 물론 위기 상황에서도 빠르게 판단하고 대응할 수 있습니다.

예를 들어, 학사 관리 담당자는 수업 시간표와 강사 일정 조율, 결강 및 보강 처리 등을 담당하고, 학습 관리 담당자는 학생 성적 분석과 오답 정리, 성과 리포트를 검토합니다. 상담 부문은 신입생과 재등록 상담, 학부모 설명회 진행 및 민원 대응을 전담하게 됩니다.

저희 학원에서는 과목별 실장님이 학습 운영과 강사 피드백을 총괄하고, 부원장이 학부모 상담과 커뮤니케이션을 담당하고 있습니다. 제가 전략 수립과 외부 마케팅에 집중하며 자리를 비운 기간 동안 학원은 안정적으로 운영되고 있습니다. 이처럼 역할이 명확히 분담된 구조는 향후 분원 확장 시에도 효과적으로 작동할 수 있습니다.

이러한 체계를 유지하기 위해서는 월 1회 중간 관리자 회의를 통해 운영 리포트를 공유하고, 단순한 보고가 아닌 결정 권한까지 부여함으로써 자율성과 책임감을 함께 키워 주는 것이 중요합니다.

셋째, 반복되는 업무는 루틴화하여
자동으로 작동하게 만들어야 합니다

보고서 작성, 상담 일정 수립, 테스트 시행, 학부모 피드백, 강사 회의 등 정기적으로 반복되는 업무들은 모두 사전에 정해진 루틴에 따라 움직이도록 만들어야 합니다. 이를 위해 주간·월간·분기별 일정표를 캘린더 기반으로 시스템화하여, 알람 기능과 함께 각 담당자에게 자동으로 안내가 가도록 설정해 두면 됩니다.

수원의 한 입시 학원은 구글 캘린더를 활용하여 학사 일정을 체계적으로 관리하고 있습니다. 일정은 자동 알람과 업무 노트를 포함하고 있어, 강사는 자신의 핸드폰으로 그날의 할 일을 확인하고 바로 실행할 수 있습니다. 이러한 시스템은 업무 누락을 방지하고, 신입 직원도 별도의 교육 없이 루틴에 따라 업무에 적응할 수 있도록 도와줍니다.

특히 반복 일정은 1년 단위로 미리 입력해 두고, 체크 리스트 및 담당자 지정을 통해 실행 가능성을 높이는 것이 중요합니다.

넷째, 평가와 피드백 시스템은
강사의 성장을 이끄는 핵심 구조입니다

강사나 직원이 스스로 성장하는 학원을 만들기 위해서는 지시와 보고에 의존하는 방식에서 벗어나야 합니다. 정기적인 피드백과 평가 시스템이 운영되고 있어야만, 직원들은 책임감을 갖고 자신의 역할을 주도적으로 수행하게 됩니다.

경남 창원의 한 영수학원은 수업 만족도와 학생 성적 향상률을 결합한 내부 평가 지표를 활용하고 있습니다. 이 지표는 분기별 피드백 회의에서 강사에게 공유되며, 우수 강사에게는 인센티브를 지급하고 있습니다. 이로 인해 강사들은 자연스럽게 수업의 질을 관리하고, 자기 주도적인 발전을 추구하게 됩니다.

운영 팁으로는, 익명 설문보다는 직접 대면하여 피드백을 전달하는 방식이 성장에 더 효과적이며, 평가 기준은 현장 흐름에 맞게 연 1회 이상 점검하고 수정하는 것이 바람직합니다.

다섯째, 원장은 운영자가 아니라 설계자이자 전략가로 거듭나야 합니다

학원장이 모든 업무에 직접 개입하는 구조는 학원 전체의 성장을 가로막는 요인이 됩니다. 원장의 본질적인 역할은 모든 일을 처리하는 것이 아니라, 방향을 설정하고 시스템을 설계하며 브랜드를 관리하는 일입니다.

저는 매월 첫째 주에 2시간 이상을 투자해 맛있는 브런치 겸 점심 식사와 함께 운영 전략 회의를 주관합니다. 중간 관리자들과 함께 데이터를 분석하고, 마케팅 전략을 점검하며, 설명회 피드백과 상담 루틴까지 세부 조정을 진행합니다. 또한 블로그와 SNS 콘텐츠 전략을 함께 설계하여 브랜드의 통일성을 유지하고 있습니다.

이를 위해 원장은 수업이나 상담보다도 '운영 시스템 점검'에 주 1회 이상 시간을 투자하는 것이 필수적이며, 필요하다면 외부 전문가의 코칭을 통해 운영의 객관성을 확보하는 것도 좋은 방법입니다.

시스템이 움직이는 학원은 곧 원장이 지켜지는 학원입니다. '원장이 없어도 돌아가는 학원'이란, 결코 게으른 운영이 아닙니다. 오히려 학원의 지속 가능성과 성장 가능성을 확보하는 가장 현실적이고 전략적인 방법입니다. 처음에는 낯설고 번거롭게 느껴질 수 있지만, 장기적으로 원장의 체력과 마음을 지켜주는 든든한 운영 보험이 되어 줄 것입니다.

이제는 사람에 의존하는 운영 방식에서 벗어나, 시스템을 마련하는 경영의 출발선에 서야 할 때입니다. 이것이 바로 '브랜드 학원'으로 도약하는 가장 중요한 첫걸음입니다.

7

현장에서 증명된
성공 학원의 사례

현장에서 증명된
성공 학원의 사례

"원장님, 정말 이대로만 해도 연 1억이 가능할까요?"

세미나 현장에서, 1:1 컨설팅 자리에서, 그리고 온라인 댓글을 통해서까지 수없이 받아 온 질문입니다. 이에 대한 저의 대답은 언제나 변함이 없습니다.

"예, 가능합니다. 단, 시스템이 작동해야 합니다."

지금까지 이 책에서는 학원의 성공을 위한 핵심 전략들을 사전 홍보, 오픈 시스템, 커리큘럼 설계, 상담 루틴, 보고서 전략, 커뮤니케이션 방식, 그리고 운영 자동화 도구까지, 단계별이자 세부적으로 안내하였습니다. 그러나 그 모든 전략은 사실 하나의 목표를 향하고 있었습니다. 바로 '원장 개인 역량에만 의존하는 학원'이 아닌 '시스템이 스스로 작동하는 학원'을 만드는 것입니다.

제7장에서는, 앞서 다룬 전략과 시스템이 실제 학원 운영 현장에서 어

떻게 구현되고 성과로 이어졌는지를 생생하게 보여 드리겠습니다. 추상적인 이론이나 개념이 아닌, 실제 사례입니다. 여러분과 똑같이 불안과 고민 속에서 출발했던 원장님들이 어떤 과정을 거쳐 실행했는지, 그리고 어떤 시행착오를 넘어 성장을 이뤘는지를 낱낱이 담았습니다.

여기서 소개할 학원들은 모두 연 매출 1억 원 이상을 달성했거나, 단기간에 월순익 1,000만 원을 돌파한 사례들입니다. 그리고 이 모든 성공의 중심에는 '캡틴 시스템'이 자리 잡고 있습니다. 해당 시스템을 도입하고, 실행하며, 피드백을 통해 개선하는 과정을 반복한 끝에, 이 학원들은 더 이상 '원장 부재 시 멈추는 개인 사업'이 아니라 '시스템 기반의 기업'으로 진화했습니다.

이 장은 단순히 성공담을 나열하는 것이 아닙니다. 각 사례는 앞서 설명한 전략들의 실전 적용 예시이자, 원장님께서 '어떤 순서로, 무엇을 실행해야 하는지'를 바로 따라 할 수 있도록 설계된 실행 가이드입니다. 단순한 매출 그래프가 아닌, 어떤 루틴이 이탈률을 낮추었는지, 어떤 보고서가 재등록을 이끌었는지, 어떤 구조가 원장을 '업무 과부하'에서 해방시켰는지까지 세세히 다룰 것입니다.

혹시 현재 원장님의 학원이 다음과 같은 상황에 해당한다면, 이 장을 특히 주목하시길 권합니다.

- 홍보를 해도 등록이 잘 되지 않는 학원,
- 원장이 없으면 운영이 멈추는 구조의 학원,
- 보고서나 상담 시스템이 전혀 없는 학원,
- 퇴원율이 높아 항상 불안한 학원,

- 학부모의 추천이나 소개가 거의 없는 학원

위와 같은 상황일지라도 단언컨대, 시스템으로 재가동할 수 있습니다. 그리고 실제로 그렇게 '다시 일어난 학원'이 존재합니다. 그 실제 사례들을 지금부터 하나씩 공개하겠습니다.

이번 장은 오픈 6개월 만에 월순익 1,200만 원을 돌파한 학원의 시스템 전략으로 시작합니다. 이어서 각 상황별로, 다양한 실전 운영 사례들을 단계적으로 정리하여 보여 드리겠습니다.

이 장을 다 읽고 난 뒤 원장님께서 "정말 되는구나!"라는 확신을 품게 되기를 바랍니다. 그리고 나아가, 원장님 학원에서도 이 시스템을 '실행'에 옮기시기를 기대합니다. '할 수 있다'가 아니라 '할 것이다'로 바뀌는 그 순간, 학원은 완전히 다른 궤도에 오르게 될 것입니다.

오픈 6개월 만에
월순익 1,200만 원 달성 학원의 비밀

교습 경험은 있었지만,
시스템은 처음이었던 한 원장의 이야기

이 케이스의 주인공은 경기도의 한 신도시에서 영어·수학 학원을 창업하신 A 원장님이십니다. 이분은 교습 경험은 꽤 풍부하셨지만, 마케팅이나 상담, 그리고 학원 시스템 운영에 대한 전문성은 부족한 상태였습니다. 하지만 이분에게는 한 가지 무기가 있었습니다. 바로 오픈 전에 '캡틴 시스템'을 도입하고, 단계별 사전 준비를 철저하게 실행했다는 점입니다. 그 결과는 어땠을까요? 오픈 6개월 만에 월순익 1,200만 원을 돌파하게 됩니다. 그야말로 '학원 시스템 경영'의 대표 사례라 할 수 있습니다.

전단지 12만 장과 하루 두 번 대면 캠페인
— '진짜' 전투형 마케팅

A 원장님의 사전 홍보 전략은 말 그대로 '전면전'에 가까웠습니다. 오픈 전 2개월 동안 무려 12만 장 이상의 전단지를 제작하여, 학원 주변 3km 이내 전 지역을 타기팅하였습니다. 전략적 요충지는 명확했습니다. 학교 주변, 아파트 게시판, 학원 밀집 지역 등 전단지의 가시성을 극대화할 수 있는 곳이었습니다. 특히 주 2회씩 거리 배포 전담 시간을 정하고, 팀을 꾸려 직접 배포하였는데, 핵심은 단순히 뿌리는 것이 아닌 '학부모 등하교 타임'을 노린 집중 배포였습니다. 이건 체력 싸움뿐만 아니라 '타이밍 싸움'이기도 했습니다.

현수막 전략도 독특했습니다. 상가 입구, 대형 마트 입구, 초등학교 정문 앞에 현수막 6장을 동시에 설치했고, 문구는 "3일 무료 체험 + 개별 상담 선착순 마감"이라는 강력한 후킹 메시지였습니다. 더 놀라운 점은 매주 문구를 바꿔 가며 계속 시선을 끌었다는 것입니다. 매번 새로운 문구와 더불어 온라인 리뷰와 연동된 QR코드도 포함되어 있어, 오프라인-온라인 연결 전략도 함께 구사하셨습니다.

그러나 진짜 백미는 바로 A 원장님의 '대면 캠페인'이었습니다. 이분은 오픈 전 2달 동안, 하루도 빠짐없이 아침 7시 30분과 오후 1시 30분에 학교 앞에서 학부모를 직접 마주하며 상담을 진행하였습니다. 이건 단순한 영업이 아닙니다. 말 그대로 '전투형 영업'입니다. 현장에서 바로 무료 체험 상담 신청서를 받고, 당일 카카오 채널로 리마인드 메시지를 보내며 전환율을 끌어올리는 구조였죠. 이렇게 확보한 초기 등록자만 53명이었습니다.

"전단지만 10만 장 이상 돌리고, 하루 두 번 대면하면서 상담 연습을 반복했어요. 처음엔 민망했지만, 2주 지나니 반응이 달라지더라고요."

단순히 전단지만 열심히 돌렸다고 이런 결과가 나온 건 아니었습니다. 전단지 이후, SNS와 카카오 채널, 무료 체험 후기 콘텐츠까지 맞물려 돌아간 '입체 홍보' 전략이 입소문을 확산시켰습니다. 특히 '매주 금요일 무료 체험 후기 게시 + 상담 예약 링크 연동' 전략은 전환률을 비약적으로 끌어올린 결정적 요인이었습니다.

수업보다 상담 시스템이 먼저
— 신뢰는 설계로 만든다

A 원장님은 수업보다 상담 시스템을 먼저 구축하셨습니다. 상담은 단순히 정보를 전달하는 것이 아니라, 학부모의 감정을 움직여야 한다는 철학을 가지고 계셨습니다. 그래서 첫 만남용 상담 스크립트, 학부모 성향별 대응 매뉴얼, 예상 질문 대응표 등을 미리 만들어 놓고 상담 전 시뮬레이션을 수차례 연습하셨습니다. 결국 상담은 연극처럼 '준비된 공연'이었습니다.

특히 주간 리포트, 월간 성과 리포트도 오픈 전에 이미 디자인을 완료했고, 무료 체험 기간에도 해당 보고서를 파일로 제작하여 학부모에게 발송했습니다. 심지어 체험생 한 명에게도 정식 등록생처럼 리포트를 제공했습니다. 그 결과, 학부모는 이런 반응을 보였습니다.

"이런 관리 방식은 처음 본다."

"수업은 못 봐도, 보고서는 볼 수 있잖아요. 부모는 자료에서 진심을 느끼는 것 같아요."

상담 시에는 리포트를 시각화한 차트와 성적 추이 예시, 그리고 목표 달성 사례집을 활용해 설득했습니다. 이건 단순히 감정만 자극하는 것이 아니라, 데이터로 신뢰를 보태는 '감정 + 데이터' 이중 설득 구조였습니다. 상담 경험이 적은 분들도 이 구조를 활용하면 쉽게 신뢰를 얻을 수 있습니다.

루틴화된 자동화 시스템으로
확보한 하루 3시간

A 원장님은 운영의 70% 이상을 자동화하셨습니다. 출결 문자, 피드백 문자, 과제 제출 체크, 상담 리마인드 메시지, 월간 보고서 요약까지 모두 예약 시스템으로 처리하였습니다. 특히 구글 스프레드시트와 매크로 기능을 활용하여, 학생별 리포트가 자동으로 생성되는 구조를 마련하였습니다.

이 시스템 덕분에 A 원장님은 하루 평균 3시간 이상의 여유 시간을 확보하게 되었고, 그 시간은 모두 유튜브 콘텐츠 제작, 블로그 운영, 학부모

Q&A 라이브 방송 등 브랜딩 콘텐츠 제작에 사용되었습니다. 이 콘텐츠들을 본 학부모들이 직접 연락을 해 오며, 심지어 콘텐츠를 보고 '전학' 온 학생도 세 명 이상 있었다고 합니다.

"이제 제가 직접 수업 안 해도 학원이 굴러갑니다. 저는 매출 구조만 보고 판단하죠."

이 정도면 '운영자'가 아니라 '경영자'의 자세입니다. 학원도 결국 하나의 기업이고, 원장은 '플레이어'가 아니라 '디렉터'여야 한다는 걸 보여 주는 사례였습니다.

수익보다 '데이터'를 중시한
전략적 운영의 결실

A 원장님의 학원은 총 좌석 수 42석 중 수업 운영률이 90% 이상을 유지하였고, 월 고정 지출이 약 680만원임을 고려했을 때, 순익은 1,200만 원에 도달하였습니다. 특히 SNS 후기와 학부모 커뮤니티에서의 추천 덕분에, 다른 지역에서 전학 오는 학생도 생겼고, 현재는 3개월 대기 명단까지 운영 중입니다.

하지만 더욱 주목할 만한 점은 오픈 후 3개월 동안, 이분은 수익보다 데이터를 더 중요하게 생각하셨다는 사실입니다. 학생별 상담 횟수, 과제 수행률, 피드백 응답률 등을 철저히 기록해 두었고, 다음 학기 커리큘럼 설계와 마케팅 전략에 반영하셨습니다. 이 데이터 루틴은 단순 반복이 아니라 '개선의 근거'가 되었고, 결과적으로 재등록률을 95% 이상으로 끌어올리는 핵심 전략이 되었습니다.

이 케이스는 단순히 열정만으로 이룬 성과가 아닙니다. 시스템을 먼저 설계하고, 그것을 일관되게 실행했기 때문에 가능한 결과였습니다. 여러분이 지금 이 책을 읽고 계신다면, A 원장님의 이야기는 곧 '여러분의 이야기'가 될 수 있습니다. 시스템은 결코 여러분을 배신하지 않습니다. 다만, 실행이 필요할 뿐입니다.

3개월 리뉴얼로 부활한
학원의 시스템 리빌딩

운영 종료 직전,
탈진한 학원이 다시 살아난 이유

이번 사례의 주인공은 부산의 한 노후 상가 건물에서 6년간 중형 학원을 운영해 온 B 원장님입니다.

한때 학생 수가 100명을 넘어서며 활기를 띠던 학원이었지만, 시간이 지나면서 상황은 급격히 나빠졌습니다. 새로 들어온 경쟁 학원, 코로나19의 직격탄, 학부모들의 관심 이탈 등 모든 악재가 한꺼번에 덮쳤습니다.

그 결과, 학생 수는 30명 이하로 급감했고, 강사들도 차례로 떠났습니다. 운영비는 눈덩이처럼 불어나는데, 수입은 바닥을 쳤습니다. 원장님 본인도 탈진 상태에 이르러, "이제 문을 닫아야 하나…" 하는 절망적인 고민을 하게 되었죠.

바로 그때, 우연히 '캡틴 시스템'을 접하게 되었고, 원장님은 마지막 도전을 결심합니다. "무너지는 학원을 다시 세우겠다"는 각오로, 시스템 기반의 전면 리빌딩을 시작했습니다.

그리고 단 3개월 만에, 그 학원은 '대기 학원'으로 탈바꿈했습니다.

문제 진단은 A4 한 장에서 시작된다

B 원장님의 리빌딩은 거창한 기술이 아니라, A4 한 장짜리 진단표에서 출발했습니다. 상담, 커리큘럼, 피드백, 홍보 등 학원 운영의 모든 요소를 한 장에 요약해 시각화한 것이죠.

이 단순한 작업을 통해 명확해진 사실은, 학원에 3무(無) 구조가 자리 잡고 있었다는 것입니다.

> 상담 없음: 신규 학부모와의 접점이 거의 전무
> 피드백 없음: 재원생 학부모와의 소통 부재
> 노출 없음: 지역사회와 온라인에서의 존재감 제로

이 세 가지가 없다면, 학원은 자동으로 쇠퇴합니다.

그래서 B 원장님은 가장 먼저 상담·피드백·노출 3대 축을 복원하는 데 집중했습니다.

> 커리큘럼 전면 재정비: 학년별·수준별 맞춤 설계
> 재원생 리포트 도입: 수업 후 24시간 내 발송 원칙
> 과제 리마인드 및 오답 관리 루틴 확립
> 상담 구조화: '사전 예약 → 사전 설문 → 맞춤 리포트' 루틴 고정

지역 커뮤니티·콘텐츠·전단지의 3중 전략

이전까지는 지역 커뮤니티에서 '그 학원'의 존재 자체가 안 보이는 수준이었습니다. 그러나 리빌딩 이후, 원장님은 블로그, 맘카페, 인스타그램, 당근마켓 등 SNS 채널에 하루 2회 콘텐츠를 업로드했습니다.

콘텐츠의 주제도 전략적으로 선정했습니다.

수업 후기 (실제 학생 반응과 전후 비교)
문제풀이 리뷰 (학습 과정의 신뢰도 상승)
상담 후기 (신규 학부모의 공감 유도)
전단지 요약 포스트 (온라인-오프라인 연동)

또한 모든 콘텐츠에는 카카오 채널 QR코드를 연동해 즉시 상담 신청이 가능하도록 설계했습니다.

전단지도 문제 해결형 메시지로 리뉴얼했습니다.

"영어는 잘하는데 성적이 안 나오는 아이"

"수학 기본이 부족한 아이가 해야 할 4주 전략"

전단지에 그냥 학원 이름과 주소만 적는 시대는 끝났습니다.

부모의 고민을 정확히 찌르는 문구가 관심을 '행동'으로 바꾸는 결정적 요인이 되었습니다.

학원 분위기의 전면 리셋

리빌딩은 마케팅에만 그치지 않았습니다.

시설 전체를 리모델링하지는 않았지만, 일부 인테리어를 새로 하고, 교재를 자체 제작본으로 교체했습니다.

작은 변화지만, 학부모와 학생 모두 '완전히 새로운 학원'처럼 느끼게 만드는 효과가 있었습니다.

원장이 아닌 '콘텐츠'가 상담하게 만들다

상담도 완전히 달라졌습니다.

원장님의 블로그에는 매주 칼럼이 업로드되었고, 상담 자리에는 원장 전용 매뉴얼북과 상담 준비 키트가 함께했습니다.

상담의 결론은 항상 이렇게 맺었습니다.

"이 학원은 사람에 의존하지 않고, 시스템으로 돌아갑니다."

상담 후 24시간 이내에 요약 메시지와 리포트를 발송했고, 방문 예약부터 면담, 등록까지의 전 과정은 자동화 시스템으로 연결했습니다.

결국 원장님은 하루 2시간만 상담에 집중해도 학원이 굴러가는 구조를 만들었습니다.

재원생 2.5배, 수익 3배, 그리고 달라진 표정

리빌딩 전 28명에 불과하던 재원생 수는 3개월 만에 71명으로 증가했습니다. 퇴원율이 급감하고 신규 유입이 활성화되면서, 월 순익은 280만 원에서 870만 원으로 3배 이상 올랐습니다.

그러나 가장 눈에 띄는 변화는 원장님의 표정이었습니다.

"그냥 학원 선생이었을 때는 버티기만 했어요. 그런데 지금은 하나의 조직을 만드는 느낌입니다."

이 말속에는 운영자에서 경영자로 변화한 자부심이 담겨 있습니다.

리빌딩은 '감'이 아니라 '설계'다

이 사례는 단순한 리뉴얼이 아니라, 완전한 재설계(Re-Design)입니다. 감에 의존하던 운영에서 시스템 기반 경영으로 전환했을 때, 학원은 이렇게 달라집니다.

학원의 성패는 크기에 달린 것이 아니라, 시스템의 유무에 달려 있다는 사실, 이 사례가 그 명백한 증거입니다.

보고서와 상담 시스템만으로
전환율 1위를 달성한 학원

낮은 인지도, 낮은 재등록률, 높은 홍보 비용
─ 문제투성이였던 C학원

이번에 소개드릴 사례는 경기도 외곽의 중소 도시에 위치한, 중등 중심 영어 학원인 C학원입니다. 이 학원은 오랜 기간 운영되어 왔으나 지역 내에서의 인지도는 낮은 편이었습니다. 지속적인 퇴원이 발생하고 있었고, 해마다 홍보비에 수백만 원을 투자했음에도 등록률이 개선되지 않아 원장님은 심각한 경영 고민에 직면해 있었습니다.

그러나 '캡틴 시스템'의 보고서 및 상담 루틴을 전격적으로 도입한 이후, 단 1년 만에 C학원은 지역 내 전환 등록률 1위 학원으로 자리매김하게 되었습니다. 등록생 수는 2배 이상 증가하였고, "보고와 상담 시스템만으로도 학원이 살아날 수 있다"는 명제를 확실히 증명한 사례가 되었습니다.

클래스톡톡 기반 일일 리포트 시스템: 학부모의 마음을 매일 움직이다

C학원이 가장 먼저 개편한 것은 보고 체계였습니다. 그 중심에는 클래스톡톡을 활용한 일일 수업 보고서 자동화 시스템이 있었습니다. 수업이 끝나면 담임 강사가 출결, 과제 수행 여부, 오답 개수, 수업 중 집중도, 당일 수업 요약, 강사 코멘트까지 모두 포함한 리포트를 클래스톡톡으로 작성하고, 즉시 학부모에게 발송하였습니다.

초기에는 "강사의 업무 부담이 과중해지지 않을까" 하는 우려가 있었습니다. 그러나 보고서 양식이 표준화 되어 있었고, 간편 작성이 가능한 프로그램이었기에 업무의 부담이 크지는 않았습니다. 예상과는 달리, 강사의 수업 몰입도가 오히려 향상되었다는 피드백까지 나왔습니다.
학부모 입장에서는 매일 저녁 카카오톡으로 자녀의 학원 생활과 학습 내용을 확인할 수 있었으므로, 학원에 대한 신뢰가 눈에 띄게 상승하였습니다.

특히 상담 시 원장이 직접 건네는 한 마디!, "학부모님, 학원에서 무엇을 가르치고, 우리 아이가 무엇을 배우는지 하나도 놓치지 마십시오."(클래스 톡톡을 도입한 학원들에게 저는 반드시 이 문구로 강력하게 어필하시라고 조언을 드립니다.) 이 문장이 학부모의 마음을 강하게 움직였습니다. 많은 학부모들이 "이전에는 학원에 맡겨 놓아도 늘 불안했는데, 이제는 매일 아이의 학습 상황을 확인할 수 있어 안심된다"고 평가했습니다.

핵심은 단순합니다. 부모가 학원을 떠나는 가장 큰 이유는 '무엇을 하는지 모를 때'이며, 반대로 매일 보고가 이루어진다면 퇴원할 이유는 거의 사라진다는 것입니다.

실제로 이 시스템 도입 후 C학원의 자발적 중도 퇴원율은 1년간 5% 미만으로 떨어졌고, 그마저도 단 두 건에 불과했습니다. 이는 대형 프랜차이즈조차 달성하기 어려운 수치였습니다.

여기에 더해, C학원은 매월 마지막 주 금요일에 월간 성과 리포트를 자동 발송하도록 설계하였습니다. 리포트에는 성적 변화 그래프, 과제 수행률, 수업 태도 분석, 다음 달 목표가 포함되어 있었고, 학부모는 이를 통해 자녀의 학습 이력을 한눈에 파악할 수 있었습니다.

상담 루틴의 정기화: 분기 상담으로 '예상 밖의 감동'을 만들다

C학원의 두 번째 혁신은 상담 루틴의 구조화였습니다. 기존에는 학부모가 요청할 때에만 상담을 진행하는 '수동형 상담'이었으나, 캡틴 시스템 도입 이후에는 분기별 정기 상담이 자리 잡았습니다.

상담 주간이 되면, 예약 시스템을 통해 학부모와의 상담 일정을 사전에 확정하고, 상담은 반드시 리포트를 기반으로 진행되었습니다. 이를 위해 표준화된 상담 대본을 마련하여 강사나 원장 모두 동일한 품질의 상담을 제공할 수 있게 하였습니다.

특히 상담 주간에는 해당 학생의 일일 리포트를 인쇄하여, 상담 자료로 제시했습니다. 이를 토대로 학부모와 함께 자녀의 중장기 학습 전략을 설계했고, 학부모들은 "아이에 대해 이렇게 구체적으로, 그리고 깊이 있게 이야기해 주는 학원은 처음 본다"고 감탄했습니다.

이러한 상담 주간이 끝난 후에는 상담을 받은 학부모의 상당수가 동생을 등록시키거나 주변 지인에게 학원을 추천하였습니다.

설명회는 정보 전달이 아니라 브랜딩 도구다

C학원의 세 번째 전략은 설명회 운영의 브랜딩화였습니다. 분기별로 설명회를 개최하여, 실제 클래스톡톡 보고서 화면을 시연하며 "우리 아이의 오늘 수업은 이렇게 전달됩니다."라는 슬로건을 내세웠습니다.

설명회는 오프라인과 온라인을 병행하였고, 참석률 제고를 위해 사전 질문 접수와 설명회 후 별도의 Q&A 시간을 마련했습니다. 여기서 중요한 점은 단순한 정보 전달이 아니라, 학부모의 참여를 유도하는 것이었습니다.

참석한 학부모는 자신이 단순한 정보 소비자가 아니라, 자녀 학습을 함께 설계하는 파트너라는 인식을 갖게 되었으며, 이는 C학원에 대한 신뢰를 더욱 견고하게 만들었습니다. 설명회 이후 학부모들 사이에서 C학원은 "가장 신뢰할 수 있는 학원", "소통이 잘되는 학원"이라는 평판을 얻게 되었고, 결과적으로 소개 등록률이 3배 이상 증가하였습니다.

실제 성과 요약:
숫자가 증명하는 시스템의 힘

다음은 C학원이 보고·상담 시스템을 도입한 이후 거둔 주요 성과입니다.

클래스톡톡 기반 일일 및 월간 리포트 도입 후 퇴원율 급감
분기별 상담 시스템 도입 후 동생 등록률 30%이상 증가
설명회 도입 이후 소개 등록률 3배 증가, 대기자 명단 생성
자발적 퇴원율 1년간 5% 미만 유지

보고와 상담은
'업무'가 아니라 '브랜딩'이다

C학원의 사례는 명확한 메시지를 전달합니다.
보고와 상담은 단순한 행정 업무가 아니라, 학원의 신뢰를 형성하고 전환율을 높이는 핵심 브랜딩 도구입니다.
또한 소통은 부가적인 서비스가 아니라, 학부모의 마음을 움직이고 재등록을 유도하며 학원의 성장을 지속시키는 원동력입니다.

결국 학부모를 감동시키는 것은 화려한 광고가 아니라 완성도 높은 시스템이며, 그것이 퇴원률을 줄이고 재등록률을 높이며, 학원을 단단하게 만드는 결정적 요인임을 이 사례에서 분명하게 보여 줍니다.

공격적 마케팅으로
대기자 학원이 된 실제 사례

초기 집중 마케팅 전략
─오픈 전 두 달이 학원의 운명을 결정한다

D학원은 오픈 전 두 달 동안, 흔히 말하는 '전면전'을 준비하듯 치밀하고 집요하게 초기 집중 마케팅을 전개했습니다.

대부분의 원장님들은 오픈 준비를 하면서 인테리어, 교재, 커리큘럼, 강사 채용에만 몰두하다가 홍보 시기를 놓칩니다. 그러나 D학원은 오히려 반대로 생각했습니다. "오픈 전 홍보가 오픈 이후의 성패를 결정한다"라는 확신으로, 마케팅을 최우선 과제로 두었습니다.

핵심 타깃은 학원 반경 2~3km 이내, 걸어서 등하교가 가능한 주요 아파트 단지와 학교였습니다. 그 기간 동안 무려 10만 장 이상의 전단지를 배포했는데, 이 전단지는 단순한 광고지가 아니었습니다. '학부모님, 우리 아이가 학원에서 뭘 배우는지 놓치지 마십시오'라는 강력한 캐치프레이즈를 전면에 배치했고, 뒷면에는 학원의 교육 철학, 수업 운영 구조, 관리 시스템을 상세하게 설명한 정보 리포트형 디자인을 적용했습니다.

전단지 한 장만 봐도 "이 학원은 체계가 다르다"는 인상을 줄 수 있도록 구성했고, 모든 전단지에는 네이버 폼 QR 코드를 넣어 곧바로 상담 예약이 가능하게 만들었습니다. 단순히 뿌리고 끝내는 것이 아니라, "배포 → 즉시 연결 → 상담 전환"의 흐름을 설계한 것입니다.

현수막도 적극적으로 활용했습니다. 아파트 단지 입구, 초·중학교 정문, 대형 마트와 버스 정류장 등 사람들의 시선이 오래 머무는 곳을 중심으로 설치했고, 문구는 매주 교체했습니다. 예를 들어 첫 주에는 "3일 무료 체험, 선착순 마감"으로 강한 행동 유도를, 다음 주에는 "클래스톡톡 보고 시스템, 매일 아이의 학습을 확인하세요"로 차별화를 강조했습니다. 매번 새로운 메시지를 노출시켜 학부모의 호기심을 유지한 것이 포인트였습니다.

커뮤니티 기반 브랜딩 전략
—믿음을 지역에 심다

초기 홍보로 학부모들의 첫 방문을 만들어 냈다면, 이제 중요한 것은 방문 이후의 인상입니다. D학원은 지역 커뮤니티에서의 입지를 강화하기 위해 온라인 브랜딩 전략을 병행했습니다.

지역 맘카페, 블로그, 당근마켓에 주 3회 이상 콘텐츠를 게시했습니다.

콘텐츠의 주제는 다음과 같았습니다.

학부모 후기와 인터뷰
자녀 학습 꿀팁 카드뉴스
학원 수업 현장 스냅샷
매주 1회, 실시간 Q&A 라이브 방송

특히 Q&A 방송은 학부모가 직접 질문을 올리고 원장이 실시간으로 답하는 형식으로 진행했습니다. 이는 단순한 정보 전달을 넘어, "이 학원은 아이에 대해 깊이 고민하는 곳"이라는 인상을 강하게 남겼습니다.

결과적으로, 커뮤니티 안에서 D학원은 "전문성이 있으면서도 소통이 빠른 학원", "아이 변화 과정을 세밀하게 챙기는 학원"이라는 평판을 얻게 되었고, 이 신뢰가 입소문을 통해 폭발적으로 확산되었습니다.

소개 유도와 전환율 관리
—추천은 설계하는 것이다

D학원은 신규 등록생이 들어오면 1개월 이내에 피드백 인터뷰를 진행했습니다. 이때 학부모 만족도를 수치로 기록하고, 긍정적인 평가를 준 학부모에게는 자연스럽게 추천 이벤트를 안내했습니다.

이 추천 이벤트는 상품 중심이 아니었습니다. "우리 아이가 좋아하는 학원을 친구에게도 알려 주세요"라는 정서적 메시지를 중심으로, 학부모가 스스로 '이 학원은 추천할 가치가 있다'고 느끼도록 설계했습니다.

그 결과, 추천을 통한 신규 유입 비율이 월등하게 높았고, 소개로 들어온 학생은 재등록률도 매우 높았습니다.

일일 보고 루틴
—퇴원율 0%의 비밀

D학원의 경쟁력 핵심은 클래스톡톡을 통한 일일 보고 시스템이었습니다. 매일 수업 직후, 각 학생별로 수업 요약, 과제 진행 상황, 오답률, 강사 코멘트를 포함한 보고서를 카카오톡을 통해서 자동 전송했습니다.

이 보고서는 단순한 알림이 아니라 학부모의 불안을 해소하고 신뢰를 심어 주는 브랜딩 도구였습니다. 신규 상담 때마다 원장은 이렇게 말했습니다.

"학부모님, 학원에서 무엇을 가르치고, 우리 아이가 무엇을 배우고 있는지 하나도 놓치지 마십시오."

이 한 마디가 부모의 마음을 사로잡았고, 실제로 많은 학부모가 이 말에 가장 강하게 반응했다고 합니다.

이 철저한 보고 루틴 덕분에, D학원은 이사와 졸업을 제외하고는 자발적 퇴원율 0%라는 기록을 세웠습니다.

이러한 공격적인 오픈 마케팅의 결과, 개원 후 불과 6개월 만에 수강생 수는 180명에 이르렀으며, 대기자만도 30명 이상을 기록하게 되었습니다. 특히 이사나 졸업과 같은 불가피한 사유를 제외하면 실질적인 퇴원 사례가 전무하여, 주변 학원들의 부러움의 대상으로 자리매김하게 되었습니다.

처음의 '전투성'과
이후의 '지속성'이 만든 성공

D학원의 이야기는 단순한 홍보 성공 사례가 아닙니다.

오픈 초기에 얼마나 전투적으로 알렸는가, 그리고 그 이후 얼마나 꾸준히 관계를 관리했는가가 학원 성장을 결정짓는다는 사실을 보여 주는 살아 있는 증거입니다.

이 전략을 실행한다면, 지금 읽고 계신 원장님도 6개월 후 "우리 학원 대기자 명단이 생겼다"라는 말을 자신 있게 하실 수 있을 것입니다.

학원 성장은 우연이 아니라, 치밀하게 설계된 시스템과 꾸준한 실행의 결과입니다.

지금이 아니면,
내 학원은 변하지 않는다

많은 원장님들이 상담에서 이렇게 말씀하십니다.

"저도 저렇게 해 보고 싶은데, 시간이 없어요."

"우리 학원은 규모가 작아서 저런 건 힘들 것 같아요."

"다른 지역이라서 효과가 있을지 모르겠어요."

그러나 D학원의 출발점 역시 결코 여유롭지 않았습니다. 홍보 예산도, 브랜드 인지도도, 심지어 인테리어 예산조차도 최소한으로 시작했습니다. 그럼에도 불구하고 불과 6개월 만에 180명 정원에 대기자 30명을 만든 이유는 단 하나였습니다. '마케팅과 시스템을 실행하는 시기와 강도'를 놓치지 않았기 때문입니다.

오픈 전 두 달 동안, D학원 원장은 매일 아침 6시에 기상하여 전단지 동선을 점검했고, 오후에는 직접 현수막 위치를 확인하며 메시지를 수정했습니다. 저녁에는 맘카페·SNS에 올라온 학부모 반응을 모니터링하며 그다음 날 게시할 콘텐츠를 준비했습니다.

이것은 단순히 열심히 한 것이 아니라, "목표 달성 전까지 절대 멈추지 않는 실행력"의 결과였습니다.

혹시 지금 학원에 새로운 학생이 들어오지 않아 고민하고 계신가요?

재등록률이 떨어져 매달 같은 불안이 반복되고 있나요?

그렇다면 이 책의 다른 어느 장보다도, D학원의 이 전략은 반드시 참고하셔야 합니다.

왜냐하면, D학원의 성장은 우연이 아니라 '예측 가능한 공식'이기 때문입니다.

"집중 홍보 + 커뮤니티 브랜딩 + 보고 루틴"이라는 3단계 구조는 오픈 학원이라면 단기간에 인지도를 확보할 수 있고, 기존 학원이라면 기존 학부모의 충성도를 회복할 수 있으며, 규모가 작아도 지역에서 '가장 신뢰받는 학원'이라는 브랜드를 만들 수 있습니다.

여기서 중요한 것은 "나도 할 수 있다"는 마음만으로는 아무것도 바뀌지 않는다는 것입니다.

　실행이 시작되어야, 변화가 시작됩니다.

지금 원장님의 책상 위에 있는 전단지, 블로그, sns는 단순한 도구가 아닙니다. 그것은 D학원처럼 학원의 궤도를 바꿀 수 있는 '성장의 가속 페달'입니다.

　오늘이 바로 그 페달을 밟을 날입니다.

아직 학원에 대기자 명단이 없다면, 그 명단이 생길 때까지 이 전략을 멈추지 마십시오.

결과는 숫자로, 그리고 학부모의 표정으로, 원장님의 마음속 확신으로 나타날 것입니다.

'캡틴 시스템'으로
연 3억원 순이익을 달성한 학원의 신화

확장보다 깊이
—하나의 공간에서 완성형 시스템을 구현한 전략

한 지점 완성도에 올인한 성장 철학

E학원은 성과가 일정 수준에 도달하면 지점을 확장하는 전형적인 성장 패턴을 단호히 거부하였습니다. 많은 원장님들이 "학생이 늘고 매출이 오르면 다음 단계는 2호점"이라고 생각하는 것이 자연스러운 흐름이지만, E학원은 처음부터 다른 길을 선택했습니다. 목표는 단 하나, '한 지점 안에서 모든 것을 완벽하게 구현하는 것'이었습니다.

이 선택은 단순한 고집이 아닌, 치밀하게 계산된 전략적 판단이었습니다. 지점을 늘리면 반드시 따라오는 인력 관리의 어려움, 품질 하락의 위험, 브랜드 이미지의 분산 등은 결코 무시할 수 없는 리스크입니다. 특히 교육 서비스업에서는 '같은 브랜드인데 지점마다 다르다'는 평가가 치명적인 손실을 가져옵니다. E학원은 이러한 위험 요소를 원천 차단하기 위해, 모든 자원과 역량을 한 공간에 집중시켰습니다.

그 결과, 학부모들은 시간이 지날수록 확신을 가지게 되었습니다. "이 학원은 특별하다. 굳이 다른 곳을 찾을 필요가 없다." 이는 단순한 만족을 넘어 장기적인 재원생 유지와 안정적인 수익 구조로 직결되었습니다. 다른 학원들이 신규 유입과 기존 학생 유지 사이에서 균형을 잡느라 고민할 때, E학원은 '한번 들어오면 나가지 않는 학원'이라는 명성을 굳혀 갔습니다.

외형 대신 동선 확장과 밀도 강화

E학원이 선택한 확장의 방식은 흔히 볼 수 있는 '외부 지점 개설'이 아니었습니다. 대신, 같은 건물 내에서 인접한 공간을 확보하여 '동선 확장'을 실행했습니다. 이는 단순히 교실 수를 늘리는 차원을 넘어, 기존 운영 시스템과 커리큘럼을 100% 복제 가능하게 설계한 전략이었습니다.

이렇게 하면 학생 수용 능력을 늘리면서도 새로운 인력을 대규모로 채용할 필요가 없고, 기존 인력이 동일한 기준과 루틴 안에서 움직이기 때문에 품질이 절대 흔들리지 않습니다. 더 나아가 학부모 입장에서도 어느 교실에 배정되더라도 동일한 교육 품질과 관리 방식을 경험하게 되니 불필요한 불만이 사라집니다.

흔히 "확장하면 관리가 어려워진다"는 말이 있지만, E학원은 이 구조적 약점을 완전히 극복했습니다. 오히려 확장 후에도 운영 효율이 더 높아졌고, 공간이 넓어진 만큼 학생들의 이동 동선이 개선되어 수업 집중도와 학습 환경이 향상되는 부수적인 효과까지 얻을 수 있었습니다.

시스템 중심 수업과 강력한 보고 체계

E학원의 모든 운영은 '사람이 아니라 시스템'에 기반합니다. 수업 전·후 과정이 세세하게 매뉴얼로 표준화되어 있고, 모든 강사는 강의뿐만 아니라 수업 보고서 작성까지를 하나의 필수 루틴으로 인식합니다.

여기에 캡틴의 노하우와 클래스톡톡 기반 보고 체계가 더해져, 학부모와의 실시간 소통이 가능해졌습니다. 하루가 끝나면 학부모는 자녀의 출결 현황, 학습 진도, 과제 수행률, 강사 피드백을 카카오톡으로 바로 확인할 수 있습니다. 이 투명한 정보 제공은 단순한 서비스가 아니라, 학부모에게 '이 학원은 체계적이다'라는 강력한 신뢰를 심어 주는 장치가 되었습니다.

이 보고 체계가 자리 잡자, 재등록률은 자연스럽게 상승했습니다. 학부모가 자녀의 학원 생활을 매일 확인하고 안심하게 되면, '퇴원'이라는 선택지는 점점 멀어집니다. 실제로 E학원은 몇 년간 재등록률 95% 이상을 유지하며, 지역 내에서 "놓치면 안 되는 학원"이라는 명성을 얻게 되었습니다. 한 학부모는 이렇게 말했습니다.

"다른 학원은 보내 놓고도 마음이 불안했어요. 그런데 여기서는 매일 아이가 뭘 배우고 있는지 알려 주고 있으니, 굳이 바꿀 이유가 없습니다."

원장 중심이 아닌 팀 리더 중심 운영

E학원은 개원 초기부터 '원장이 없으면 안 돌아가는 학원' 구조를 철저히

배제했습니다. 원장은 학원의 비전과 전략을 설계하고, 현장은 팀 리더들이 주도적으로 이끄는 구조를 만들었습니다. 이를 위해 초기에 팀장, 보조강사, 상담실장 등 핵심 포지션을 선발하고, 각자의 업무 범위와 책임을 명확히 하였습니다.

이후 정기적인 교육과 평가 시스템을 통해 팀 리더들이 스스로 현장을 관리하고, 문제를 해결할 수 있는 역량을 키웠습니다. 결과적으로 원장이 장기간 자리를 비워도 학원은 안정적으로 운영되었습니다. 더 나아가 강사 이직률은 기적의 0%를 기록했는데, 이는 단순히 처우나 복지 때문이 아니라 '시스템이 뒷받침되는 조직'이었기 때문입니다. 강사들은 자신이 존중받고 성장할 수 있는 환경에서 장기적으로 근무하며, 학생들에게도 안정적인 수업을 제공할 수 있었습니다.

철학이 콘텐츠가 되는 브랜딩

E학원의 브랜딩은 '광고'나 '홍보 문구'가 아니라, 학원의 철학과 가치를 담은 콘텐츠였습니다. 매주 인스타그램과 블로그에는 학원의 교육 철학, 성공 사례, 학생 성장 스토리가 업로드되었고, 학부모 전용 네이버 밴드에서는 학습 자료, 교육 트렌드, Q&A 라이브 방송 등을 통해 긴밀하게 소통했습니다.

이러한 스토리텔링 중심의 브랜딩은 단기적인 홍보 효과를 넘어, 학부모에게 "이 학원은 우리 아이를 이렇게 성장시킨다"는 확신을 주었습니다. 무엇보다 중요한 점은, 모든 교실에서 동일한 시스템·피드백·보고서가 작동하는 완벽한 일관성이 브랜드 신뢰를 더욱 공고히 했다는 것입니다.

숫자로 증명된 성과와 앞으로의 과제

E학원은 1지점 기준 월 순이익 2,000만 원 이상, 연 순이익 3억 원 이상이라는 결과를 달성했습니다. 재등록률 95% 이상, 강사 이직률 0%를 유지했습니다. '반별 고밀도 완성 전략'으로 인해 각 반마다 대기자가 발생하는 상황이 지속되고 있으며, 학부모의 대기 기간이 몇 개월에 이를 정도로 수요가 꾸준히 이어지고 있습니다.

앞으로도 E학원은 외부 확장보다 고도화를 선택합니다. 강사 리더 양성을 위한 매뉴얼 강화, 학부모 맞춤형 보고서 디자인 개선, 월 1회 SNS 브랜딩 콘텐츠 루틴 확립, 반별 성장 보고서와 목표 설정 자동화, 내부 시스템 영상화를 통한 신입 강사 트레이닝 자료 제작 등 구체적인 실행 계획이 이미 마련되어 있습니다.

깊이가 넓이를 이긴다

E학원의 사례는 단호한 메시지를 던집니다. "확장은 성공의 필수 조건이 아니다." 중요한 것은 넓이가 아니라 깊이이며, 양이 아니라 밀도입니다.

지금 원장님이 계신 그 공간에서 완성형 시스템을 만들고, 학부모와 학생의 신뢰를 단단히 구축한다면, 굳이 지점을 늘리지 않아도 연 3억 원의 순이익은 충분히 가능합니다. E학원 역시 처음부터 완벽했던 것은 아니었습니다. 그러나 한 걸음씩 시스템을 만들고, 그것을 지켜내며, 신뢰를 차곡차곡 쌓아 올린 결과가 지금의 성과로 이어졌습니다.

원장님, 이 이야기를 다른 사람의 성공담으로만 보지 마십시오. 지금부터 실행하신다면, 3년 후 이 책의 다음 개정판에는 원장님의 이름과 학원이 주인공으로 등장할지도 모릅니다.

8

함께 걸어온 길, 함께 만든 변화
— 원장님들의 목소리를 담으며

함께 걸어온 길, 함께 만든 변화
— 원장님들의 목소리를 담으며

이 책의 말미에는 제가 함께해 온 수많은 원장님들의 생생한 후기를 실었습니다. 이는 단순한 부록이 아니라, 이 책에서 제시한 전략과 시스템, 운영 철학이 실제 현장에서 어떻게 작동하였고 어떤 결과로 이어졌는지를 가장 정직하게 증명하는 소중한 기록이기 때문입니다.

학원 운영이라는 치열한 현실 속에서, 우리는 모두 비슷한 고민을 안고 살아갑니다. 학생 모집의 한계, 학부모와의 상담에서 느껴지는 벽, 수업과 운영을 병행하며 겪는 고단함, 그리고 외롭고 답답한 선택의 순간들까지. 저는 그러한 모든 과정을 누구보다 가까이에서 함께 지켜보고, 때로는 방향을 제시하고, 때로는 묵묵히 곁에서 걸어 드렸던 수많은 원장님들을 기억합니다.

이 책은 단지 제가 알고 있는 전략이나 노하우를 나열한 것이 아닙니다. 그 모든 내용은 실제로 현장에서 적용되어 검증된 방식이며, 그 과정에서의 변화와 성장, 그리고 실패와 극복의 이야기가 고스란히 담겨 있습니다. 그리고 그 증거는 제가 아닌, 직접 실천한 원장님들의 목소리를 통해 더욱 설득력 있게 전달될 것입니다.

후기 속의 한 문장 한 문장은 단순한 찬사나 감상이 아닙니다. 실행 앞에서의 망설임, 변화의 필요성을 느끼고도 선뜻 움직이지 못했던 순간, 그리고 작지만 분명한 전환점을 만들어 낸 실천의 경험들이 녹아 있는 귀중한 기록입니다. 이 기록은 제가 강조한 '시스템 중심의 운영', '상담 중심의 설계', '전략 중심의 홍보'가 실제로 어떤 차이를 만들어 냈는지를 여실히 보여 줍니다.

저는 단언할 수 있습니다. 성공은 단지 정보의 차이로 결정되는 것이 아닙니다. 방향을 잡고, 그것을 끝까지 밀고 나갈 수 있는 용기와 인내의 결과입니다. 저는 그 길을 함께 걸어온 분들을 통해 그것을 수없이 확인해 왔고, 그들의 변화가 단지 숫자로 환산될 수 없는 가치와 성취를 의미한다는 사실을 누구보다 잘 알고 있습니다.

이 책을 처음 펼친 원장님들 중 일부는 지금 이 글을 읽으며 아직도 고민 중이실지도 모릅니다. 정말 나도 할 수 있을까, 내 학원에도 적용할 수 있을까, 혹은 지금의 방식으로도 충분한 것 아닐까 하는 수많은 의문과 불안이 떠오르실 수 있습니다. 저는 그 마음을 압니다. 그리고 그런 마음으로 제게 다가오셨던 수많은 원장님들 역시 같은 질문을 안고 계셨음을 기억합니다.

그렇기에, 이 장에 담긴 후기들은 지금 이 글을 읽고 계신 원장님들께 가장 진실되고 현실적인 대답이 되어 드릴 수 있으리라 믿습니다. 저는 이 후기가 단순한 경험담이 아니라, 새로운 도전을 준비하는 여러분에게 '할 수 있다'는 확신의 메시지로 전달되기를 바랍니다.

그리고 언젠가, 이 책의 다음 개정판이 나오게 된다면, 지금 이 글을 읽고 계신 원장님의 변화 이야기가 이 장에 실릴 수 있기를 진심으로 기대합니다. 그 여정에 제가 함께할 수 있다면, 그것만으로도 제게는 더없는 기쁨이 될 것입니다.

캡틴과 함께한 1년,
성장과 도전의 기록

지난 1년간, 저는 캡틴님과 함께하며 학원 운영에 대한 새로운 시각을 갖게 되었습니다. 이전까지는 교육 자체에만 집중해 왔다면, 이제는 '경영'과 '전략'이라는 개념이 학원 운영에서 얼마나 중요한 요소인지를 절실히 깨달았습니다. 처음에는 막막했던 홍보, 시장 분석, 학부모 상담 등 모든 것이 낯설고 두려웠지만, 하나하나 배워 가며 실천한 결과 학원은 분명한 성장을 이루어 냈습니다.

이 글은 지난 1년간의 여정을 돌아보며, 캡틴님과 함께했던 프로젝트와 성과를 정리하고자 하는 기록입니다. 동시에, 저처럼 고민과 위기 속에 계신 원장님들께 희망과 실행의 동기를 드리고자 이 글을 남깁니다.

1. 무료교육으로 시작된 변화
─ 기본기를 다시 세우다

캡틴님을 만나기 불과 2주 전, 학원에 예상치 못한 위기가 닥쳤습니다. 학생들이 갑작스럽게 빠져나가며 운영에 대한 불안감이 커졌고, 학원의 존립 자체에 대한 고민이 깊어졌습니다. 그 원인을 분석해 보니, 홍보의 부족과 학부모와의 소통 부재가 가장 큰 문제였음을 깨달았습니다.

절박한 심정으로 방법을 찾던 중, 우연히 캡틴님의 무료 교육을 접하게 되었습니다. 처음에는 큰 기대 없이 반신반의하는 마음으로 교육을 들었습니다. 그러나 수업을 듣는 내내, 기존의 운영 방식에 대한 깊은 반성과 통찰이 따라왔습니다. '좋은 수업만 하면 학원이 성장한다'는 믿음이 얼마나 단편적인 생각이었는지를 깨달았고, 학부모 상담, 홍보 전략, 마케팅 기획 등 학원을 '운영'하는 관점에서의 접근이 부족했음을 인정하게 되었습니다.

무료 교육을 듣고 가장 먼저 실천한 것은 블로그 운영 방식의 변화였습니다. 이전에는 단순한 공지 사항 위주의 게시글에 그쳤다면, 이제는 학부모들이 실제로 궁금해할 만한 콘텐츠를 중심으로 구성하였습니다. 학원의 차별성과 교육 철학을 강조한 글들을 올리기 시작하자, 블로그를 통해 문의하는 학부모가 꾸준히 증가하기 시작했습니다.

또한, 캡틴님의 추천으로 도입한 '클래스톡톡' 시스템은 학부모와의 소통에 결정적인 전환점을 가져다주었습니다. 학생들의 학습 진행 상황을 실시간으로 공유하고, 개별 피드백을 제공함으로써 학부모와의 신뢰 관계가 강화되었고, 이는 곧 높은 재등록률로 이어졌습니다. 이러한 변화는 단순한 기술 도입을 넘어 학원 전체의 신뢰 구조를 다시 세우는 계기가 되었습니다.

2. 유료교육을 통한 도약
— 전략적 성장의 본격화

무료 교육을 통해 기본기를 다지고 난 후, 보다 전문적이고 깊이 있는 교육을 받기 위해 캡틴님의 유료 교육 과정에 참여하게 되었습니다. 이 교육은 저의 '막연한 기대'를 '구체적인 전략'으로 전환하는 계기가 되었습니다. 단순히 '학생 수가 늘었으면 좋겠다'는 바람에서 벗어나, 명확한 목표 설정, 시장 분석, 실행 로드맵 수립 등 전략적인 운영 방식으로 전환하게 되었습니다.

① 설명회를 통한 신뢰 구축 전략

유료 교육 1차 과정에서는 학부모 설명회 운영에 대한 체계적인 지도를 받았습니다. 이전에는 단순한 상담 위주의 만남에 그쳤다면, 교육 이후에는 시각 자료와 구조화된 콘텐츠를 바탕으로 학원의 교육 철학과 시스템을 설득력 있게 전달할 수 있게 되었습니다. 그 결과, 설명회 이후 등록률이 20% 이상 증가하는 놀라운 성과를 경험하였습니다.

② 홍보 방식의 체질 개선

2차 유료 교육에서는 홍보의 다각화와 균형 잡힌 운영 방식을 배웠습니다. 온라인 블로그 및 SNS 마케팅, 오프라인 전단지 활용, 학부모 네트워크를 통한 입소문 유도 등, 다양한 홍보 채널을 조화롭게 활용하는 방법을 익혔습니다. 특히, 장학금 제도와 만점 프로젝트를 접목한 후 학부모들의 신뢰도와 학생들의 참여도가 크게 향상하며 교육만 잘하면 된다는 기존의 고정관념에서 벗어나, '전략이 곧 신뢰다'라는 인식을 갖게 되었습니다.

3. 위기를 기회로 바꾸다
─ 방학 시즌의 대응 전략

6월 말, 방학을 앞두고 다수의 학생들이 '방학 휴식'을 이유로 수업을 쉬겠다는 의사를 밝혔습니다. 그 순간은 또 한 번의 위기처럼 느껴졌지만, 캡틴님과의 교육을 통해 배운 방식들을 적용하여 적극적인 대응에 나설 수 있었습니다.

우선, 방학 특강을 다양하게 기획하여 기존 학생들의 학습 리듬을 유지할 수 있도록 하였고, 사전 등록 이벤트를 통해 이탈률을 낮추는 데 성공하였습니다. 동시에, 오프라인 전단지 배포와 함께 학부모 커뮤니티, SNS를 통한 온라인 홍보를 강화하였습니다.

무엇보다 중요한 것은, 재원생 학부모와의 관계를 더욱 밀착시켜 '소통을 통한 신뢰'를 쌓고, 소개 등록을 유도한 점이었습니다. 그 결과, 방학

기간임에도 불구하고 10강좌 이상의 신규 등록이 이어졌으며, 하반기 성장을 위한 탄탄한 기반을 마련할 수 있었습니다.

4. 현재의 성과와 앞으로의 방향
─ 두 배 확장을 향해

현재 저희 학원은 지난 1년간의 전략적 운영을 통해 꾸준한 성장세를 유지하고 있으며, 단순한 규모의 확장을 넘어서 질적 성장을 추구하고 있습니다. 캡틴님과 함께한 지난 1년은 단지 위기를 넘기기 위한 시간이 아니라, 학원의 문제점을 근본적으로 개선하고 지속 가능한 성장을 설계한 소중한 시간이었습니다.

앞으로의 운영 목표는 다음과 같습니다.

"수업의 질을 중심으로 성장 유지, 블로그, SNS, 입소문 네트워크를 통한 지속적 홍보, 학부모 설명회 및 상담 시스템 고도화, 새로운 교육 콘텐츠와 운영 기법에 대한 꾸준한 학습"

캡틴님과 함께한 지난 1년은, '혼자서 버텨야 했던 싸움'에서 '함께 설계한 성장'으로의 전환이었습니다.

단순히 학원을 운영하는 것이 아니라, 명확한 철학과 전략을 바탕으로 학부모와 학생에게 신뢰를 주고, 지역 내에서 학원의 입지를 다질 수 있었던 이 경험은 제 인생의 전환점이라 말할 수 있습니다.

지금 이 글을 읽고 계신 원장님들께도 말씀드리고 싶습니다.

만약 지금의 방식에 조금이라도 불안감이나 한계를 느끼신다면, 캡틴님과 함께해 보시기 바랍니다. 그 선택은 반드시 새로운 가능성과 연결될 것입니다.

끝으로, 진심을 다해 이 길을 함께해 주신 캡틴님께 감사드리며, 저 역시 계속해서 배우고 성장하여, 더 많은 학부모와 학생에게 신뢰받는 학원을 만들어 가겠습니다.

감사합니다.

다시,
중심에 나를 세우다

한 학원장의 몰락과 재도약,
그리고 '캡틴'을 만난 이야기

학원을 처음 시작하게 된 계기는 계획된 선택이라기보다는, 우연에 가까운 흐름 속에서 결정된 길이었습니다. 대학 시절에는 건축을 전공하였고, 졸업 후에는 설계 사무소에 취직하여 전문적인 커리어를 시작했습니다. 그러나 안정적인 미래를 고민하던 끝에 공무원 시험 준비를 결심하게 되었고, 회사를 그만두었습니다. 공부에 전념하려 했으나, 생활비는 여전히 필요했습니다. 그때 지인의 요청으로 시작하게 된 방문 과외가 저의 인생 경로를 바꾸게 되었습니다.

처음에는 단지 한두 명의 아이들을 가르치는 수준이었지만, 어느덧 5

명, 7명, 10명을 넘어섰습니다. 놀랍게도 전혀 지치지 않았고, 수업을 하는 시간이 그저 즐거웠습니다. 그때 문득 깨달았습니다. "혹시 이 일이, 내가 진심으로 좋아하고 잘할 수 있는 길이 아닐까?" 그렇게 교육이라는 새로운 영역에 발을 들이게 되었습니다.

결혼 전까지는 방문 수업을 지속했고, 결혼과 동시에 2005년 공부방을 열었습니다. 자녀 양육과 교육 사업을 병행하려면, 무엇보다 시스템이 필요하다는 것을 절실히 느꼈기 때문입니다. 결국 2010년에는 국영수 종합 학원을 인수하면서 본격적인 학원 운영에 뛰어들었고, 이후 수학 단과 학원으로 과감히 전환하였습니다. 그 선택은 탁월했습니다. 단 3개월 만에 과목 수는 30개에서 60개로 두 배 이상 증가하였고, 학생 수도 안정적으로 70~80명을 유지할 수 있었습니다.

그러나 곧 한계에 부딪치게 되었습니다. 수학 단과만으로는 더 이상의 확장이 어렵다는 판단하에, 영어 과목을 추가하며 시스템을 개편했고, 그 결과 학생 수는 110명, 수업 과목은 150개를 돌파했습니다. 주 7일, 하루도 쉬지 않고 달려온 결과였습니다. 아이들의 성장이 곧 제 자부심이었고, 그 성취감 하나로 몇 년을 버틸 수 있었습니다.

하지만 욕심이 생겼습니다. '확장'이라는 단어가 머릿속을 떠나지 않았고, 어느 날 '독서실'이라는 또 다른 공간을 인수하게 되었습니다. 학원과는 성격이 전혀 다른, 상대적으로 자동화된 공간이라는 생각에 큰 부담 없이 시작할 수 있었습니다. 이미 4~5년간 운영되던 독서실이었고, 일정한 수익도 있었기에 안정적인 미래를 기대했습니다.

그러던 중, 전 세계를 뒤흔든 코로나19 사태가 시작되었습니다. 처음에는 그리 오래가지 않으리라 생각했습니다. 그러나 집합 금지 조치가 지속되었고, 학원과 독서실 모두 일시적으로 문을 닫게 되었습니다. 고정비는 그대로였지만 수입은 끊겼고, 학부모들의 인내심은 오래가지 않았습니다. 고등부 수업이라도 이어 가기 위해 줌 수업을 시도했지만, 큰 효과는 없었습니다. 그렇게 애써 키워 온 모든 것이 눈앞에서 무너져 내렸고, 그 충격은 제게 심리적 번아웃으로까지 이어졌습니다.

그 시기 저는 학원 운영 자체에 회의를 느끼게 되었고, 점차 교육과 멀어지기 시작했습니다. 새벽마다 오산천을 걸으며 마음을 달래던 중, 건강과 운동이라는 새로운 관심사를 발견하게 되었습니다. '지금 이 일이 불안하다면, 미래를 위해 다른 무언가를 준비해야 하지 않을까' 하는 생각 끝에, 점핑 클럽과 건강 관련 제품 판매에 도전하였습니다. 건강도 챙기고, 노후에는 조그맣게 수익만 나도 좋겠다는 심정이었습니다.

하지만 그 도전도 코로나의 벽을 넘지 못했습니다. 점핑 클럽은 실내 체육 시설이라는 이유로 다시 집합 금지 대상이 되었고, 결국 폐업하게 되었습니다. 독서실도 같은 운명을 맞이했고, 학원은 사실상 반폐업 상태로 전락했습니다. 모든 걸 내려놓은 순간, 아이러니하게도 다시 교육이 그리워졌습니다. 내가 가장 오래 해 온 일, 가장 잘할 수 있는 일. 다시 수업을 시작하자, 매너리즘은 온데간데없이 사라졌고, 수업이 그저 즐겁고 감사하게 느껴졌습니다.

그즈음, 우연히 한 단체 채팅방의 초대 메시지를 받았습니다. '캡틴'이라는 닉네임을 사용하는 원장님의 단톡방이었습니다. 주저하지 않고 입장했을 때, 그 공간 안에서 저는 캡틴님과 여러 원장님들을 만나게 되었습니다. 돌이켜 보면, 그 순간이 진짜 회복의 시작이었습니다.

캡틴님은 매일같이 '실행'이라는 키워드를 던지셨습니다. 단순히 이론을 나열하는 것이 아니라, 본인이 먼저 실천한 경험을 공유하며, 우리 모두가 그 흐름 속에 함께 들어설 수 있도록 도와주셨습니다. 코칭은 무료였지만, 그 안에서 얻은 인사이트는 그 어떤 유료 강의보다 가치 있었습니다. 학원을 어떻게 브랜딩할 것인지, 나만의 철학을 어떻게 설계할 것인지, 특강은 어떤 구조로 기획하고 어떤 방식으로 홍보할 것인지 등, 제가 그동안 놓치고 있었던 핵심 전략들이 명쾌하게 정리되었습니다.

무엇보다도, 저는 그제야 깨달았습니다. 지난 3~4년간, 저는 아무것도 하지 않고 버티기만 했다는 사실을. 학원이 무너지지 않은 것만으로도 감사할 만큼, 저는 실행을 멈추고 있었던 것입니다. 그 후, 다시 하나씩 준비하고, 다시 실행하며, 다시 제 학원에 생명력을 불어넣기 시작했습니다.

그리고 지금, 저는 다시 돌아왔습니다. 현재 55명의 학생과 90개 과목을 운영하고 있으며, 비록 완전한 회복은 아니지만 매일 성장하고 있음을 체감하고 있습니다. 이제는 숫자에 매몰되기보다, 방향을 바라봅니다. '성장하고 있다'는 그 자체가 지금의 저에게는 가장 큰 동력입니다.

무엇보다도 소중한 것은, 이제는 제가 혼자가 아니라는 사실입니다. 앞으로의 길 위에도, 캡틴님과 함께하는 원장님들이 함께하고 있습니다. 서로의 이야기에 자극받고, 서로의 도전을 응원하며, 혹여 다시 넘어진다 해도 함께 다시 일어설 수 있는 동료들이 있다는 사실이, 저를 더 강하게 만들어 줍니다.

이제 어떤 위기도, 어떤 불확실성도 더 이상 두렵지 않습니다.

왜냐하면, 저는 '캡틴'과 함께이기 때문입니다.

이 글을 읽는 원장님께서도 지금, 방향을 잃고 계시다면, 지금이 바로 다시 중심에 '나'를 세울 수 있는 순간이 될 수 있습니다.

　　캡틴과 함께라면, 반드시 다시 일어설 수 있습니다.

"단 한 사람의 변화가
또 다른 변화를 이끈다"

서른의 시작을 단단하게 만들어준
'캡틴'과의 1년 반

제가 캡틴님을 처음 알게 된 지 어느덧 1년 반이라는 시간이 흘렀습니다. 저는 스물여섯이라는 비교적 이른 나이에 학원 원장이라는 자리에 서게 되었습니다.

처음부터 학원 운영을 완벽하게 이해하고 시작한 것은 아니었습니다. 강사 채용과 관리, 수강생 관리, 마케팅, 학부모 소통 등, 어느 하나 쉬운 일이 없는 현실 앞에서 매일이 고민이었고, 특히 내부 시스템의 부재와 강사 이슈 등 크고 작은 문제들이 끊임없이 저를 흔들었습니다. 그렇게 스물여덟의 끝자락에 다다랐을 무렵, 저는 한계에 부딪혔습니다.

'이제는 그만두는 것이 맞을까?'라는 생각이 스스로를 갉아먹기 시작했습니다.

그때 저는 마지막이라는 각오로 스스로에게 1년의 최종 기한을 설정했습니다.

그리고 운명처럼, 블로그 댓글을 통해 캡틴님의 링크를 보게 되었습니다.

'한번 들어가 볼까?'라는 가벼운 마음으로 클릭했던 그 순간이 결국 제 인생의 큰 전환점이 되었습니다.

처음에는 무언가 구체적인 '지식'을 배우기보다는, 캡틴님의 '마인드 셋'과 '태도'를 자연스럽게 흡수하게 되었습니다.

캡틴님께서 보여주시는 매 순간의 실천과 자세에서 '무엇을 해야 하는가'보다 '어떤 마음으로 해야 하는가'를 먼저 배웠습니다.

그리고 시간이 흐른 뒤, 캡틴님께서 "결국 행동하는 사람이 남는다"고 말씀하셨을 때, 그 말이 제게 깊고 강하게 와 닿았습니다.

아무리 좋은 전략과 방향을 알고 있어도 움직이지 않으면 아무 일도 생기지 않는다는 사실을 절실히 깨달았기 때문입니다.

그때부터는 생각을 멈추고, 행동을 시작했습니다.

전단지 하나 만드는 법조차 몰랐던 제가, 캡틴님께서 하신다는 모든 실천을 하나씩 따라 하기 시작했습니다.

전단지를 들고 직접 길에 나섰고, 안내 문자를 보내고, 설명회도 기획했습니다.

특히 "한 명만 와도 설명회를 한다"는 캡틴님의 말씀은 제게 매우 강렬하게 남아 있습니다.

처음에는 비효율적으로 느껴졌던 이 방식이, 시간이 지나며 현실에서 '입소문'이라는 방식으로 효과를 드러내기 시작했습니다.

그 한 명이 두 명이 되었고, 세 명, 네 명으로 이어졌습니다.

그 과정을 직접 경험하며, 캡틴님의 방식을 왜 그렇게 강조했는지 몸으로 체득하게 되었습니다.

물론 모든 과정이 순탄했던 것은 아닙니다.

준비한 만큼 성과가 나지 않은 날도 있었고, 생각처럼 되지 않아 답답했던 순간도 많았습니다.

그러나 그러한 시행착오 속에서 '우리 지역에는 어떤 방식이 더 효과적인가', '어떤 타겟층에 어떻게 접근해야 하는가'에 대한 저만의 감각이 생겨나기 시작했습니다.

그 시작은 비록 '모방'이었지만, 그 끝은 '나만의 전략'으로 구체화되기 시작했습니다.

그리고 그 기반에는 항상 캡틴님께서 강조하셨던 "결과가 없어도 꾸준히 하라"는 메시지가 있었습니다.

이 말은 늘 제 마음 깊은 곳에 남아 있었고, 그 덕분에 저는 조급함 없이, 눈앞의 숫자에 휘둘리지 않고, 차분하게 하나씩 쌓아 나갈 수 있었습니다.

그렇게 1년이 지난 지금, 제 학원은 중등부 인원이 눈에 띄게 증가했고, 내부 운영 시스템도 점차 안정화되었으며, 무엇보다도 '저 자신'이 성장하고 있음을 느낍니다.

이제는 단순히 '학원을 운영하는 사람'이 아니라, 누군가의 성장을 돕는 사람으로서의 정체성과 자부심도 함께 자라고 있습니다.

그 결과, 저는 올해 3월, 서른이라는 인생의 새로운 출발점에서 지역 대형 분원으로 발령을 받아 또 다른 도전을 이어 가는 중입니다.

더 넓은 지역, 더 많은 학생, 더 다양한 학부모와 교류하며, 또 다른 배움과 경험을 쌓아 가고 있습니다.

만약 캡틴님을 만나지 않았다면, 지금의 저는 이 자리에서 버텨 내지 못했을지도 모릅니다.

하지만 지금의 저는 조금 더 유연하게, 조금 더 자신감 있게 새로운 환경을 마주하고 있습니다.

돌아보면, 이 모든 흐름의 출발점에는 캡틴님의 실천적 메시지와 존재 자체가 있었습니다.

누구보다 앞장서서 행동으로 먼저 보여 주시고, '왜 그렇게 해야 하는지'를 끊임없이 설명해 주시던 그 모습은 지금도 제 판단의 기준이 되어 주고 있습니다.

특히 "한 사람이 움직이면, 또 한 사람이 움직이게 된다"는 캡틴님의 철학은 저에게 깊은 울림을 주었고, 이제는 저 역시 누군가에게 그 움직임의 시작점이 되고자 다짐하게 되었습니다.

저는 이제, 받은 영향력을 또 다른 누군가에게 전하고자 합니다.

저처럼 방황했던 누군가에게 새로운 시작의 길을 열어 주는 사람이 되기 위해 더 배우고, 더 실천하며 나아가겠습니다.

30대의 시작을 더 단단하게 설계할 수 있도록 이끌어 주신 것, 그리고 지금의 저를 성장의 궤도 위에 올려 주신 것, 진심으로 감사드립니다.

늘 응원하고, 진심으로 존경합니다.

캡틴님 감사합니다.

다시 시작할 용기,
그리고 방향을 잡아준 단 하나의 나침반

캡틴 원장님과 함께하며
되찾은 나의 항해

처음 학원을 시작했을 당시, 제 안에는 막연하지만 단단한 확신이 하나 있었습니다.

"나는 아이들을 가르치는 일을 좋아하고, 잘할 수 있다."

그 시기는 부동산 경기도 상승세였고, 저 역시 작지 않은 규모로 야심 차게 학원을 시작하게 되었습니다.

운영에 대한 전문 지식이나 실무 경험은 부족했지만, 열정만큼은 누구보다 크다고 자부했던 시기였습니다.

하지만 현실은 그리 만만하지 않았습니다.

학원 운영이라는 것은 단순히 수업만 잘한다고 되는 일이 아니었습니다.

직원 관리, 학부모 응대, 원생 유지, 상담 설계 등 그야말로 처음 마주하는 실전 과제들이 하루하루 쏟아졌고, 저는 실무에 대한 준비가 얼마나 부족했는지를 뼈저리게 느끼게 되었습니다.

그래도 하루하루 배우고 익히며 버텨 냈고, 조금씩 자리를 잡아 가리라는 희망을 품고 달려가던 중, 예상치 못한 위기가 닥쳤습니다.

바로 코로나19 팬데믹이었습니다.

팬데믹이라는 한 단어가 그동안 쌓아 온 모든 것을 무너뜨릴 수 있다는 사실을, 그때 처음으로 실감했습니다.

방역 지침, 휴원 조치, 원생 이탈, 직원 관련 문제까지 학원은 생존을 위한 사투에 들어갔고, 저는 점차 '운영'이 아닌 '버팀'을 목적으로 하루하루를 연명하게 되었습니다.

결국, 깊은 고민 끝에 2년간의 휴식기를 선택하게 되었습니다.

그 시간을 지나 마음을 추스르고 다시 시작한 것은 이전과는 달리 '규모를 줄인, 그러나 나다운 학원'이었습니다.

이번에는 더 단단하게, 더 깊이 있게 아이들과 눈을 맞추며, 제가 진심으로 좋아하는 방식으로 수업하고 소통할 수 있는 환경을 만들고자 하였습니다.

그러나 실무에 대한 감각은 여전히 자신 없었습니다.

그때, 우연히 '캡틴 원장님 단톡방'을 알게 되었습니다.

처음에는 단순한 정보 공유의 공간일 것이라 생각하고 들어갔습니다.

하지만 곧 깨달았습니다.

그곳은 단순한 커뮤니티가 아니었습니다.

진심으로 학원의 방향성을 고민하는 여러 원장님들이 서로를 지지하고, 경험을 나누며 성장하는 살아 있는 공동체였고, 무엇보다도 캡틴 원장님께서 방향을 제시해 주시는 '진짜 나침반 같은 존재'가 계셨습니다.

매주 올라오는 체크 리스트, 상담 스크립트, 마케팅 사례, 그리고 운영 현장에서 실제로 부딪히는 수많은 상황에 대한 해법들이 그 방에 있었습니다.

어디에도 쉽게 물어볼 수 없었던 고민들이 그 안에서는 공감되고, 해결의 실마리를 찾을 수 있었습니다.

캡틴님께서 공유해 주신 상담 스크립트와 실전 운영 노하우를 학원에 하나씩 접목해 보았습니다.

학부모님과의 상담에서도 저의 진심과 철학을 효과적으로 전달할 수 있는 언어와 구조를 갖추게 되었고, 소통이 점점 단단해졌습니다.

무엇보다도, 제가 단 한 순간도 자만하지 않게 되었던 이유는 그 단톡방 안에 계신 수많은 원장님들의 열정이었습니다. 그분들이 보여 주시는 진정성과 실행력, 그리고 캡틴님께서 직접 보여 주시는 모범적인 실천은 제게 늘 좋은 자극이자 동기 부여가 되었습니다.

저는 개인적으로 '학부모 상담'과 '나를 브랜딩하는 방법'에서 큰 전환점을 맞이했습니다. 예전에는 불안 속에서 흔들리는 상담을 했다면, 지금은 저의 철학을 설명하고 선택받는 상담을 하고 있습니다.

블로그와 SNS도 이제는 단순한 홍보 수단이 아닌, '원장으로서의 신념과 진심'을 전하는 채널이 되었습니다.

이처럼 진심과 전략이 결합된 실전 노하우는 결국 학부모의 신뢰, 학생의 몰입도, 그리고 저 자신의 자존감을 회복시키는 결과로 이어졌습니다.

캡틴 원장님의 존재는 단순한 정보 제공자가 아닙니다.

저에게는 무너진 자신감을 회복시켜 준 전환점이자 이 업에 대한 애정과 책임을 되살려 준 소중한 스승이셨습니다.

캡틴님을 만나기 전에는 '내가 왜 이 일을 하는가', '이 학원의 가치는 무엇인가'에 대해 표현할 명확한 언어를 찾지 못했지만, 지금은 그 답을 매일같이 만들어 가며, 그 언어를 상담과 홍보, 운영 전반에 담아내고 있습니다.

지금도 매일 출근길마다 제 스스로에게 다짐합니다.

"노력은 기본이다. 그 이상의 노하우가 필요하다."

그리고 캡틴님께서는 언제나 그 실행 가능한 노하우를 가장 현실적으로 알려 주시는 분입니다.

저는 아직도 배워야 할 것이 많다고 느낍니다. 직원과의 소통, 신규 원생 확보, 학부모와의 관계 관리 등 여전히 풀어야 할 숙제는 많습니다. 그러나 캡틴님이라는 든든한 나침반이 계시기에 두렵지 않습니다.

학원 운영이란 결국 끊임없는 항해입니다. 그 여정 속에서 방향을 잡아 주는 존재가 있다면, 그 어떤 거친 물결도 이겨 낼 수 있습니다.

저는 지금도 성장하고 있습니다. 그리고 그 성장의 여정에 캡틴님과 함께하고 있다는 사실은 제게 더없이 큰 자부심입니다.

마지막으로, 이 글을 읽고 계신 원장님들께 진심 어린 말씀을 전하고 싶습니다.

'작게 시작하더라도, 진심으로 꾸준히 임하십시오.'

'함께 걸을 수 있는 커뮤니티를 반드시 찾으십시오.'

'무엇보다, 자신의 가능성을 믿고 절대 포기하지 마십시오.'

 저의 이 작은 경험이 지금 고민하는 원장님들께 조금이라도 용기와 희망이 되기를 바랍니다.

　그리고 이 자리를 빌어, 저의 항해를 다시 시작하게 해 주신 캡틴 원장님께 깊은 감사의 마음을 전합니다.

　감사합니다.

학원, 이대로만 하면 된다

"생각만 하던 내가,
드디어 움직이기 시작했습니다"

작지만 의미 있는 변화의 첫 걸음,
캡틴님과 함께한 나의 이야기

안녕하세요. 저는 지역에서 작은 영어 학원을 운영하고 있는 한 원장입니다.

아마도 많은 원장님들께서 그러하시겠지만, 저 역시 캡틴님을 만나고 난 후, 큰 변화의 흐름 속에 서게 된 사람 중 한 명입니다.

학원의 규모가 크지는 않지만, 제 나름대로 묵묵히 '캡틴 따라 하기'를 실천하며, 오늘도 현장의 수업과 운영, 그리고 아이들과의 하루하루를 채워가고 있습니다.

사실 학원 운영이란 생각보다 훨씬 복잡하고 고된 일이었습니다. 강의, 상담, 마케팅, 직원 관리, 학부모 소통 등 처음부터 완벽히 할 수 있는 것이 아무것도 없었습니다. 그래서 유명하다는 강사님들의 교육도 여러 차례 찾아다녔고, 시간과 비용을 투자해 보았지만 여전히 강의를 따라가지 못하는 제 자신에게 실망하고, 때로는 분노하기도 했습니다.

'나는 왜 이걸 못 따라가는 걸까?'

'왜 다른 사람들은 잘하는 것 같은데, 나는 안 되는 걸까?'

그렇게 한계를 느끼며 자존감이 무너지는 순간들을 여러 번 경험했습니다.

그러던 중, 우연히 캡틴님 단톡방을 알게 되었습니다. 일단 무엇이든 해 보자는 마음으로 줌(ZOOM) 교육에 참여하기 시작했습니다.

그런데 이전과는 뭔가 달랐습니다.

단순히 원론적이고 추상적인 이론이 아니라, 현장에서 직접 부딪히고 실행한 생생한 이야기들, 원장으로서, 운영자로서, 그리고 한 사람으로서 겪는 실제적인 문제와 고민들을 그대로 전해 주셨습니다.

무엇보다도 제가 겪고 있는 현실과 너무 닮아 있었기에, 그 이야기를 듣는 것만으로도 치유받는 기분이 들었습니다. 그리고 미처 의식하지 못했던 부분을 '딱' 짚어 주시며 '아!, 이걸 놓치고 있었구나'라는 깨달음을 얻게 되었습니다.

솔직히 고백하자면, 저는 지금도 '교육만 열심히 듣는 회원'에 가까울지도 모릅니다. 늘 마음은 앞서지만, 실행이 부족했고, 용기도 약했습니다.

하지만 그런 저에게도 예기치 않은 도전의 순간이 찾아왔습니다. 캡틴님께서 설명회 선착순 지원을 열어 주셨고, 그 기회를 통해 설명회를 덜컥 계획하게 된 것입니다.

솔직히, 당시 저에게는 무모하다 싶을 정도의 도전이었습니다. 광고도 해야 하고, 설명회 준비도 해야 하고, 하루하루가 그야말로 피가 마르는 불안의 연속이었습니다.

하지만 캡틴님께서 직접 설명회를 진행하시는 자리에 가서 뒷자리에서 듣고, 또 저희 학원에 와 주셔서 직접 도와주시는 모습을 보며 조금씩 용기가 생기기 시작했습니다.

"나도 해 볼 수 있지 않을까?"

"내가 지금까지 못 한 게 아니라, 안 했던 거 아닐까?"

무엇보다도 캡틴님께서 "잘하고 계십니다. 반의반만 해도 괜찮습니다." 라고 따뜻하게 격려해 주셨던 그 한마디는 지금도 제 마음 깊은 곳에 남아 있습니다.

그 말을 들은 후, 커피와 이온 음료를 들고 학교 앞으로 출동했습니다. 이전 같았으면 머릿속으로만 그리고 끝냈을 일이었지만, 처음으로 '행동' 이라는 실천이 제 안에서 시작된 순간이었습니다.

그 변화 자체만으로도 제게는 큰 의미였습니다.

그리고 또 하나, 저에게 가장 고마운 도구는 바로 '클래스톡톡' 시스템 입니다. 그동안 정기적으로 전화 상담을 하면서도 사실상 매번 비슷한 이야기에 학부모님과 어색함만 쌓여 가고 있었는데, 클래스톡톡을 도입하면서 학원의 활동을 보다 꼼꼼하고 명확하게, 그리고 무엇보다 부담 없이 학부모님께 전달할 수 있게 되었습니다.

놀랍게도, '클래스톡톡'을 도입한 이후 한 학부모님께서 클톡 메시지를 자랑처럼 보여 주시며 다른 학부모님을 데려와 소개해 주신 일이 있었습니다. 그 순간, 이 시스템이 단순한 '연락 수단'이 아니라 학원의 신뢰도를 높여 주는 핵심 도구라는 것을 깨달았습니다.

저는 상담 스킬이 뛰어난 사람이 아닙니다. 그저 열심히 설명하는 것에 그치는 경우가 많았고, 마무리 멘트도 부족하여 등록 여부를 기다리는 시간이 늘 불안했습니다. 그러나 캡틴님께서 강조하신 리플릿, 브로슈어의 준비, 그리고 클래스톡톡을 기반으로 한 꼼꼼한 관리를 접목하면서 상담 후 몇 주 뒤에 다시 연락이 오는 경험, 관리 시스템에 감동받아 등록을 결심하는 사례들이 생기기 시작했습니다.

요즘처럼 경기가 어려운 시기에, 상담 문의가 뜸해질수록 클톡은 저에게 말없이 일하는 마케팅 담당자처럼 꾸준히 성과를 만들어 주고 있습니다.

사실 저는, 크게 성공한 학원장도 아니고, 수십 명의 수강생을 자랑할 수도 없습니다. 그래서 이 후기를 써도 될까 많이 망설였습니다. 하지만, 캡틴님을 만나고 나서 단지 학원 운영만이 아니라 '나 자신'의 변화와 성장도 함께 이룰 수 있었다는 경험을 누군가와 나누고 싶었습니다.

도와주시고, 늘 용기를 주시는 캡틴 원장님께 진심으로 감사드립니다. 책 출간 또한 진심으로 축하드립니다.
항상 건강하시고, 오래오래 함께해 주십시오.
진심을 다해 응원합니다.

혼자였던 시간에서,
함께 걷는 길까지

소풍 원장 드림

부산에서 영어학원을 운영하고 있는 소풍 원장입니다.

학원 운영이라는 길을 처음 걸어가기 시작했을 때, 저는 말 그대로 '혼자'였습니다. 강사로서의 역할과 학원 원장으로서의 책임은 전혀 다른 영역이라는 것을 직접 체감하며, 매일같이 외로움과 막막함 속에서 하루하루를 버텨야 했습니다.

　수업은 수업대로 준비해야 했고, 상담도 스스로 해결해야 했으며, 홍보나 행정적인 일조차 제 몫이었습니다. 무엇보다 가장 힘들었던 것은, 어디에도 '물어볼 사람'이 없다는 점이었습니다.

　"다른 원장님들은 대체 이 많은 일들을 어떻게 감당하고 계신 걸까?"

　그 질문은 제 머릿속을 떠나지 않았습니다.

그런 시기에, 우연한 기회로 지역 원장님들과의 모임에 참석하게 되었고, 그 자리에서 처음으로 '캡틴 원장님'을 뵙게 되었습니다. 처음에는 조용히 이야기를 듣는 데에만 집중했습니다. 그런데 시간이 지날수록, 캡틴 원장님의 말과 태도에서 전해지는 강한 에너지를 느낄 수 있었습니다.

그분은 '시도하는 사람'이 아니라 '실행하는 사람'이었습니다. 그리고 그 실행력은 억지로 밀어붙이는 것이 아니라, 자연스럽고 진정성 있게 전파되는 유형이었습니다.

"하면 된다."

그 말속에는 단순한 긍정이 아닌, 수많은 실천과 경험에서 비롯된 확신이 담겨 있었습니다.

그 순간, 제 마음에도 작은 불씨 하나가 피어올랐습니다.

'나도 저렇게 해 보자. 아니, 해낼 수 있겠다.'

무엇보다도, 캡틴 원장님과의 만남을 통해 '이제는 나도 물어볼 수 있는 사람이 생겼다'는 사실이 가장 큰 전환점이 되었습니다. 혼자였던 제 앞에 처음으로 '같이 걷는 길'이 열린 것입니다.

캡틴 원장님은 정말 아낌없이 나누는 분이셨습니다. 학생 관리를 위해 매일 카카오톡으로 피드백을 보내는 시스템을 알려 주셨고, 그 시스템을 어떻게 설계하고 운영하면 효율적인지까지도 자세히 설명해 주셨습니다. 여름 방학 특강 기획법, 학부모 상담 전후에 보내면 좋은 문구와 자료들까지…. 마치 제가 꼭 성공하길 바라는 선배처럼 하나하나 다 챙겨 주셨습니다.

저는 그 조언을 마음 깊이 새기고, 하나씩 실천에 옮겼습니다. 처음부터 완벽하진 않았지만, 저만의 방식으로 조금씩 정비하고 개선해 나갔습니다.

그리고 어느 순간부터, 분명한 변화들이 눈에 띄기 시작했습니다. 가장 먼저 체감된 변화는 '이탈률의 감소'였습니다. 학생들이 꾸준히 출석하고, 성장을 체감하며 수업에 몰입하게 되었고, 학부모님들과의 관계 역시 훨씬 더 단단해졌습니다.

과거에는 매일이 불안했고, '지금 내가 잘하고 있는 걸까?'라는 의문이 머릿속을 떠나지 않았습니다. 하지만 지금은 분명히 말할 수 있습니다. '이 길이 맞다'는 확신이 생겼습니다.

학원의 흐름도 점차 안정되었고, 전체적인 분위기도 더 나아지고 있습니다. 그리고 그 모든 시작점에는, 캡틴 원장님의 따뜻한 나눔이 있었습니다. 그분의 경험과 노하우, 그리고 그걸 아낌없이 전해 주신 진심이 저에게는 가장 큰 힘이 되었습니다.

이 자리를 빌려, 진심으로 감사의 말씀을 드립니다.

교육자의 길은 본래 외로운 길입니다. 혼자서 고민하고, 스스로 판단하고, 직접 부딪쳐야 하는 일의 연속이지요. 하지만 그 외로움 속에서, 누군가 "같이 갈 수 있다"고 말해 주면 마음의 무게는 눈에 띄게 가벼워집니다.

저는 캡틴 원장님을 통해 그것을 배웠고, 이제는 저 또한 그런 사람이 되고자 합니다. 그것이 진정한 교육자의 길이라는 것을, 지금은 조금이나마 알 것 같습니다.

이 책을 읽고 계신 원장님들께도 작은 메시지를 전하고 싶습니다.

혹시 지금, 혼자서 버티느라 너무 지쳐 있지는 않으신가요?

그렇다면 아직 늦지 않았습니다.

이 책 속에 담긴 이야기들을 차근차근 따라가 보십시오. 그 안에는 수많은 현장의 전략과 따뜻한 격려, 그리고 단단한 길잡이가 담겨 있습니다. 그리고 언젠가, 여러분도 또 다른 누군가에게 그 길을 전해 줄 수 있을 것입니다.

캡틴 원장님, 다시 한 번 감사드립니다.

당신 덕분에, 저는 이제 더 이상 혼자가 아닙니다.

"이제, 다시 해보시겠습니까?"

여기까지 이 책을 읽어 오신 원장님은 결코 실패해서는 안 되는 사람입니다. 하루하루 숨 가쁘게 돌아가는 일정 속에서 수업 준비를 하고, 학부모 상담을 진행하며, 수납 마감을 챙기고, 강사 관리에 신경을 쓰고, 밀려 있는 학부모 문자를 처리하느라 고단한 시간을 보내셨을 것입니다. 그럼에도 불구하고 이 책 한 권을 끝까지 읽어 내셨다는 사실만으로도 저는 확신합니다. 원장님은 결코 쉽게 포기하는 사람이 아닙니다. 그리고 이 책은 바로 그런 분들을 위해 쓰였습니다.

제가 이 책을 집필하기로 결심했을 때 품었던 간절한 바람은 단 하나였습니다. 실패하지 않아도 될 원장님들이 너무 빨리 주저앉지 않기를 바랐습니다. 왜냐하면 학원 운영에서의 생존은 단순히 정보를 많이 알고 있느냐, 최신 트렌드를 아느냐의 문제가 아니기 때문입니다. 그것은 무엇보다 실행의 문제이며, 방향을 잡는 문제이고, 때로는 혼자 외롭게 싸워야 하는 고독의 문제입니다.

해마다 수많은 학원이 새롭게 문을 열지만, 동시에 적지 않은 학원이 조용히 문을 닫습니다. 저는 그중 절반 이상이 실력이 부족해서가 아니라, 방향을 몰랐기 때문에, 방법을 몰랐기 때문에, 그리고 그 방법을 알려 주는 사람이 곁에 없었기 때문에 무너졌다고 생각합니다. 그래서 저는 이 책에 제가 경험한 모든 것, 그리고 실제 현장에서 부딪히며 얻어 낸 해답을 담았습니다.

여기에는 학원을 어떻게 시작해야 하는지, 어떻게 세상에 알릴 것인지, 어떻게 설득하여 등록으로 전환시킬 것인지, 어떻게 시스템을 구축하고 확장하며 안정적인 수익을 남길 것인지에 이르기까지의 전 과정이 정리되어 있습니다. 각 단계는 책상 위의 이론이 아닙니다. 제가 직접 부딪히고 실패하며 깨달은, 현장에서 살아남기 위해 만들어 낸 '살아 있는 전략'들입니다.

이제 이 책을 완독한 원장님의 손에는 '캡틴 시스템'이라는 실행 매뉴얼이 들려 있습니다. 전쟁터에 무기 없이 나가지 마십시오. 학원 운영은 교육 사업입니다. 이 말은 우리가 교육자이면서 동시에 사업가여야 한다는 뜻입니다. 사실 어쩌면 교육자이기 이전에 사업가로서의 안목과 준비가 먼저일지도 모릅니다. 학원은 수업만 잘한다고 절대 살아남을 수 없습니다. 좋은 교재와 훌륭한 커리큘럼만으로는 원장님이 웃을 수 없습니다.

우리는 홍보를 할 줄 알아야 하고, 상담을 체계적으로 진행할 수 있어야 하며, 마케팅의 흐름을 읽고 활용할 수 있어야 합니다. 또한 브랜드를 설계하고, 시스템을 만들며, 반복 가능한 구조로 운영을 정착시켜야 합니다. 이것이 현실입니다. 그리고 이 현실을 회피하지 않고 끝까지 직면하신 원장님은 이미 절반은 승리한 것입니다.

다시 묻겠습니다. **"이제, 다시 한번 제대로 싸워 보시겠습니까?"**

혼자 하려면 막막할 수 있습니다. 하지만 이 책의 1장부터 8장까지 한 줄 한 줄을 따라오신 원장님이라면 이제는 '감'이 아닌 '구조'로, '열정'이 아닌 '전략'으로, '수동'이 아닌 '공격'적으로 학원을 운영하실 수 있습니다. 지금 시작해도 늦지 않았습니다. 어떤 원장님은 지금 막 첫 창업을 앞두고 계실 수 있고, 어떤 원장님은 학원을 운영한 지 6개월, 혹은 1년이 넘었지만 매출이 정체된 상황일 수 있습니다. 심지어 지금 이 순간에도 마음과 체력이 모두 지쳐 있는 원장님도 있을 것입니다.

"나도 정말 잘해 보고 싶었는데…."

"이게 정말 내 길이 맞나…."

"다른 학원들은 왜 저렇게 잘되는 거지…."

저는 그 마음을 너무도 잘 압니다. 저 역시 그랬기 때문입니다. 새벽에 블로그 하나 쓰겠다고 노트북을 열었지만 한 줄도 쓰지 못하고 덮었던 날, 하루 종일 전단지를 돌리고 할 수 있는 홍보는 다 해 봤는데도 문의 전화가 한 통도 오지 않던 날, 상담 후 등록이 확정된 줄 알고 안심했는데 다음 날 "죄송하지만 다른 곳으로 가겠습니다"라는 문자를 받고 한참 멍하니 앉아 있었던 날까지, 저 역시 수없이 겪었습니다.

그러나 그럼에도 불구하고 제가 끝까지 지켰던 원칙은 단 하나였습니다. "매일 실행한다." 블로그 글 한 줄이라도 쓰고, 전단지 한 장이라도 돌리고, 상담 멘트를 하나라도 점검하고, 학부모 문자 하나라도 더 보내고, 수업 루틴 하나라도 시스템화하는 것. 이렇게 작은 실행들이 모여 결국 제 학원을 완전히 바꾸었습니다. 그리고 지금 이 책을 읽고 계신 원장님의 학원도 반드시 바뀔 수 있습니다.

결과는 반드시 따라옵니다. 저는 학생이 10명도 안 되던 시절부터, 지금의 십여 개 가맹점을 둔 위너스영수학원 본사와 교육 기업 WPA의 대표가 되기까지 단 한 번도 행운을 바라지 않았습니다. 저는 오직 '시스템'과 '실행'을 믿었습니다. 그리고 그 두 가지는 단 한 번도 저를 배신하지 않았습니다. 이 책도 바로 그 철학 위에 쓰였습니다.

원장님이 이 책을 읽고 바로 지금 블로그 글을 하나 올리신다면, 가만히 있는 90%의 원장님보다 이미 앞서 있는 것입니다. 전단지 디자인을 수정하셨다면 학부모에게 보여지는 첫인상을 바꾼 것이고, 상담 스크립트를 점검하셨다면 등록 전환율은 반드시 달라질 것입니다. 하나씩 시작하시면 됩니다. 완벽할 필요는 없습니다. 다만 꾸준히, 끝까지, 실행만 하시면 됩니다.

저는 약속드립니다. 이 책을 쓴 저는 학원의 세계를 누구보다 잘 아는 사람입니다. 한 명의 원장으로서, 또 수많은 원장님과 함께 성공 구조를 설계해 온 교육 컨설턴트로서, 원장님이 실행만 하신다면 반드시 결과를 만들어 드릴 수 있습니다. 실제로 수많은 원장님들이 오픈 전 한두 달 동안 전단지와 현수막, 블로그와 상담만으로 신규 원생을 채웠고, 정체된 학원을 다시 성장시켰으며, 브랜드도 없던 학원을 '동네 영어·수학 맛집 학원'으로 만들었고, 지금은 전국에 가맹점을 둔 본원으로 성장했습니다.

이 책 한 권과 원장님의 실행, 이 두 가지만 있다면 충분합니다. 마지막으로 꼭 기억하십시오. 망설이지 마십시오. 지금 실행하는 사람이, 결국 이깁니다. 학생은 기다린다고 오지 않습니다. 공격적으로 알려야 하고, 전략적으로 설계해야 하며, 사람이 아닌 시스템으로 굴러가는 구조를 만들어야 합니다. 이제, 원장님이 칼을 쥘 차례입니다. 전쟁터 한가운데서도 두려워하지 말고, '캡틴 시스템'을 믿고 한 걸음 내디디십시오. 결과는 반드시 따라옵니다. 원장님의 학원은 반드시 살아나고 성장할 것입니다.

그러니 다시 한번 묻겠습니다. **"이제, 다시 해 보시겠습니까?"**